Frohe Weihnachten
2001
wünschen Dir,
liebe Nicola

Ingrid + Jürg

Stille Zeit, heilige Zeit?

.

Stille Zeit, heilige Zeit?

Laute und leise Geschichten
rund um Weihnachten

Herausgegeben
von Brigitta Rambeck

2001
Buchendorfer Verlag

Für Rella Schuster

Umschlag vorne: Tomi Ungerer, aus:
Weihnachten einmal anders,
Editions Ronald Hirlé, 1999
Abb. S. 2: Bele Bachem, Federzeichnung, ohne Datum
Kapitelvignetten aus einem Adventskalender
von Brigitta Rambeck, Hinterglastechnik

Die Deutsche Bibliothek – CIP-Einheitsaufnahme
Stille Zeit, heilige Zeit? : Laute und leise Geschichten rund
um Weihnachten / hrsg. von Brigitta Rambeck. [Verf.: Doris
Dörrie …]. – München : Buchendorfer Verl., 2001
ISBN 3-934036-53-8

Satz und Repro: SatzTeam Berger, Ellwangen/Jagst
Druck und Bindung: Bosch Druck, Landshut
Printed in Germany
ISBN 3-934036-53-8

Inhalt

Vorwort

In dulci trubilo-o-o: Von Advent bis Dreikönig überstürzen sich die Feste, Glocken klingen und Gläser klirren, Genuß ist angesagt und Besinnung ein »Muß« in dieser Jahresend- und -anfangszeit, die im Spätherbst mit dem Aufmarsch der Schokoladennikoläuse heraufzieht und am 6. Januar mit den Sternsingern wieder überleitet zu einer vielleicht nicht so fröhlich-seligen, dafür entspannteren und kalorienärmeren Tagesordnung. Dann sind auch die Rauhnächte durchgestanden, in denen wir zwölfmal träumen mußten, was uns in den nächsten zwölf Monaten so alles blühen würde.

Schier unmöglich scheint es, sich dem Sog der »fünften Jahreszeit« zu entziehen. »Mach, was du willst, du wirst mitmachen« konstatiert Martin Walser, und wer sich nicht heiter ins Unvermeidliche fügen könne, dem rät er, sich »mit angestrengter Gelassenheit« auf die atavistischen Fest-Spiele einzulassen. Denn – wie auch Keto von Waberer und Felicitas Hoppe bestätigen: Weihnachten holt uns selbst in den Tropen noch ein. Viele Facetten hat die winterliche Feierperiode: Albert Ostermaier und Karen Duve zaubern Feststimmung mit heiter bis unheimlichen Weihnachtsmärchen, Robert Gernhardt interpretiert die Botschaft der Liebe neu, und während Axel Hacke am Schenkzwang scheitert, entdecken Thomas Meinecke und Joseph von Westphalen Zeitgemäßes für den Gabentisch. Herbert Riehl-Heyse hetzt uns adventlich »von Stille zu Stille«, Doris Dörrie legt ein gutes Wort für den Nikolaus ein, und Renate Just hilft uns schmerzlich lachend über die anstrengende Hürde zwanghaften Silvester-Frohsinns. Vier Dutzend Autoren begleiten uns mit herzerwärmenden und »coolen« Geschichten durch die alljährlich wiederkehrende Zeit der »Winterfeste« und geben uns nebenbei tiefe Einblicke in die Metamorphosen des Zeitgeists über ein Jahrhundert hinweg.

Stille Zeit?

MARGRET HÖLLE

Schau ich meine Bilder…

Auf Weihnachten zu
faucht der Wind im Kamin
hockt der Wald in der Stube
glühen Kienspan und Reiser

Summt die Hutzel im Topf
duftet Minztee am Tisch
geistern Geschichten durchs Fenster
tanzen die Vögel!

Hölzerne Vögel über dem Ofen
vom Vater geschnitzt
tanzen und kreisen

Auf Weihnachten zu
fängt die Hand süßrote Äpfel
hüpft und rollt
die erdbraune Nuss

Schauen und spähen
Kinder nach Schnee
Lauschen und sehen
wahrhaftig die Engel

Isabella Nadolny

Winterfeste

Aus dem Seehamer Tagebuch

18. November. Die Herbstnebel werden schon sehr dicht.
Schwebend und losgelöst, auf perlmuttfarbenen Wassern
treibt unser Haus dahin, eine Arche Noah, in die sich Katzen, Igel und Mäuse retten. Tuschelnd und wispernd fallen noch immer Blätter, anzuhören wie eine Zuschauer-
menge, die mit dem Stück nicht zufrieden ist.

Vor etwa zwei Jahrzehnten (als ich noch glaubte, die
Höhepunkte meines Lebens hätten gefälligst dann stattzufinden, wenn ich gerade mein schwarzes Abendkleid
anhatte) liebte ich es, mich um diese Jahreszeit in melan-
cholische Rilke-Texte zu vertiefen. Oh, wie konnte ich es
damals nachfühlen »… wer jetzt kein Haus hat, baut sich
keines mehr, wer jetzt allein ist, wird es lange bleiben …«.
Heute gehe ich um diese Zeit an die Mottenkiste und hole
dicke Pullover und lange Unterhosen heraus.

20. November. Aus den Zeitungen fallen Reklamebei-
lagen, die mich kategorisch auffordern: Schon jetzt an
Weihnachten denken. (Ich bekomme immer schlechte

Laune, wenn jemand mir vorschreibt, woran ich denken soll.)

Nun beginnen also wieder die schlimmen Wochen, denen man nur als starke Persönlichkeit gewachsen ist. Wem womit Freude machen? Macht man ihm denn noch eine? Muß er sich dann nicht bloß revanchieren? Praktisch schenken! Unpraktisch schenken! Mit Herz schenken! Keinen vergessen! Für den verwöhnten Geschmack! Für die, die sich das Beste gönnen! ... Und wie ist es mit denen, die sich nichts gönnen dürfen, weil es kaum zum Notwendigsten reicht ... mit den Einsamen ... den Vergessenen ... den lieblos Behandelten ... mit der Selbstmordserie ... mit den Eltern, die ihr Bankkonto überziehen, damit die Kinder am Heiligen Abend nicht enttäuscht sind, weil ihre durch den Schaufensterrummel hochgeschraubten Ansprüche ins Ungeheuerliche gewachsen sind! Woher die Kraft nehmen für die ruhigen Stunden mit der Familie, für das, was der Kern des Festes ist, bei dieser beständigen Aufforderung zur organisierten Weihnachtsfreude, einer Aufforderung, die wochenlang anhält?

Meinetwegen, ich werde schon anfangen, daran zu denken. Daran, ob man es dies Jahr nicht besser machen kann.

25. November. Es liegt gar nicht an den Absendern, daß die Weihnachtspäckchen trotz flehentlicher Bitten der Post nicht früh genug aufgegeben werden. Es liegt an den Empfängern. Wenn ich bestimmt wüßte, daß sie mein Päckchen in verpacktem Zustand unten in den Kleiderschrank legen, daß sie nicht mit einem »O Gott, na dann müssen wir ihr wohl auch was schicken ...« reagieren und es nicht aus Neugier auf einen vielleicht darinliegenden Brief *trotz* befehlender Aufschriften öffnen, dann wäre ich geneigt, schon heute ...

18. Dezember. Wie war das damals mit meinen Adventskalendern? Zuerst war das Bild dunkel und leer, dann wurde es mit der Zeit immer bunter und bewegter. Ich

11

habe eine Variation dieser Vorfreudenspender neu für mich erfunden. Die leidigen »Glückwünsche zum Fest« in allen Farben und Formen, die künstlerischen und kitschigen, lieben, merkantilen, repräsentativen kommen alle mit Reißzwecken auf eine große Pappe an der Wohnzimmerwand, werden täglich mehr. So um den 22. herum müssen Onkel Peter aus Kopenhagen und der Kohlenhändler schon ein wenig zusammenrücken.

19. Dezember. Wieder überall die Sehnsucht nach weißen Weihnachten, dem Symbol des strengen Winters der Bilderbücher: »kernfest und auf die Dauer«, Sehnsucht nach der Welt der Großeltern, die wenigstens hierin in Ordnung gewesen zu sein scheint. Statt dessen schmutziggrauer Übergang und auf manchen Gabentischen die Pauschalfahrkarte zu südlichwarmen Inseln, die Flucht in eine fremde Zwischenjahreszeit.

20. Dezember. Habe ich eigentlich als Kind bekommen, was ich auf den Wunschzettel geschrieben hatte? Wenn nicht, ist es mir frühestens nach Heiligdreikönig eingefallen. Wie stark muß der Glanz des Festes gewesen sein. Wie stark ist er noch immer. Auch diesmal wünsche ich mir Säckchen mit getrocknetem Lavendel und warme Einlegesohlen und bekomme statt dessen alles mögliche andere. Und bin nicht enttäuscht.

22. Dezember. In der Kutsche, in der unsere kleine Familie durchs Leben fährt, sitzen Michael und der Junge in Fahrtrichtung, ich nach rückwärts gewendet. Ich sehe die Dinge erst wirklich, wenn sie vorüber sind und weit hinten in der Ferne verschwinden. Je näher Weihnachten kommt, desto weiter sehe ich zurück.

Wenn ich mit der Mama am 24. von der Markuskirche in der Amalienstraße zur Bescherung heimging, wurde es dunkel und kalt. Mach schön den Mund zu, sagte die Mama. Bei jedem zehnten Schritt mußte ich in gewaltiger

Vorfreude ein bißchen hüpfen, und die Wollstrümpfe kratzten. Ich fragte, ob hinter dem erleuchteten Fenster hier, da, dort drüben auch bestimmt, ganz bestimmt jetzt alle Leute glücklich wären. Was hat die Mama geantwortet? (Sie war gewarnt, meine Tränenströme über alles, was arm und unglücklich war, hatten sie so manche halbe Stunde Wiegen und Trösten, so manches Glas Zuckerwasser und Baldriantropfen gekostet. Andersens Märchen vom kleinen Mädchen mit den Schwefelhölzern durfte nicht mehr vorgelesen werden.) Sicherlich habe ich gar keine Antwort erwartet. Die Erwachsenen würden sich der Sache schon irgendwie annehmen.

Nun bin ich erwachsen. Nun wäre es an mir, das Helfen und Trösten, bei den vielen, die den Heiligen Abend bagatellisieren und versachlichen müssen, weil ihnen sonst das Herz zu schwer würde. – Gestern sagte jemand zu mir: »So ein Heiliger Abend geht ja auch vorbei, und am ersten Feiertag essen wir meist recht gut.« Auch solche Menschen werden hinter den erleuchteten Fenstern gewesen sein, damals schon.

23. Dezember. Alles ist fertig verpackt. (Mein Kleiderschrank geht vor Päckchen nicht mehr zu.) Die »Ordnung für das Christkind«, auf die in der Kinderstube so streng geachtet wurde, ist hergestellt. Unter den Geleegläsern müßte natürlich noch feucht gewischt werden, aber darauf kommt es nicht an. Die Briefe sind beantwortet, die Rechnungen bezahlt, und weil ich nach den Feiertagen immer etwas überfressen und unlustig bin, sind auch die guten Vorsätze fürs neue Jahr schon jetzt gefasst. Übrigens: Was würde ich tun, wenn ich wüßte, daß es mein letztes ist? Dasselbe! (Nun ja, und mir außerdem vielleicht den Persianermantel zurückkaufen, den Mama in den schlimmen Zeiten hat hergeben müssen. Vielleicht. Nur wenn es wirklich das letzte wäre.) Morgen vormittag werden wir, wie seit Jahren, allen Vernunftgründen zum

Trotz, einen weiten Spaziergang zu unbekannten Dorfkirchen machen. (Ein wunderbares Rezept gegen die Hetzerei der Hausfrau.) Und nach Tisch kommt die stillste Stunde des ganzen Jahres, in der ich hinter verschlossener Tür den Baum schmücke. Nichts kürzt sie ab, man kann sie gar nicht abkürzen, denn wenn man eilig wird, hängt nachher die Lametta schief. In völliger Ruhe kann man daher weit in die Ferne denken, an alle Freunde, an alle, die jetzt irgendwo auf der Welt den Baum schmücken, an die liebsten Lebenden, die liebsten Toten. Da wir Silvester meist nicht allein sind, ist dies der Augenblick des Jahresabschlusses himmlisch-irdischer Konten und die Dividendenausschüttung all der Liebe, die ein Jahr lang in mich investiert worden ist.

Dann erst öffne ich die Tür.

28. Dezember. Von allen Seiten kommen Berichte, wie schön, wie gemütlich, wie ganz besonders Weihnachten heuer war. Einige wissen sogar, warum: Unsicherheit und Bedrohung haben das gesteigerte Lebensgefühl der bösen Jahre wiedererweckt. Für viele ist daher die kostbare Stunde noch kostbarer, vielen schmeckt die Gänseleberpastete deshalb so unvergleichlich, weil sie nicht sicher wissen, ob sie sie nächstes Weihnachten noch kriegen werden. Und für andere wiederum verwandelt sie sich gerade bei diesem Gedanken in Sägemehl.

29. Dezember. Der vergilbte, fleckige, bekritzelte Wandkalender (1100 Gramm wiegt der große Einkochtopf leer, die Putzfrau hat 2.20 gut, 8 Wochen reicht die größere Propangasflasche) ist abgerissen und verheizt, der neue an die Wand genagelt. Suchend schaut man sich darauf um, wie auf einer Luftaufnahme, um bekannte Punkte zu entdecken. Ostern ist spät, es wird also schon recht warm sein. Dickis Geburtstag fällt auf einen Sonntag, vielleicht bekommt er Urlaub. Es ist das Pfeifen eines Kindes im Dunkeln, das sich Mut macht. Denn was da hängt, ist das

Antlitz der Sphinx, das Unbekannte, das wir fürchten, ist darin versteckt. Verschlossen und lauernd nennen sich Tage Kamillus, Arbogast oder Joh. v. Cap., an denen uns unerhörtes Glück begegnen oder der Blinddarm durchbrechen kann (von der Politik einmal ganz abgesehen!). »Herr General haben wohl Angst?« fragte der forsche frisch gebackene Leutnant im Feuer den Deckung suchenden Erfahrenen. »Wenn Sie so Angst hätten wie ich, mein Junge, wären Sie gar nicht mehr hier«, sprach der Ältere milde.

1. Januar. Warum nur sind die Kirchenglocken im Radio, die das neue Jahr einläuten, so ergreifend, viel ergreifender als etwa Beethovens Neunte? Nun, weil man dabei den Atem der Zeit wirklich zu hören meint, aus Ehrfurcht vor dem Alter dieser erzenen Bässe und Tenöre? Oder weil die Phantasie den nächtlich-kalten, leeren Platz, auf dem sie stehen, so deutlich sieht, die kalkigweißen Straßenlaternen, den hohen Turm, der sich nach oben im Dunkeln verliert?

»Sehr rührend«, sagte jemand ganz Gescheites von oben herab, als er Feuchtigkeit in meinen Augen bemerkte. »Die Tränen beim Sekt«, sagte ich, »kommen daher, mein Herr, daß mir immer die Kohlensäure in die Nase steigt.«

4. Januar. Morgen kommen, wenn es dunkel wird, die Heiligen Drei Könige. Sie gehen durchs Bauernhaus, ihre unsichtbaren Brokatmäntel schleifen über die Schwelle von Stall, Küche, Milchkammer und Schuppen. Zurück bleiben Weihrauchduft und drei frische Kreidekreuzchen für Caspar, Melchior, Balthasar.

Als meine Fausthandschuhe noch mit einer Schnur zusammengehängt waren und man mich vor den Krippen der Münchner Kirchen hochheben mußte, fragte ich, wie die Könige den weiten Weg aus dem Morgenland vom 24. Dezember bis 6. Januar zurücklegen konnten. Heute nehme ich Wunder, wie sie kommen. Ich frage nicht mehr.

15

Bele Bachem, Weihnachten, ca. 1954. Tempera.

GÜNTER GRASS

Advent

Wenn Onkel Dagobert wieder die Trompeten vertauscht,
und wir katalytisches Jericho mit Bauklötzen spielen,
weil das Patt der Eltern
oder das Auseinanderrücken im Krisenfall
den begrenzten Krieg,
also die Schwelle vom Schlafzimmer zur Eskalation,
weil Weihnachten vor der Tür steht,
nicht überschreiten will,
   wenn Onkel Dagobert wieder was Neues,
   die Knusper-Kneißchen-Maschine
   und ähnliche Mehrzweckwaffen Peng! auf den Markt
     wirft,
   bis eine Stunde später Rickeracke … Puff … Plops!
   der konventionelle, im Kinderzimmer lokalisierte Krieg
   sich unorthodox hochschaukelt,
   und die Eltern,
   weil die Weihnachtseinkäufe
   nur begrenzte Entspannung erlauben,
und Tick, Track und Trick, –
das sind Donald Ducks Neffen, –
wegen nichts Schild und Schwert vertauscht haben,
ihre gegenseitige, zweite und abgestufte,
ihre erweiterte Abschreckung aufgeben,
nur noch minimal flüstern, Bitteschön sagen,
wenn Onkel Dagobert wieder mal mit den Panzer-
   knackern
und uns, wenn wir brav sind, doomsday spielt,
weil wir alles vom Teller wegessen müssen,
weil die Kinder in Indien Hunger haben
und weniger Spielzeug und ABC-Waffen,
die unsere tägliche Vorwärtsverteidigung
vom Wohnzimmer bis in die Hausbar tragen,

in die unsere Eltern das schöne Kindergeld stecken,
bis sie über dreckige Sachen lachen,
kontrolliert explodieren,
und sich eigenhändig,
wie wir unseren zerlegbaren Heuler,
zusammensetzen können,
    wenn ich mal groß bin und nur halb so reich
    wie Onkel Dagobert bin,
    werde ich alle Eltern, die überall rumstehen
    und vom Kinder anschaffen und Kinder abschaffen
      reden,
    mit einem richtigen spasmischen Krieg überziehen
    und mit Trick, Track und Tick, –
    das sind die Neffen von Donald Duck, –
    eine Familie planen,
    wo bös lieb und lieb bös ist
    und wir mit Vierradantrieb in einem Land-Rover
    voller doll absoluter Lenkwaffen
    zur Schule dürfen,
    damit wir den ersten Schlag führen können;
denn Onkel Dagobert sagt immer wieder:
Die minimale Abschreckung hat uns bis heute, –
und Heiligabend rückt immer näher, –
keinen Entenschritt weiter gebracht.

HERBERT RIEHL-HEYSE

Das Hetzen von Stille zu Stille

In München, der Hauptstadt der Geselligkeit, herrscht zu
Weihnachten eine starke Nachfrage nach Besinnlichkeit.

Es ist der Freitag vor dem dritten Adventssonntag, und wer
heute nur trivialen Durst hat, sollte nicht ausgerechnet den
Franz-Josef-Hof in Schwabing behelligen. Im Franz-Josef-
Hof nämlich wird, wie fast jeden Tag jetzt, Vorweihnacht

gefeiert, sogar doppelt heute abend, da ist es also stimmungsvoll und sonst gar nichts. Die Kerzen an den Adventskränzen sind angezündet, die Kerzen an den festlich gedeckten Tischen auch, und rechts und links in den beiden Räumen des Hauses sitzt je eine festlich gestimmte geschlossene Gesellschaft in Erwartung der Dinge.

Kurz nach 19.30 Uhr beginnt es dann offiziell, zuerst im rechten Raum. Ein Herr steht auf, sagt, daß es üblich ist, nach der Suppe eine Rede zu halten, findet toll, »daß Sie alle im vergangenen Jahr wieder wie die Wilden mitgezogen haben«, wünscht »noch eine gemütliche Weihnachtsfeier«. Danach ist es leise, und längere Zeit zieht nur noch jenes geheimnisvolle Klingeln durch den Raum, das entsteht, wenn Weißbiergläser aneinanderstoßen, gelegentlich unterbrochen von der zarten Stimme der Kellnerin, die fragt, ob es Lendenbraten sein solle oder gemischter Braten.

Ob es vielleicht nur noch nicht soweit ist mit der Besinnlichkeit?, denkt der Betrachter und wendet sich freudig erregt nach links, von wo jetzt festliche Musik an sein Ohr dringt. Schön ist es da: Die Leute haben gerade fertig gegessen, stehen auf, formieren sich abwechselnd zu kleinen Gruppen, die innige Weisen singen, teils fremdländischer, teils vertrauter Natur: »Oh, my darling, Clementine«, erkennen wir, und »Sah ein Knab' ein Röslein stehn«. Ob da nicht ein kleines Mißverständnis vorliege, fragen wir irritiert den Veranstalter: »Na ja«, antwortet freundlich Herr Osawa, sich zu erkennen gebend als stellvertretender Vorsitzender des hier versammelten Clubs der Japaner in München: »Weihnachten ist ja nicht gerade ein japanisches Fest.«

Das ist bestimmt wahr – vielleicht sollten wir uns doch wieder nach rechts wenden, zu der deutschen Adventsfeier, da wird es nun bestimmt bald festlich, so wie es beim Fest des Tennisclubs vor einer Woche im gleichen Raum gewesen sein soll: Da war das weihnachtliche Preisschafkopfen immerhin mit dem gemeinsamen Lied »Vom

Himmel hoch« ausgeklungen. Wann also singt die heute im Franz-Josef-Hof zusammengekommene Elektronikfirma? »Gar nicht«, sagt die Wirtin, »das ist hier heute ganz zwanglos«, »weil nämlich«, sagt der Wirt, »das sind vor allem Ehepaare.« Wirken wir womöglich so, als hätten wir immer noch nicht den tieferen Sinn dieser adventlichen Zusammenkunft (die nur dann regelmäßig lebhaft wird, wenn die Kellnerin vergessen hat, ein neues Weißbier mitzubringen) ganz verstanden? »Also die Firma«, sagt der Wirt, »zahlt doch zu unserem Weihnachtsmenü einen Zuschuß.« Das leuchtet endlich unmittelbar ein.

Der Beobachter geht ein letztes Mal nach links, wo ein kleines Mädchen auf der Flöte gerade ein Stück von Telemann spielt, wird herzlichst an den Tisch gebeten, intoniert auf dringenden Wunsch der Gäste »O Tannenbaum«. Den Refrain singen alle mit, und auch sonst besteht nun schon lange kein Zweifel mehr, daß der sehr viel schönere Adventsabend heute beim japanischen Club begangen wird, dort, wo die Gäste keinerlei Grund haben, so zu tun, als würden sie gemeinsam auf die Ankunft des Herrn warten.

Aber soviel haben wir, nach diversen Streifzügen durch das adventliche Geschehen, schon lange herausgefunden: Einfach ist es überhaupt nicht, in dieser Zeit die alten Feste zu feiern. Andererseits – gefeiert muß schon werden, gerade in München, der notorisch geselligen Stadt.

Was die Weihnachtsfeiern in dieser Stadt angeht, so zerfallen sie in viele Abteilungen. Wir unterscheiden die Vorweihnachtsfeiern mit Stadträten und ohne, mit und ohne Nikolaus, die Weihnachtsfeiern der CSU-Ortsvereine (mit und ohne Blaskapelle zur Herstellung einer gemütvollen politischen Atmosphäre) und die Weihnachtsfeiern der Kaufhäuser zur Herstellung eines gemütvollen Verkaufsklimas. Eine wichtige Rolle spielen weiterhin die Betriebsweihnachtsfeiern zur Erzielung eines heimeligen Betriebsklimas und die zahlreichen karitativen Veranstaltungen mit Kakao- und Plätzchenausgabe für den älteren

Menschen. Gemeinsam haben die meisten Feierlichkeiten den Auftritt eines »Dreigesangs« oder eines Hackbrettspielers, was insgesamt problematisch ist, weil es angesichts des Bedarfs nicht genug solche Künstler gibt, die sind dann oft, auf dem Höhepunkt des Advents, gezwungen, recht hektisch von Stille zu Stille zu eilen. Manchmal, vor allem bei Adventsabenden in Pfarrgemeinden, auch in Altersheimen oder bei Firmen, die ihre Rentner einladen, gelingt es, trotz solcher logistischer Probleme, so etwas wie adventliche Stimmung herzustellen. Da entsteht manchmal eine Atmosphäre, in der Menschen eine ganze Stunde lang zum Nachdenken darüber kommen, ob Weihnachten für sie etwas bedeuten könne.

Sonntagabend, vierter Advent, auf der »Tuften« am Tegernsee. Die fünfzig Leute, die heute Abend in das der Stadt München gehörende Haus des Dichters Ludwig Thoma eingeladen sind, erleben die begehrteste Veranstaltung der Münchner Vorweihnachtszeit. Wie jedes Jahr hat der Oberbürgermeister wieder eingeladen zu Punsch und Stollen, Musik und besinnlicher Lesung, und wer dazu kommen darf, der repräsentiert nicht die Schickeria, sondern die anerkannte Spitze der Gesellschaft, sollte mindestens Landrat sein, besser noch Landtagspräsident oder auch Präsident des Bundesverbands der Deutschen Industrie. Mittelpunkt des kleinen Festes ist wie immer die Lesung der »Heiligen Nacht«, eines schönen, poetischen, stellenweise witzigen, stellenweise die Grenze zum religiösen Kitsch streifenden Mundartgedichts von Ludwig Thoma. Die Kerzen am Christbaum brennen, der Vorleser liest mit großer Kunst, die Gäste in ihren erlesenen Dirndln und Trachtenanzügen sind sichtbar gerührt. Der Text (der die Geschichte der Geburt Jesu nach Oberbayern versetzt und in dem der Dichter vor allem die hartherzigen Reichen attackiert) klingt mit der dringlichen Aufforderung an alle Zuhörer aus, doch darüber nachzudenken, warum das Christkind bei seiner Geburt nur den

21

armen Leuten erschienen sei. Danach stehen wir alle auf und essen nachdenklich, aber gerne, die Delikatessen, die Feinkost-Käfer herbeigeschafft hat.

Kaum ein großer Saal in München (inklusive Hofbräu-haus), wo dem immer zahlreicher werdenden Publikum nicht Jahr für Jahr verkündet worden wäre, daß es im Wald »so staad« ist. Eine heilige Nacht jagt die andere. Der Evangelist Lukas kann da mit seinem Weihnachts-evangelium nicht mehr mithalten, aber das hat er sich selbst zuzuschreiben. Es ist einfach nicht so stimmungs-voll, und bayerisch ist es auch nicht.

So vorbereitet, kann dann Weihnachten selbst nur noch wunderschön werden. Wer zu Hause im Kreise der Lie-ben feiern kann, ist bekanntlich ohnehin glücklicher, wer das nicht kann, hat alle Chancen, trotzdem fröhlich zu werden. Die »Interessengemeinschaft Münchner Singles« hat für den Heiligen Abend eigens ein Pub gemietet, das Hilton bietet Weihnachtsmenü und Programm. Und wer sonst irgendwo in einem Restaurant das Christkind hoch-leben läßt, hat immerhin die Möglichkeit, daß sich der Wirt das Faltblatt besorgt hat, in dem ihm die evangelische Landeskirche Tips für die »festliche Ansprache« gibt.

Wer sich das alles nicht leisten kann, aber doch durch den allgemeinen Gemütsdruck der Vorweihnachts-Aktivitäten in Gesellschaft und Industrie derart Schaden genommen hat, daß er sich alleine dem 24. Dezember nicht gewachsen fühlt, der kann immer noch, wie das viele Alleinstehende auch tun, zur Obdachlosen-Weihnacht in den Schwabin-gerbräu gehen. Die Feier wird von der Katholischen Män-nerfürsorge veranstaltet. Leute, die schon einmal diesen Abend mit alkoholfreiem Punsch und einer Ansprache des Weihbischofs erlebt haben, die gesehen haben, wie sich Pen-ner und Säufer über Geschenkpakete und ein paar freund-liche Worte freuen können, solche Leute behaupten, es gebe wenige Weihnachtsfeiern in München, die bei allen Beteilig-ten ein so befriedigendes Gefühl hinterlassen. (1981)

22

WALTER ZAUNER

Der Christkindlmarktexperte

Gestern war Freitag vor dem vierten Advent. Um die Woche beschaulich ausklingen zu lassen, habe ich mich mit Peter und Niki auf dem Schwabinger Weihnachtsmarkt verabredet, um mit ihnen ein, zwei Gläser Glühwein zu trinken. Um 12.15 Uhr komme ich an der Münchner Freiheit an. Peter und Niki sind noch nicht da. Also muß ich wohl oder übel den ersten Glühwein allein trinken. Als die beiden endlich eintreffen, habe ich bereits die zweite Tasse zur Hälfte geleert. Wir unterhalten uns über alte Zeiten und darüber, daß wir uns vor nunmehr vier Jahren auf dem Schwabinger Weihnachtsmarkt genau an diesem Stand beim Glühweintrinken kennengelernt haben. Wir kommen aufs Leben an sich und die Liebe im besonderen zu sprechen. So kommt es sehr schnell zum dritten bzw. kurz später zum vierten Glas Glühwein.

Um 13.45 Uhr muß ich aufbrechen, weil ich schon um zwei mit Thomas auf dem Neuhausener Weihnachtsmarkt am Rotkreuzplatz verabredet bin. Mit ihm trinke ich einen Teisendorfer Weihnachtstrunk, der auf der Grundlage von Früchtetee mit Enzian und Rum gemischt wird. Angeblich eine Chiemgauer Spezialität aus dem 17. Jahrhundert. Ich genehmige mir zwei Tassen davon, wobei wir uns angeregt über das Leben an sich und die Liebe im besonderen unterhalten. Auf dem Weg zur U-Bahn bleibe ich an einem Stand hängen, der weißen Glühwein auf der Grundlage von Grünem Veltliner aus dem Burgenland anbietet. Überzeugt mich überhaupt nicht. Deswegen nur eine Tasse. Dann steige ich in die U-Bahn.

Es ist bereits 15 Uhr sieben, als ich auf dem Giesinger Weihnachtsmarkt eintreffe. Ich besuche ihn dieses Jahr zum ersten Mal. Deswegen kenne ich hier noch niemanden. Aber das macht nichts. Um so besser schmeckt der

Zirltaler Winterpunsch auf der Grundlage von Kirsch-
wasser mit Schwarztee. An und für sich zu kräftig für die
Tageszeit, obwohl es schon dunkelt. Deswegen bleibt es
auch bei einem Glas. Aber den Zirltaler Winterpunsch
wird man sich merken müssen.

Um 15.33 Uhr nehme ich den Bus, der mich vom Giesinger Weihnachtsmarkt direkt zum Haidhauser Weihnachtsmarkt am Weißenburger Platz bringt. Ich bin dort
mit Hermann verabredet, der sich aber wieder verspätet.
Also kaufe ich allein ein Glas Finsterglühwein und stelle
mich zu Gleichgesinnten. Wer Weihnachtsmärkte kennt,
weiß, daß es überall Gleichgesinnte gibt. Ich führe ein
paar nette Gespräche über das Leben an sich und die
Liebe im besonderen. Nach einem warmen Jäger – das ist
ein heißes alkoholreiches Getränk auf der Grundlage von
Wasser und Kräuterlikör – gehe ich zur S-Bahn und fahre
um genau 16.17 Uhr zum zentralen Weihnachtsmarkt am
Marienplatz. Jetzt dunkelt es bereits gewaltig. Trotzdem
erkenne ich an einem Glühweinstand Hermann, mit dem
ich mich an sich auf dem Haidhauser Weihnachtsmarkt
am Weißenburger Platz treffen wollte. Nach erheblichen
Vorwürfen meinerseits versöhnen wir uns bei einem heißen Ratzebutz. Das ist kein einheimisches Getränk. Man
trinkt es zur Weihnachtszeit im Badischen. Auf der
Grundlage von Bärwurzschnaps und Ingwerlikör. Andere
Länder, andere Sitten!

Gegen 17 Uhr sagt Hermann, ich solle nicht schwä-
cheln und ihn auf den Pasinger Weihnachtsmarkt begleiten. Freilich, sag ich, das ist der nächste Weg für einen,
der noch einmal auf den Schwabinger Weihnachtsmarkt
muß. Aber, sagt der Hermann, da gibt's den feinen schlesischen Christfestsschoppen! Überredet!

Wir fahren nach Pasing. Aber erwischen blöderweise
die S 7, die gar nicht nach Pasing fährt, sondern nach
Solln. Trotzdem ärgern wir uns nicht, weil wir auf diese
Weise auch noch den Mittersendlinger Christkindlmarkt

mitnehmen können. Wir kommen mit einer jüngeren Frau bei heißem Klobensteiner Wurzhüttengeist aus dem bayerischen Oberland ins Gespräch und landen in Kürze beim Leben an sich und der Liebe im besonderen. Das schlägt dem Hermann aufs Gemüt, und wir brechen jäh zum Pasinger Weihnachtsmarkt auf, den wir um 17 Uhr 55 erreichen. Von dem hochgelobten schlesischen Christfestsschoppen bin ich eher enttäuscht, gebe ihm aber noch eine zweite, dritte, gar eine vierte Chance. Aber es ist und bleibt ein süßes, klebriges Zeug. Trotz seiner 38 Prozent.

Leicht verärgert setze ich mich deshalb um 18 Uhr 51 in die S-Bahn und fahre über den Weihnachtsmarkt am Marienplatz (hier noch zwei heiße Zitroneningwer-Likör-Gläschen) zum Schwabinger Weihnachtsmarkt, wo Peter und Niki sich nicht mehr über das Leben an sich, sondern nur noch über die Liebe unterhalten. Ich genehmige mir die zwei letzten Glühweingläser und mache meinen Freunden den Vorschlag, diesen vorweihnachtlichen Abend mit dem schönen Andachtsjodler würdig ausklingen zu lassen. Unser Gesang geht allen ans Gemüt, und so singt bei der vierten Wiederholung bereits der halbe Schwabinger Weihnachtsmarkt mit. Djodjodihöhh! Sogar der Massimo vom italienischen Stand jodelt mit. Ich umarme ihn dafür, und er lädt mich zu einem sizilianischen »Buon-Natale-Punsch« ein. Wenn sich meine heute schon arg strapazierten Geschmacksnerven nicht irren: auf der Grundlage von heißem Lambrusco mit viel Ramazotti. Um 19 Uhr gehe ich mit feuchten Augen und wende mich anderen wichtigen Dingen des Lebens zu, das halt nicht nur aus Weihnachten besteht. Trotzdem allerseits ein fröhliches und ein wenig besinnliches Djodjodihöhh!

Viel Vergnügen im Advent

Schön ist das, dieses München, grad jetzt, unterm weiß-
blauen Winterhimmel, wenn du beim Weg zur Arbeit
oder auch bloß so, beim Rumstrawanzen, an den Vitrinen
voller Tibetteppiche, Pullover, geschliffener Gläser vor-
beiflanierst und kurz überlegst, ob du dir auch solch einen
Elektro-Wok anschaffen solltest, wie ihn jetzt jeder hat,
oder solch einen Korkenzieher – also, die sind ja heute so
was von raffiniert! Man kann sie zum Drehen, Ziehen,
Klappen, Kippen und zum Lufteinschießen kriegen, mit
Kapselschneider und versenkbarem Temperatur-Meß-
stab, das glaubst du nicht: für jeden Geschmack und Tüf-
telgeist ein eigenes Modell. Herrlich, dieser kalte Wintertag mit der weißen Sonne drin. Zwar kein Schnee, aber
dieser knistrige Raureif überall, und beim Atmen hast du
gleich eine Dampfwatte vorm Gesicht; Hände im Mantel,
Pelzkragen hoch und die Augen schweifen lassen – schon
kommst du dir vor wie früher, in der Kinderzeit. Winter
ist sowieso immer ganz nah bei der Kindheit. Wahrscheinlich ist drum auch Weihnachten mitten in der eingeschnei-
ten Zeit; im Sommer, wenn alle beim Baden sind, wär das
irgendwie verkehrt. Man braucht diese Kälte, dass man
sich dann in seinen Mantel wickelt und es drinnen ganz
warm hat; draussen ist alles weiß, fleckenlos, irgendwie
unschuldig … Die Maximilianstraße schaut doch auch
gleich ganz anders aus, intimer beinah. *(Jetzt schau dir den
Typ da an: hockt brettlbreit grad neben dem Ladenein-
gang! Das ist ja schon direkt aufdringlich, find ich; und
was der wieder anhat, so was Mantelartiges.)* Diese Lam-
pen da sind ja fabelhaft! So ein Niedervoltdings würde bestimmt in die Nische beim Klo hineinpassen. Das müsste
der Margot eigentlich auch gefallen. Neben die kleine
Kommode für die Gästetücher – 680 Mark, aber mit ei-

nem eingebauten Dimmer. In der Nacht, wenn man raus muss und das grelle Licht nicht verträgt, ist so ein Dimmer Gold wert. *(Wo gehn die eigentlich zum Pinkeln hin? Und zum Übrigen? Die lässt doch kein Wirt so einfach rein da in der Gegend. Englischer Garten wahrscheinlich oder die Isaranlagen. Na sauber. Bis die sich allein schon aus all den Sachen herausgeschält haben, mein lieber Scholli.)*

Wunderbar, so ein geschenkter Tag. Diese Luft heute wieder, die Läden, die Residenz mit ihrer Oper und, ah, München ist schon traumhaft. Und die neugierigen Japaner, grad schaun tun's und knipsen natürlich: fotoglafilen alles und daheim gucken. *(Ob's bei denen auch solche gibt, einfach auf der Straße? Und wenn's die jetzt knipsen und daheim herzeigen – was die von uns denken müssen!).* Ob ich ins Volksbad rübergeh, paar Runden schwimmen? Könnt nicht schaden, was für die Gesundheit tun und das mitten im Jugendstil. Danach rüber ins Café, ein Cappuccino – soll man nach dem Frühstück eigentlich nicht mehr trinken, hab ich neulich gelesen, kein Italiener tut das, bloß die Deutschen, aber man muss auch mal deutsch sein können –, ein 'Caffè macchiato' ging natürlich auch, dazu ein bissl »in den Journalen blättern«, vielleicht ist ja wer am Nebentisch, das könnt mir heut durchaus gefallen. Danach weiterziehen. *(Mein Gott, da drunten auf der Isarinsel liegen gleich ein paar von denen rum, mit richtigen kleinen Zelten, wie wenn jetzt Urlaubszeit wär, und dabei zieht's da ganz grauslig! Wie ist denn das überhaupt in der Nacht – das muss doch beschissen kalt sein, den ganzen Tag und dann noch die Nacht, und das eigentlich immerzu. Nein, da möcht ich gar nicht drüber nachdenken, das will ich mir nicht vorstellen. Das ist sowieso eine direkte Zumutung. Warum lässt man die sich hier ansiedeln? Tut die Stadt da nix dagegen oder was? Das Volksbad ist mir jetzt auch vermiest.)*

Schau ich rauf zur Stuck-Villa, da haben sie zur Zeit doch diese Goya-Radierungen: Kriegselend und Straßenszenen in härtestem Realismus, heißt es. Schwarzweiss, aber sehr effektvoll. Muss einen irgendwie umhauen, sagt der Robert. Hernach ins Kino. Im Imax soll man die Erde von ganz weit weg sehen, überdimensional, New York in Drei-D von oben und das Meer von unten; toll, was es alles gibt. Mit der Moni könnt ich übrigens mal wieder zum Thailänder scharf essen gehn, und mit der Alice wollt ich doch den Flug nach Goa buchen: drei Wochen am Strand gammeln, nicht vergessen! Weihnachten ist auch gleich, nehm ich doch den Wok für die Renate. *(Kochen die eigentlich selber oder gibt's da eine Suppenküche? Irgendeine Klosterpforte, hab ich mal gelesen. Warum behalten die sie nicht gleich ganz, dann wär das Problem vom Tisch.)* Trinkt man zu dem scharfen Thai-Zeugs eigentlich Bier oder Wein? *(So, jetzt ist ihm seine Rotweinbuddel umgekippt – und er hintendrein. Weil's auch immer saufen müssen!).*

Sollen oft als Millionäre sterben, hört man. Und wenn du ihnen eine Mark gibst, versaufen sie's bloß, sagt man. Einige betrügen direkt und sind gar nicht beinamputiert oder blind, liest man. Und die Sieglinde sagt immer, dass sie denen »aus Prinzip« nichts gibt. Was für ein Prinzip ist das? Die wären sowieso alle zerrüttet und man könnte ihnen eh nicht helfen. Ob sie die Mark zur Bausparkasse bringen sollen: für ein Appartment später mal? Vor allem die an den Kirchentüren haben einen enormen Stundenschnitt, hab ich gehört. Für welch einen Stundenlohn tät ich mich neben die Kirchentür setzen, ganztätig? Für wieviel schliefe ich auf dem Lüftungsschacht, allnächtlich, zwischen Taubendreck, Bier und Spucke? Mag der eine oder andere lügen – die Kälte lügt nicht. Scheiss auf den Wok für die Renate. *(Jetzt rappelt er sich hoch, die Flasche ist hin, und er hat sich anscheinend nass gemacht – eine Zumutung, aber echt!)*

Nikolaus und Weihnachtsmann

Peter Grassinger

Der leibhaftige Münchner Nikolaus

Zu Beginn der 60er Jahre begann meine Laufbahn als Nikolaus in großem Stil – zunächst im eigenen Viertel. Waldtrudering wurde damals seinem Namen noch gerecht – die Gärten mit ihren verschneiten Tannen gaben die schönste Kulisse für meine Auftritte ab. Einige Jahre lang besuchte ich die Kinder meiner Freunde in einer Kutsche, die von zwei Schimmeln gezogen wurde – bei starkem Schnee auf einem Schlitten, mit Glockengeklingel und lodernden Fackeln, begleitet von einer Schar Engel.

Das passende Nikolausgewand lieh ich bei dem damals renommierten Kostümverleih Dirringer im schönen Roman-Mayer-Haus, das später dem Kaufhof am Marienplatz weichen mußte.

Als wieder einmal der 6. Dezember nahte, rief mich der Besitzer des Kostümverleihs an und bat mich geheimnistuerisch um einen Besuch. Er präsentierte mir einen außergewöhnlichen Nikolausornat, ganz aus rotem Brokatstoff mit Goldstickereien, dazu ein langes Unterkleid aus altgoldenem Florentiner Stoff und eine passende Mitra. Ein breites Umhängekreuz und ein in Samt gefaßter Krummstab vervollständigten ein Bischofskostüm, dessen Anblick mir den Atem raubte. Es war käuflich zu erwerben.

Ich konnte nicht widerstehen. So lieh ich mir das Geld, viel Geld für damalige Verhältnisse. Es hat sich gelohnt: dieses Kostüm hat mich 40 Jahre lang in meiner Nikolaus-Laufbahn begleitet, und ich wurde dabei mancherorts so etwas wie eine vorweihnachtliche Institution.

So zum Beispiel in der Internationalen Jugendbibliothek, wo ich, begleitet von zahlreichen Engeln verschiedenster Nationen, der Idee der Einrichtung gerecht zu werden versuchte. Schwarze, gelbe und weiße Engelchen trafen sich in der nahegelegenen Gaststätte »Wilhelm Tell« zum Ankleiden. Für die alte »Huberin« vom Englischen Garten war es eine liebgewordene Pflicht, mich und meine Engelsschar mit ihrer Pferdedroschke abzuholen. Ihrem alten Gaul steckte sie jedes Jahr neue Papierblumen hinters Ohr, und für mich hielt sie einen Schluck aus ihrer Pulle und ein aufmunterndes »auf geht's« bereit. Sie schnalzte mit ihrer Peitsche und wir fuhren die Königinstraße entlang, begleitet von bewundernden Blicken aus den aufgerissenen Bürofenstern, bis wir in die Kaulbachstraße einbogen, wo wir von Ferne schon die Kinderschar erkennen konnten, die vor den Toren der Bibliothek auf uns wartete. Die Nikolausfeier wurde in vielen Zungen, vor allem natürlich in »Engelszungen« zelebriert.

Mindestens dreißig Jahre lang sorgte ich auch für den feierlichen Höhepunkt bei der Weihnachtsfeier der Turmfalken, wo ich beim milden Schein der Christbaumkerzen der ehrwürdigen Versammlung die Leviten las. Ich versuchte, diesen Auftritt jedes Jahr zu variieren, ein Ehrgeiz, der mir – und vor allem meinen unschuldigen Begleitern – einmal beinahe zum Verhängnis geworden wäre.

Ich hatte mir von einem Wanderzirkus zwei kleine Esel und ein festlich ausstaffiertes Wägelchen geliehen. Im Bieraufzug wurde das Gespann vom Keller des Löwenbräu zum Benno-Saal hochgefahren. Ich bestieg das Gefährt, feierlicher Gesang erschallte, die Doppeltüren wurden geöffnet, und so fuhr ich – würdevoll winkend – in den Saal ein.

Dann kam das Fiasko. Ich hatte nicht bedacht, daß meine Zugtiere für diesen Auftritt Hufschuhe gebraucht hätten, und so kam, was kommen mußte: kaum setzten die Eselchen ihre Hufe auf das glatte Parkett, da verloren sie auch schon jeglichen Halt, und mit einem Knallen wie von Maschinengewehrfeuer riß es ihnen die Beine unter dem Leib weg. Die Szene ist durch ein Foto dokumentiert, auf dem vier würdige Herren im Smoking die Esel auf beiden Seiten mit ihren Schultern aufrecht zu halten versuchen, was nicht so recht gelingen wollte. Daß mir trotz dieses Mißgeschicks später der »goldene Helm« der Turmfalken verliehen wurde, ist der ehrwürdigen Gesellschaft hoch anzurechnen.

Besonders eindrucksvoll waren meine Nikolausauftritte im Haus des Grafen Törring. Es muß ein einprägsames Bild gewesen sein, wenn ich im Bischofskostüm durch die kleine Waldschonung des Parks auf einem von Fackeln erleuchteten Pfad zum Haus schritt, wo auf der Terrasse bayerische und preußische Prinzen und Prinzessinnen, dazu das Personal in Schürze und Häubchen, versammelt waren wie auf einem Gemälde aus alter Zeit. Prinz Poldi von Bayern unterstützte mich bei meinem Auftritt immer nach Kräften, und er war es auch, der mich damals überredete, meine vorweihnachtliche Tätigkeit auf das Fürstenhaus Fugger auszuweiten.

So wurde ich auch auf der Wellenburg bei Augsburg zum festen Bestandteil des Kalenderjahrs. Viele der zahlreichen Nachkommen der Familie begleitete ich vom Kleinkindalter bis zum Schulabschluß.

Das Schloß liegt ganz für sich auf einem Hügel. Wenn wir ankamen, stand schon eine mit Pferden bespannte Kutsche bereit, mit der ich in den Schloßhof einfuhr. Ich drehte noch einige Runden unter den hell beleuchteten Fenstern, an denen sich die Kinder die Nasen plattdrückten, dann empfing mich der Fürst mit einigen Bediensteten am Haupttor, und ich schritt geräuschvoll zum Kindertrakt im ersten Stock. Von dort hörte man schon ein Raunen, Wispern, mitunter auch ein Schluchzen – kurz: alle Verlautbarungen mehr oder weniger freudiger Erwartung.

Versammelt waren traditionsgemäß die große Familie der Fugger, Prinz Poldi von Bayern mit Frau und Kindern, die Gräfin Waldenfels und eine Anzahl befreundeter Familien. Kerzenschein und Flötentöne begleiteten den gemeinsamen Gesang. Dann las ich aus dem goldenen Buch und leerte meinen großen Sack auf den Boden aus, daß die Nüsse, Äpfel und Geschenkpäckchen nur so über das Parkett hinrollten. Überwog in den ersten Jahren noch eine gewisse Ängstlichkeit bei Groß und Klein, so wurde ich im Lauf der Zeit fast wie ein Familienmitglied auf der Durchreise aufgenommen. Nur für die jeweils nachwachsenden Nachzügler war ich immer wieder gewöhnungsbedürftig.

Auch für mich war im Lauf der Jahre trotz der damit verbundenen Hetze dieser Nikolausauftritt zu einem meiner schönsten vorweihnachtlichen Erlebnisse geworden, das ich nicht missen wollte.

Bei einem meiner letzten Besuche fragte mich Fürst Fugger, ob ich mich einer Frage seines damals etwa zehnjährigen Sohns stellen wolle. Neugierig geworden, stimmte ich zu. Mit einem artigen Diener fragte mich das

Kind: »Lieber Nikolaus – wie alt bist Du, und hast Du den lieben Gott schon gesehen?«. Große Verblüffung bei allen Anwesenden und eine kurze Pause bei mir. Aber mein Auftraggeber im Himmel meinte es gut mit mir und legte mir eine Antwort in den Mund, die den jungen Fugger zufriedenstellte, ja sogar tief beeindruckte. Ich sagte ungefähr folgendes: »Ich bin so alt wie Du mich glaubst, und wenn Du bei einer guten Tat ein ganz besonderes Gefühl spürst, dann siehst Du den Lieben Gott so wie ich«.

Fürst Fugger rief mich am nächsten Tag an und berichtete mir, sein Sohn, der wegen seiner Nikolausgeschichten bei seinen Mitschülern schon mehrfach ausgelacht worden war, habe nach diesem Erlebnis seiner Klasse im Brustton der Überzeugung eröffnet: »Ihr könnt sagen, was ihr wollt – aber wir haben zu Hause den echten Nikolaus!«

Ein einmaliges Nikolaus-Erlebnis bescherte mir die Einladung von Prinz Poldi auf Schloß Berg am Starnberger See. Die schwedische Königsfamilie war bei ihm zu Gast, und man wollte den kleinen schwedischen Prinzen, der nur die nordische Lucia, die Lichterfee, kannte, mit dem bayerischen Nikolausbrauch bekannt machen. Meine Frau fuhr mich in Kostüm und Maske nach Berg. Vor dem Haus erwartete uns eine stattliche Anzahl von in Loden gekleideten Männern mit großen Hunden, die unseren Wagen sofort umringten. Einer verlangte meinen Ausweis. Auf den Einwurf meiner Frau, daß ich auf dem Passfoto ja ganz anders ausschaue, kam der trockene Kommentar: »So könnt'a Terrorist daherkommen!«

Der Diskurs wurde von einem sehr eleganten Herrn beendet, der sich als Adjutant des Königs vorstellte und meine Frau fragte, ob wir noch etwas benötigten. Sie bejahte, denn wir hatten zwar von allen bayerischen Prinzen und Prinzessinnen die Sündenzettel, aber ein schwedischer war nicht darunter.

Später erfuhr ich, daß Königin Silvia sich persönlich der

Sache annahm. Ich aber wurde zum See geleitet, wo der Fischermeister die Boote mit Auslegern versehen hatte, an denen brennende Fackeln befestigt waren. Ich stieg in das Hauptboot ein, und wir fuhren weit in den See hinaus. Etwa in der Mitte machten wir eine Kehre und fuhren aus einem graublauen, winterlichen Spätnachmittagshimmel auf das Ufer zu. Dort standen die Königin, der König und alle Kinder und Freunde. Am Ufer angelangt, wurde ich in festlichem Zug ins Haus geführt.

Das war nun wirklich der Höhepunkt meiner Laufbahn als Weihnachtsvorbote, und ich muß gestehen, daß ich damals bei der Anfahrt ans Ufer, als ich im flackernden Fackelschein mit Mitra und Stab auf die erlauchte Gesellschaft zuschritt, einen kurzen Augenblick selbst davon überzeugt war, ich sei wahr und wahrhaftig – der heilige Nikolaus!

DORIS DÖRRIE

Zimmer 645

Schwarze Fußspuren hinterlasse ich im jungfräulichen Schnee, und wie ein kleines Kind habe ich das überwältigende Gefühl, der allererste zu sein. Einmal erster sein. Im Augenblick bin ich überall der letzte. Der letzte in meinem Prüfungsergebnis im Steuerrecht, der letzte in der langen Schlange von Verehrern bei der schönen Monika und der letzte bei der Vergabe der Nikolauskostüme. Unter dem Massenandrang der Weihnachtseinkäufer habe ich zwei U-Bahnen verpasst, und das habe ich jetzt davon. Der rote Anzug kratzt und ist etliche Nummern zu groß, alle paar Schritte muss ich mir die Hose hochziehen, der Stoff riecht muffig nach Mottenkugeln, der Bart dafür nach Aftershave der Marke Macho oder Bullfight, die Mütze rutscht mir unangenehm über die Augen. Ich gebe eine reichlich lächerliche Figur ab als Nikolaus. Missmutig ziehe ich meinen Sack und meine Rute hinter mir her, ich habe keine Lust, kleine Kinder im Auftrag ihrer Eltern zu erschrecken und dann am Ende ein paar armselige Geschenke aus meinem Sack zu ziehen.

Kaum erblicken mich die Leute, als ich in meiner Montur aus dem Hinterhof der Nikolausagentur auf die Straße trete, strahlen sie erwartungsvoll, als wäre in ihren Gesichtern ein Lämpchen angeknipst worden. Mütter zeigen lächelnd mit dem Finger auf mich, alte Frauen nicken mir zu. Geschäftsmänner grinsen wohlwollend, nur die Kinder betrachten mich misstrauisch unter ihren verrutschten Strickmützen. Im Nikolausworkshop haben wir gelernt, uns immer vor die Kinder hinzuhocken, um sie nicht zu verschrecken, obwohl sich gerade das viele Eltern von uns wünschen. Ein dicker Maurer, der schon seit zwölf Jahren als Nikolaus unterwegs ist, erzählt mir, dass es jedes Jahr schlimmer wird. Immer öfter wird von den Eltern der Wunsch an ihn herangetragen, das Kind doch einmal so richtig zu verprügeln.

Eltern gibt es, sagt er und schnauft empört. Eltern gibt es, die gibt's gar nicht.

Meine erste Station ist Schwabing. Überteuerte Altbauwohnung, die Eltern in Pradaschuhen, die Mutter hat anthroposophische Zupfengel um den Adventskranz im Flur aufgehängt, und die Geschenke, die sie vorsichtig in meinen Sack befördert, sind in mattes Ölpapier eingewickelt. Die Kinder heißen Josephine und Emanuel, so steht es auf meinem Zettel, und ich soll sie für ihre Selbstständigkeit loben und sie sanft ob ihrer Unordentlichkeit tadeln. Geduldig und ein wenig mitleidig hören sich die Kinder meine kleine Rede an, mit unterdrückten Seufzern packen sie ihre garantiert plastikfreien und pädagogisch wertvollen Spielzeuge aus, der Vater drückt mir an der Haustür jovial fünfzig Mark in die Hand. Hinter ihm sehe ich die kleine Josephine, die mich nachdenklich ansieht und ein wenig müde die Hand zum Gruß hebt.

Nächster Stopp Milbertshofen. Eine türkische Familie, die sich dem Weihnachtsterror gebeugt hat. Ich ziehe brav die Schuhe an der Tür aus, bin selber Türke, aufatmend wechselt die Mutter ein paar Wörter mit mir auf Türkisch und verzeiht mir meinen deutschen Akzent, sie weiß selbst nicht so genau, wie die Prozedur eigentlich abläuft, also ermahne ich die beiden Söhne in Stentorstimme, sie sollen ihre Mutter besser behandeln, die Mutter nickt zustimmend, sie bekommen beide riesige Plastikpumpguns aus meinem Sack, und ich bekomme einen Raki.

Als ich wieder auf der Straße stehe, fängt es an zu schneien. Die Flocken tanzen im gelben Schein der Straßenbeleuchtung. Ich klingle bei Ritter auf der Schleißheimer Straße, und durch die Sprechanlage fragt mich Frau Ritter, ob ich der bestellte Nikolaus sei und in meiner Kindheit Windpocken gehabt habe. Diese etwas seltsame Frage kann ich genau beantworten, denn auf meiner Nasenwurzel ist eine kleine Windpockennarbe zurückgeblieben. Dann ist gut, sagt Frau Ritter, dritter Stock links. Und erschrecken Sie nicht.

Es öffnet mir eine zierliche Blondine Mitte Fünfzig in einem langen hellblauen Nachthemd. Ihr Gesicht ist übersät von riesigen roten Pusteln. Aus hübschen braunen Augen sieht sie mich verlegen an. Ich sehe aus wie ein Monster, klagt sie und lacht unsicher. Ein bisschen, tröste ich sie.

Im Wohnzimmer schenkt sie mir einen Kaffee ein. Es ist sehr still. Ich sehe mich nach den Kindern um. Nein, sagt sie schnell, keine Kinder. Und mein Mann wohnt im Hotel. Im Holiday Inn. Wegen der Windpocken. Ich will nicht, dass er sich ansteckt. Er hatte sie nicht als Kind. Wir haben viel gemeinsam, müssen Sie wissen.

Sie lächelt ein wenig traurig und zerrt ein großes viereckiges Geschenk aus dem Schrank. Aber heute ist doch

Nikolaus, sagt sie, und er ist so allein. In unserer ganzen Ehe waren wir keine Nacht getrennt, müssen Sie wissen.

Ich weiß nicht so recht, ob ich das wissen muss, aber ich stecke das Geschenk in meinen Sack und nehme einen Zettel von ihr entgegen, auf dem steht in Schönschreibschrift: ich muss dich wirklich loben für deine Einfühlsamkeit, Sanftheit und Geduld. Du solltest nur öfter den Abfall runtertragen.

Frau Ritter kichert und hält sich schüchtern die Hand vor den Mund. Im nächsten Augenblick weint sie. Jetzt weiß ich, wie es sich anfühlen wird, wenn man alt und allein ist, sagt sie. Sie gibt mir selbstgebackene Plätzchen und macht, während ich sie noch esse, den Fernseher an.

Mit meinem Sack auf dem Rücken trotte ich die Leopoldstraße entlang zum Holiday Inn. Schneematsch spritzt von den vorbeifahrenden Autos auf mein rotes Nikolauskostüm. Im Gehen schiebe ich den Bart unters Kinn. Von dem Geruch, dem Raki, Kaffee und den Plätzchen ist mir ein wenig übel.

Nicht anmelden, sage ich zu der jungen hübschen Frau an der Rezeption. Ich beschließe, sie anschließend nach ihrer Telefonnummer zu fragen.

Zimmer 645, sagt sie lächelnd, na, das wird ja eine Überraschung.

Es dauert, bis mir geöffnet wird. Herr Ritter ist in der Unterhose. Hinter ihm sehe ich ein Stück nacktes Frauenfleisch. Dann wird die Dusche aufgedreht. Ich schiebe ihm das Geschenk durch den Türschlitz. Sage ihm auf, was ich von Frau Ritters Zettel auswendig gelernt habe: Ich muss dich loben für deine Einfühlsamkeit, Sanftheit und Geduld. Du solltest nur … Er schlägt mir die Tür vor der Nase zu.

Das war meine letzte Nikolaustat für heute. Im Fahrstuhl nehme ich mir den Bart ab, knöpfe die blöde kratzende Jacke auf. In der Lobby lachen ein paar betrunkene Vertreter über mich. Wie betäubt stehe ich in dem hellen

Johannes Mayrhofer, Der galante Nikolaus, Federzeichnung

Licht. Im Schaufenster der Hotelparfümerie steht ein großer Schokoladennikolaus mit einer goldenen Bürste in der
Hand. Für sie, steht auf einem handgeschriebenen Schild
darunter. Er kostet 38 Mark inklusive Bürste. Ich knöpfe
mir die Jacke zu, schleppe den Sack die Leopoldstraße zurück zur Schleißheimer-Straße.

Ja? sagt Frau Ritter zögerlich in die Gegensprechanlage.
Ich bin's noch mal, der Nikolaus.

Ach so, sagt sie und lässt den Türöffner schnarren.

Sie hat sich weißes Zeug auf die Pusteln getupft. Ängstlich nach vorn gebeugt sitzt sie im Sessel. Ich muss dich
loben für deine Langmut, deine Geduld und Sanftheit,
sage ich. Zu tadeln finde ich nichts. Überhaupt nichts.

Sie strahlt. Mein Mann und ich sind uns sehr ähnlich,
sagt sie und bürstet sich mit der goldenen Bürste versuchs-
weise die blonden Locken. Man muss nur ab und zu ein
bisschen streng mit ihm sein.

Ja, sage ich, das glaube ich auch. Und schöne Weihnachten noch. Sie nickt glücklich.

Auf der Straße schließe ich die Augen und halte mein

Gesicht in den Schnee. Die Schneeflocken landen auf meinen Augenlidern, als wären sie allein schon immer ihr Ziel gewesen. Ich habe vergessen, die junge schöne Frau an der Rezeption nach ihrer Telefonnummer zu fragen. Vielleicht stapfe ich noch einmal durch den Schnee zu ihr zurück. Vielleicht.

Ingo Schulze

Als die Kommunisten …

Als die Kommunisten von der Macht vertrieben waren und die Demokraten noch regierten, ging es wenigen besser und vielen schlechter als zuvor. Etliche aber wußten nie, wie sie die nächsten Wochen, die nächsten Tage überstehen sollten. Zu ihnen zählten meine Nachbarin Antonina Antonowna Werekowskaja und ihre drei Töchter. Nachdem Antonina Antonowna vier Kinder geboren hatte, zuerst einen Sohn und dann drei Mädchen, war ihr Mann, Brigadier an einer fernen Erdgastrasse, von seinem Stellvertreter erstochen worden. Wie Antonina Antonowna damals sagte, wäre es besser gewesen, dieser Mensch hätte gleich die ganze Familie umgebracht. Der siebzehnjährige Anton, ihre einzige Stütze, verließ dreißig Tage nach der Beerdigung seines Vaters die Familie und kehrte nie wieder zurück. Zum ersten Mal im Leben war Antonina Antonowna auf sich allein gestellt. Ein mitleidiges Herz verschaffte ihr zwar eine Stelle als Abwäscherin in der Nachtschicht seines Betriebes. Aber ihr Lohn war nicht mehr als ein Zuerwerb für Rentner. So fristeten die vier Werekowskis ein äußerst ärmliches Leben. Um wieder einen Ernährer für die Familie zu finden, warf sich Antonina Antonowna beinah jedem an den Hals, der ein gesichertes Einkommen hatte und nicht als Trinker galt. Ihr Ruf war schnell ruiniert. Als sie begann, Geld für ihre

Liebesmüh zu verlangen, lachte man sie aus und gab sich nicht mehr mit ihr ab.

Antonina Antonownas einziger Trost lag in der russischen Literatur. Nach der Lektüre erinnerte sie ihre Töchter jedesmal daran, welch Luxus es sei, über eine Zweizimmerwohnung mit Kühlschrank, Fernseher und Telefon zu verfügen, in der es auch eine Badewanne mit fließend Warmwasser gebe – und noch dazu in Sankt Petersburg! Wie schnell, sagte sie oft, haben wir vergessen, daß es die breite Masse der Russen in den vergangenen Jahrhunderten niemals so gut hatte wie wir heute. Ein anderes Resultat ihrer Lektüre jedoch war eine Vorstellung, die zwar das Ende ihrer Not versprach, aber Antonina Antonowna zum Weinen brachte. Weil sie keinen anderen Ausweg sah, weinte sie bald täglich. Nie aber kam ein Wort von dem schrecklichen Vorhaben über ihre Lippen.

Wenn am Monatsende der Hunger die Mädchen in die Kantine trieb, wo sie sich an Suppe und Brot satt essen durften, ließen die Arbeiter Antonina Antonownas Töchter nicht aus den Augen. Doch so hübsch die jungen Dinger waren und so früh sie Anzeichen der Reife zeigten – sie hatten nicht die Intelligenz und schnelle Auffassungsgabe ihres Vaters. Ihnen war die ergebene Haltung der Mutter eigen, die an sich selbst keinerlei Vorzüge erkennen konnte, diese aber an jedem anderen entdeckte. Deshalb ahnten die Mädchen nicht, was ihnen bevorstand.

Kurz vor Veras fünfzehntem Geburtstag, sie war die Älteste, konnte Antonina Antonowna gar nicht mehr mit dem Heulen aufhören, und sie beschloß, erst im neuen Jahr in der bewußten Sache Valentin zu befragen.

Das Leben der vier aber wurde immer unerträglicher. So sehr sich Antonina Antonowna auch bemühte, mit dem wenigen Geld zu wirtschaften – sie hungerten nicht gerade, aber Brot, Kartoffeln, Quark, Margarine, Marmelade, Tee und manchmal ein Apfel oder eine Tomate reichten selbst ihr kaum. Für Schuhe, Kleidung und

Süßigkeiten blieb nichts übrig, von anderen Dingen zu schweigen. Mit Vera teilte sich Antonina Antonowna Stiefel und Mantel, Annuschka trug die Sachen Veras und Tamara die von Annuschka und Vera. Doch was, wenn Veras Füße weiter wuchsen? Selbst billige Winterschuhe kosteten mehr als ein Monatsgehalt. Sooft Antonina Antonowna ihre Töchter auch betrachtete, ihr kam keine andere Idee, was aus ihnen werden sollte … da weinte sie wieder, und die Mädchen weinten mit. Denn trotz ihrer Einfalt merkten sie, daß die Tränen ihnen galten.

Immer häufiger saß jetzt Antonina Antonowna nach Dienstschluß in Valentins Pförtnerloge und konnte sich gar nicht satt hören, wenn er von seinen Freunden und Partnern und den Hotels sprach. Über Silvester würden sie Vera alles erklären, und das neue Jahr sollte die ganze Familie glücklich sehen.

Doch dann geschah das Unerwartete, wovon niemand, und erst recht nicht Antonina Antonowna, zu träumen gewagt hatte. Es war am fünften Dezember, abends, kurz vor acht, als sie die Kantine betrat und zu ihrer Überraschung dieselben Leute traf, die sie schon am Morgen bei der Lohnauszahlung begrüßt hatte. Waren sie betrunken? Sie schrien einander an, umarmten sich im nächsten Moment, um gleich darauf wieder auf den Tisch zu schlagen.

Da Antonina Antonowna nie sprach, wenn mehr als drei Personen im Raum waren, fragte sie nichts und wartete neben der Theke, hinter dem Stuhl der kreischenden Dombrowskaja. Die streckte ihre Arme aus, die Handflächen mal nach oben, mal nach unten gekehrt. Was gab es denn gegen eine Lohnerhöhung von dreitausend Rubeln einzuwenden, fragte sich Antonina Antonowna?

Doch als sie hörte, dass die Dombrowskaja mit sechs, Valentin mit zehntausend Rubeln mehr gerechnet hatten, um die Inflation auszugleichen, als sie sah, welche Verzweiflung ihre Kolleginnen und Kollegen erfaßte, die zum Lohn noch Rente bezogen und nur für sich selbst zu sorgen hatten, und im Leben allesamt besser zurecht kamen als sie – als sie das sah, hörte und begriff, da überstieg der Schrecken jegliches Maß und sie fiel in Ohnmacht.

»Come on, old girl, come on!« Weder verstand Antonina Antonowna diese Worte, noch kannte sie das Gesicht. Nur die Stimme der Kolleginnen und Kollegen klangen vertraut.

Als sich der Direktor neben den Fremden hockte, krampfte sich Antonina Antonownas Herz zusammen, und sie begann, bitterlich zu weinen. So ein Elend, dachte sie, soll er's nur sehen, soll er's nur sehen! Plötzlich wurde sie vom Boden gehoben, sie schwebte wie damals auf den Armen ihres Vaters. Um sie herum war es still geworden. Mit offenen Mündern und glänzenden Augen blickten alle auf sie. Der Fremde trug sie davon. »In den Armen eines Amerikaners!« hörte sie den Direktor flüstern.

Im Wagen, auf dem Beifahrersitz, fürchtete Antonina Antonowna jeden Moment einen Unfall und zog den Kopf zwischen die Schultern. Mindestens doppelt so breit wie im Wolga war es hier. Ihre Aufgabe aber bestand darin, mit dem Finger gegen die Scheibe zu tippen, nach links, nach rechts und weiter geradeaus, sonst hätte sie die Augen geschlossen. Von Zeit zu Zeit sah er sie an. Sie verstanden sich ohne Worte und rammten weder Bäume noch Busse. Schade nur, dass es so spät war, als sie im Süd-West-Rayon vorfuhren.

Wie liebevoll beugte sich der Amerikaner über die Couch, die den drei Mädchen als Bett diente. Da lagen sie nebeneinander unter der Decke, die Köpfe einander zugeneigt, wie auf alten Fresken. Als Antonina Antonowna die Mädchen gleichsam mit fremden Augen sah, mußte sie an ihr Vorhaben denken. Sie wandte sich ab und schluchzte.

Ohne zu fragen, nahm der Amerikaner die drei Matrjoschkas, das einzige Spielzeug der Mädchen, vom Regal und füllte sie mit etwas Gutem aus seiner Tasche.

»It's all over now«, sagte er, strich Antonina Antonowna über die Wange und ging.

Am nächsten Morgen wunderten sich die Mädchen, daß ihre liebe Mutter schon zu Hause war und ihnen das Frühstück bereitete. Wie aber leuchteten erst ihre Augen, als sie die Matrjoschkas öffneten. Antonina Antonowna lief sofort zur Bank, um einen der vielen Scheine zu wechseln. So sehr sie sich aber auch mühte, die Rubel in ihr Portemonnaie zu stopfen – es waren einfach zu viele. Antonina Antonowna zitterte vor Angst, es könnte nur ein Traum sein.

Geradewegs lief sie zur Betriebsleitung, um nach der Adresse des edlen Amerikaners zu fragen. Die Sekretärin empfing Antonina Antonowna voller Freude und führte sie auf der Stelle in das große Büro. Dort aber saß statt des alten Direktors ein Amerikaner, der einzige, den sie kannte. Er kam ihr entgegen und schloß sie lange und herzlich in seine starken Arme. Und da alle ihn Nico nannten, sagte auch Antonina Antonowna Nico zu ihm, fiel vor ihm nieder, küsste seine Hände und lud ihn abermals in ihre bescheidene Wohnung ein.

Schon am Abend erschien er. Da gab es der Freude und des Staunens kein Halten mehr. Vera gefiel ihm so gut, daß auf der Stelle beschlossen wurde, in zwei Jahren solle Hochzeit sein. Und so war es dann auch. Nico und Vera waren ein Herz und eine Seele. Und in der Wohnung nebenan wohnten die Schwestern und Antonina Antonowna in Wohlstand und ohne Sorgen. Als Vera starb, heiratete Nico die noch schönere Tamara. Antonina Antonowna vergoß bei jeder Hochzeit Tränen. Wie lange sie so glücklich lebten, weiß ich nicht zu sagen. Denn hier verliert sich ihre Geschichte im Dunkel.

Brav gewesen?

Liebe Tamara,
’tschuldigung, dass ich solange nicht geschrieben habe,
aber du kannst dir denken, warum ich keine Zeit hatte: Ich
war voll damit beschäftigt, die Eltern zu überreden, mit
mir zu der Nikolaus-Party zu gehen! Es war nicht leicht,
glaube mir, ich musste echte Überzeugungsarbeit leisten,
die beiden haben sich mit Händen und Füßen dagegen gewehrt, aber ich war auf ihre miesen Argumente gut vorbereitet. Danke für die Tipps, die waren super. Vor allem die
Zwiebel, die hatte ich im Taschentuch fertig geschnitten,
brauchte nur einmal tief daran zu riechen, schon kamen
mir die Tränen, als sie mit diesem Quatsch rausrückten,
dass ich mit vierzehn zu alt für den Nikolaus sei! Papa
schmolz sofort dahin, er nannte mich sein süßes kleines
Mäuschen und war plötzlich auf meiner Seite. Mama
meinte, das reicht, wenn ein Elternteil mitgeht, sie wollte
wegen ihrer Cellulitis lieber ins Fitneßstudio, also habe
ich ihr wortwörtlich deinen edlen Satz mit den inneren
Werten serviert … Da blieb ihr erstmal die Puste weg, und
ich frohlockte schon still vor mich hin, als sie auf einmal
fragte, woher ich den Satz habe. Na ja, meine Mutter lässt
sich nicht so leicht aufs Glatteis führen, aber als ich, genau
wie du es vorschlägst, ihr schlechtes Gewissen von wegen
berufstätiger Mütter aktivierte, wurde sie augenblicklich
kreidebleich. Danach hatte ich sie in der Tasche. Oder im
Sack. Ich habe mich schon Tage im voraus halb totgelacht.
Selbstverständlich nur, wenn ich allein war.
　　Es war schon ein bißchen peinlich, so von Eltern einge-
rahmt auf der Straße herumzulaufen, zuerst schämte ich
mich ziemlich, bis ich den Tommy sah, der stieg sogar
Hand in Hand mit seiner Mama aus der Straßenbahn,
grinste mich noch an und dann machte es mir nichts mehr

aus, Heilige Familie zu spielen, im Gegenteil. Du kennst Tommy nicht, der wird demnächst fünfzehn, ist so ungefähr einsachtzig groß und ungeheuer süß, alle Mädchen in der Schule sind hinter ihm her, aber er selber hat es eher mit der Musik. Also, bis zu Nikolaus war es so, OK, das kommt später. Es war ein wahnsinniger Andrang, lauter Kiddies, die ihre Alten an den Händen hielten, damit sie nicht in in letzter Minute eine Fliege machten, und es dauerte ein Weilchen, bis wir alle drinnen waren, aber danach …

Liebe Tamara, du hattest Recht, der Nikolaus in der Ruprechtfabrik ist einfach die beste Erfindung, seit es den Weihnachtsmann gibt! Megasuperkrass, ein Turboeventhighlight der Sonderklasse, echt mörderisch, atombombenstark, wirklich wahr! Du weißt selber, wie es dort zugeht, und bestimmt bist du immer noch traurig, dass du dies Jahr nicht dabei warst, trotzdem muss ich dir davon erzählen, weil das einfach rein obergeil war. Mir egal, wenn du neidisch wirst, letztes Jahr war ich auch stockneidisch. Und diesmal war es noch besser, hat der Tommy gesagt! Ja, du staunst jetzt, der hat seine Eltern so gut im Griff, dass er sie schon zum dritten Mal herumgekriegt hat. Sicher möchtest du seinen Geheimtrick kennen, ich bin nicht so, ich gebe ihn dir großzügig weiter: Er krümelt demonstrativ Räucherstäbchen in eine Kippe rein und sagt Mutti, dass er Junkie wird, wenn sie nicht kuscht! Leider würde das bei meiner Mom nicht wirken, die hat auch mal gekifft in ihrer Jugend, aber Tommys Mutter ist ein solches Unschuldslämmchen, dass sie reinfällt und brav mitkommt, ihren neuen Lebensabschnittspartner im Schlepptau. Stell dir vor, sie glaubt tatsächlich, dass man von Mohnplätzchen high werden kann, nur weil Tommy mal eine ganze Ladung einwarf und die Augen dabei verdrehte, jetzt bäckt sie nur noch Zimtsterne! Die schmecken sowieso viel besser.

Die erste Viertelstunde war schon öde, wegen der Reden. Erst dieses »Herzlich-Willkommen-Blabla«, dann eine dusselige Schirmherrin, die auf der Bühne elend lang darüber quasselt, dass Kinder Märchen brauchen! Was sie nicht sagt! Während dem Gesülze schaue ich mich um, entdecke in der Menge meinen Zahnarzt, meine Klavierlehrerin und noch ein paar Leute, die ich schon lange auf dem Kieker habe, zappele hoch erfreut vor mich hin. Zwischendurch tausche ich ein paar heiße Blicke mit Tommy aus, und damit er sich nichts einbildet, schaue ich am Schluss nur noch den Geschäftsführer an, du weißt schon, diesen runzeligen alten Mann mit dem weißen Bart, dem die Fabrik gehört. Wie der auf so eine geile Idee gekommen ist?

Als die Kuh endlich fertig ist, klatschen die Erwachsenen höflich, und bei den Kiddies geht sofort das Gekreische los, weil die Nikoläuse und Ruprechtknechte mit Pauken und Trompeten in den Saal hereinmarschieren. Die Roten Kapuzen sind gleich umzingelt von kleinen Kindern mit ihren Alten, da geht es noch einigermaßen brav und geordnet zu, aber bei uns stürzt sich alles, was über acht Jahre alt ist, auf die bösen Knechte, um endlich eine Rute zu bekommen!

Das Gerempel brauche ich dir nicht zu beschreiben. Oder doch. Als ich voll eingeklemmt im Gedränge war, sah ich aus dem Augenwinkel, wie der alte Mann auf der Bühne mit einer Rute auf die Schirmherrin eindrosch, dann sah ich nichts mehr, weil mir Tommy den Ellbogen in den Bauch rammte. Das tat ziemlich weh, aber er hatte zwei Ruten ergattert, eine für sich und eine für mich, und dann ging es erst richtig los. Selbstverständlich habe ich meine Eltern zuerst abgefertigt, ich wollte sie ursprünglich gar nicht richtig verhauen, nur so ein bißchen aus Prinzip, aber schon bei den ersten klitzekleinen Schlägen jaulten sie herum, dass sie es nicht verdient hätten, dass sie immer nur mein Bestes wollten und lauter solchen Quatsch, also habe ich ziemlich fest auf sie eingedroschen. Vor allem auf den Hintern meiner Mutter, weil das so schön laut klatschte. Na, wenn das nicht besser als Fitnessstudio für deine Cellulitis war, habe ich zu ihr später gesagt, als sie mit den anderen Eltern bei Kaffee und Kuchen saß, aber sie sah es nicht ein und schmollte nur beleidigt vor sich hin.

Mit der Klavierlehrerin habe ich auch abgerechnet, die wurde von ihren Zwillingen festgehalten, echt oberscharf, die sang die Tonleiter rauf und runter, während ich schön im Takt darauf schlug. Den Mathelehrer konnte ich bloß einmal erwischen, es waren so viele Schüler da, die ihn alle verkloppen wollten, dass man kaum an ihn rankam. Mein Zahnarzt ist mir leider entkommen, er hat sich aus dem Staub gemacht, sobald seine Tochter vom Nikolaus ihr Geschenk erhalten hatte, sonst habe ich mich total super ausgetobt, rechts und links kräftig ausgeteilt, bis mir der Arm weh tat.

Kann schon sein, dass ich aus Versehen ein paar unschuldige Leute gehauen habe, ich meine, welche, die ich gar nicht kannte, die mir persönlich nichts angetan hatten, was soll's, irgend etwas hat schließlich jeder schon mal verbrochen. Tommy habe ich allerdings absichtlich eins mit der Rute verpasst, aus Rache, nicht wegen seinem Ellbogen in meinem Bauch, das war schon in Ordnung, aber weil er mich in der Schule bisher übersehen hatte. Und das hat gewirkt!

Bei dem doofen Kaffee und Kuchen danach sind wir anstandshalber fünf Minuten geblieben, haben die Keksteller leer gefuttert und sind gegangen. Zusammen! Ach, Tamara, dem Geschäftsführer hätte ich gern einen Kuss gegeben, wegen dieser Superduperwahnsinnsveranstaltung, aber der war immer noch auf der Bühne mit der Schirmherrin zugange. Was der für eine Kondition hat, in seinem Alter! Nur eins finde ich sturzblöd, dass wir die Ruten nicht mit nach Hause nehmen durften!

ALBERT OSTERMAIER

Süßer nie

*Eine Table-Dance-Bar, Neonlichter, ein von silbernen Stangen durch-
brochener Laufsteg, der sich unter langen Beinen quer durch den
Raum zieht. Silikon-Mountains. Frauen, die ihre wasserstoffblon-
den Haare über die glühenden Glatzen nervöser Männer werfen.
Erstarrte Körper, stoische Blicke, Geldbündel, die aus den Strumpf-
bändern quellen. Polaroids gegen die Sterblichkeit, stöhnende Laut-
sprecher, ein goldener Teppichboden, der die Asche mit den Träumen
einsaugt. Neben dem Laufsteg an einem kleinen, runden Tisch ein
Weihnachtsmann in seinem Kostüm. Er sitzt regungslos da mit einer
Handvoll im Rotlicht blitzender Diamanten und einer Stange
Marlboro vor sich. Eine Tänzerin windet sich unter akrobatischen
Drehungen zu ihm.*

TÄNZERIN: Na, Weihnachtsmann, hast du mir auch was
Schönes mitgebracht?

WEIHNACHTSMANN: Wenn du ein braves Mädchen warst.

TÄNZERIN: *Sie beugt sich über ihn und lässt seinen weißen
Bart über ihre halbentblößten Brüste fließen.* Mein
Herz ist rein, willst das sehen? Was hast du denn da in
deiner großen Hand?

WEIHNACHTSMANN: Wünsche. *Er lässt die Steine wie einen
Sternenregen durch ihren Ausschnitt in ihr enges Kleid
gleiten. Er tritt mit seinen Stiefeln auf die Steine, wenn sie
unter ihren rotierenden Bewegungen zu Boden fallen.*

TÄNZERIN: Hast du die aus einem Kaugummiautomaten
geklaut? Dafür bekommst du aber keinen großen Lut-
scher, Kleiner, Spielgeld zählt hier nicht. Hol mal aus
deinem Sack ein paar Goldtaler, sonst schwebt dein Engelchen davon und die bösen Höllenbuben zünden dir
den Bart an. Pack deinen Weihnachtsbaum lieber wieder ein, bevor sie ihre Kettensäge rausholen und deine
Tannenzapfen abfallen.

WEIHNACHTSMANN: Ich hab 50 000 für die Sternschnup-
pen bezahlt, alles was ich hatte. In einem Tempel in
Thailand. Hier kannst du nur die Straßen damit streuen.

48

TÄNZERIN: Davon kann ich mir meine Lippen nicht aufblasen lassen. Was ist jetzt? Oder musst du erst rausgehen und deine Schlittenhunde verkaufen?

WEIHNACHTSMANN: Ich hab sie erschießen müssen. Tanz! *Er zeigt ihr ein weißes Päckchen.*

TÄNZERIN: Ich tanz nicht für Puderzucker.

WEIHNACHTSMANN: Träume, Schnee, der hinter deinen Augen fällt bis dein Herz erfriert. Du hast nicht mehr viel Zeit.

TÄNZERIN: Wenn du sie mir weiter stiehlst. Ich werde hier nicht fürs Plaudern bezahlt, Telefonsex kannst du draußen in einer Zelle haben. Gib mir schon dein Weihnachtsgeld, dann lass ich die Kugeln für dich baumeln.

WEIHNACHTSMANN: Erkennst du mich nicht?

TÄNZERIN: Weiß der Teufel, wer du bist, von mir aus der liebe Gott, das interessiert mich nicht. Ich weiß nur, dass du dich nicht wiedererkennen wirst, wenn du nicht endlich den Rubel rollen lässt.

WEIHNACHTSMANN: Ich hab mich umschulen lassen, konnt mich nur nicht von den Klamotten trennen. Schwarz steht mir nicht. *Er gibt ihr ein Bündel Scheine, die von einer goldenen Sicherheitsnadel zusammengehalten werden.* Tanz, bis du umfällst.

TÄNZERIN: Hey, das ist ja echt ein Geschenk des Himmels! Hast du ne Bank überfallen oder dem Christkind das Stroh unterm Hintern wegverkauft? Ich schenk dir meinen Heiligenschein dafür. *Sie streift ihr Kleid in Zeitlupe über ihre Schulterblätter und drapiert es, während sie vor ihm tanzt, um seinen Hals. Er berührt eine Narbe unter ihrer linken Brust.* Hey, Finger weg!

WEIHNACHTSMANN: Was für schöne Knochen du hast.

MANAGER: Angel, bist du besoffen! Zieh dich an! Du sollst hier keine Selbstgespräche führn und den Weihnachtsbaum betanzen. Auf die Bühne, aber flott! *Das Licht wechselt, unter den Scheinwerfern beginnt es zu schneien. Black.*

Oh Tannenbaum

GERTRUD FUSSENEGGER

Sag mir wie dein Christbaum aussieht – und ich sage dir wer du bist

Ein alter Trick der Psychologen: Wenn sie sich von der Gemütslage ihrer jugendlichen Testpersonen ein Bild machen wollen, lassen sie sie zuerst einmal einen Baum zeichnen. Je nachdem wie dieser ausfällt, ist der Zeichner erraten, der eine als selbstsicher, lebensbejahend, draufgängerisch wohlgemut, der andere als Trau-mich-nicht, verschüchtert, bedrückt, verstört.

Der Baum sagts aus. Auch der Christbaum gehört zu den verräterischen Bildern unserer inneren Befindlichkeit. Ist er doch zumeist der einzige Baum, den wir – Jahr für Jahr – nach unseren Wünschen gestalten können, und das Gestalten geht, genau genommen, schon am Christbaummarkt bei der Auswahl an.

Vorausgesetzt, daß wir nicht auf jede Mark und nicht einmal auf jeden Zehner schauen müssen: Hier bietet sich uns ein ganzer Wald in aller Vielfalt an: Zwerge und Riesen, hagere Fichten und borstige Tannenwipfel. Der eine Käufer wird nur nach einem bescheidenen Bäumchen Ausschau halten, der andere nach einem üppig ausladenden Exemplar suchen; der eine wird auf strenge Symmetrie Wert legen, dem anderen wird dichtes Gezweig und knorriges Dickicht lieber sein. Ich meine: Beim Symmetriker haben wir es mit einem Mann der Ordnung zu tun, womöglich mit einem heimlichen Moralisten, der genau Maß nimmt und sich auf Unabsehbarkeiten keinesfalls einlassen will, wogegen sich der Liebhaber des dickichthaft Verzweigten als einen verrät, der das Spontane liebt; Versteck und Höhlenabenteuer liegen in seiner Natur, Anarchisches zieht ihn an.

Ganz allgemein bieten wir dem Christbaum einen Ehrenplatz in unseren Guten Stuben an – darin handeln wir fast alle gleich. Dann aber gehts ans Schmücken, und schon zeigt sich wieder, was mit uns los ist, wohin unsere Geschmäcker, das heißt unsere Charaktere und Gemütslagen zielen.

Es gibt Leute, die alljährlich einen neuen Schub Christbaumschmuck besorgen und denen nichts davon neu und modisch genug sein kann. Andere ziehen alte Bestände vor und packen den oft schon von Eltern und Großeltern überkommenen Vorrat aus. Es ist keine Kunst, in den ersten die homines novi, die unbeschwert fröhlichen Gegenwartsmenschen und Aktivisten, in den anderen die pietätvollen Traditionalisten zu erkennen. Unter den Ersten sind vermutlich auch jene, die ihren Baum mit vielen bunten Kugeln behängen, spiegelblanken, in Blitzblau oder gschmachigem Zuckerrosa. Sie sparen auch nicht mit glitzernden Nikoläusen, Mickymäusen und Teletubbies; sogar Saurier und Draculas sind bei ihnen beliebt.

Ganz anders geht die Uhr bei den Still-Bedächtigen, die ihre Christbäume nur mit schlichten Strohsternen und weißen Kerzen beschicken. Da spricht Protest gegen den Glitzerlärm der Weltkinder und Rückzug in behütete Innerlichkeit. Vielleicht versteckt sich in der edlen Askese auch einige Unsicherheit: Man will sich auf nichts Gewagtes einlassen, man fühlt sich möglicherweise auch als Gralshüter des – in unserer Zeit in Bedrängnis geratenen, möglicherweise aber auch neu entdeckten – »einfachen Lebens«.

Mir persönlich sind die Christbäume die liebsten, die zwischen Geglitzer und Strenge, zwischen auftrumpfendem Festdekor und asketischer Würde die Mitte halten. Ich meine: Ein wenig Silber ist erlaubt, ein Tupfen Gold schadet nicht, denn der Christbaum soll doch allemal ein Stückchen Winterzauber und Himmelslicht in unsere Stuben spiegeln. Der Strohstern setzt in das lebendige Gezweig ein Signal geometrischer Ordnung, während die locker hängenden Engelshaar- und Lamettafäden den Versuch machen, einen zarten Schleier um den Baum zu spinnen und ihn in eine Art Aura zu tauchen.

An meinem Christbaum möchte ich auch die Farbe nicht missen: ein wohldosiertes Rot, ein diskretes Blau dürfen aus dem frischen Grün hervorleuchten; Äpfelchen sollten nicht fehlen, goldgelbe mit rosa geflammten Wangen – und meinetwegen dürfen auch ein paar in Staniol gewickelte Näschereien andeuten, daß Feste immer auch dazu da sind, daß wir uns was Gutes gönnen.

Der selbstgebastelte Schmuck gewährt ein Wiedersehen besonderer Art und gehört mit zur weihnachtlichen Freude, wie ja überhaupt Weihnachten ein Fest der Erinnerung ist. Der Erwachsene denkt an seine Kindheit, der Alte an die lange Reihe erlebter Jahre, und das Kind feiert im ahnungsvollen Vorausgefühl, daß ihm seine Zukunft immer wieder festlich aufleuchten wird.

So ist der Baum, der zum Feiern einlädt – wie schnell er dann auch in unseren geheizten Wohnungen nach Neujahr verdorren wird, ein Zeichen für den Lebensfortgang von Jahr zu Jahr und, je nachdem, wie wir ihn gestalten, ein still beredter Zeuge dessen, was und wie wir sind.

Der Weihnachtsbaum im Lichterschein!
Nach Tanne duftet's wunderfein,
und unter tiefen Zweigen, seht
das Christkind in der Krippe steht.

Maria hält mit Josef Wacht.
Sie singen »Stille, heil'ge Nacht«.
Wie tief des Vaters Stimme klingt.
Wie hoch und hell die Mutter singt.

Das Lieschen jauchzt so froh und frisch.
Klaus schielt schon nach dem Gabentisch
und zählt die Kringel an dem Baum.
Zehn sind davon aus Eierschaum.

Was hat der Weihnachtsmann gebracht?
Viel mehr als jedes Kind gedacht!
Da ist der Kleinen Jubel groß.
Ein Schaukelpferd – ha, ganz famos!

Ein Flugzeug auch. Rings rot lackiert.
Gleich wird von Klaus es ausprobiert.
Für Lieschen Puppe, Ball und Buch.
Und Zuckerzeug mehr als genug!

eichnung von Else Wenz-Vietor; Text Hertha von der Knesebeck

Der Gott aus der Maschine

Es ist bitter, wenn eine Kuh weint.

Eine Kuh weint nicht aufs Geratewohl. Sie steht nicht da, stampft grundlos irgendeine Absicht aus dem Boden und heult darauf los, sie fällt auch nicht mir nichts, dir nichts mit dem Scheuertor ins Haus und läßt hemmungslos ihre Tränen fließen, o nein, wenn eine Kuh weint, dann hat sie Ursache dazu, und ich kann mir nicht vorstellen, wie jemand ungerührt dabeistehen kann, wenn eine Kuh der Trübsinn übermannt. Ja, es ist bitter, wenn eine Kuh weint, und wem je in seinem Leben einmal die Petersilie verhagelt ist, der schaut eine weinende Kuh mit sehr verstehenden Augen an.

Die Kuh, die ich habe weinen sehen, war eine Kuh aus Pappmaché, ja es war noch nicht einmal eine Kuh aus Fleisch und Blut, aber diese angemalte Kuh aus Pappmaché hat so jämmerlich geflennt, daß ich mir denken kann, wie wohl erst eine richtige Simmentaler, eine wirkliche Allgäuer, eine leibhaftige Pinzgauer losheult, wenn ihr das Herz zerbricht.

Diese Kuh aus gepresster Pappe stand in meiner Weihnachtskrippe, bei Maria und Joseph, bei ein paar Hirten und Schafen, alle aus Pappmaché und bunt angemalt; doch wenn dies nicht gerade die Zeit gewesen wäre, als wir anfingen, an diesen bedeutungsvollen Spielsachen zu zweifeln, wir, mein Bruder und ich; wenn wir nicht das plötzliche Verschwinden der frischgebackenen Weihnachtsplätzchen und das geheimnisvolle Schmücken des Christbaums, wenn wir nicht das mysteriöse Brimborium im Bescherungszimmer mit anderen Augen anzusehen begonnen hätten, ja, wenn nicht gerade in diesem Augenblick eine ganze Welt zusammengestürzt wäre, wer weiß, diese weinende Kuh in der Weihnachtskrippe hätte mich bis ins innerste Herz getroffen.

Aber da nun schon einmal die ganze Welt in Trümmer ging, da der Osterhase und der Klapperstorch, der Nikolaus und das Christkind ihre übernatürlichen Kräfte einzubüßen begannen, da die Flügel der Weihnachtsengel zu schrumpfen und ihre Heiligenscheine zu verblassen anfingen, entschloß sich mein Vater zu einer rigorosen Tat, zu einer sorgfältig geplanten und rücksichtslos ausgeführten Operation, zu einem Gewaltakt, mit dem er das drohende Unheil unseres Glaubensverfalls nicht nur aufhalten, sonderen auch abzuwenden gedachte, und es war niemand anders als er selbst, der durch diese brachiale Aktion die arme Kuh zum Weinen gebracht hat.

Aus verständlichen Gründen war es ihm unerträglich geworden, daß mein Bruder und ich eine Reihe von Zusammenhängen nicht mehr in der gleichen Weise wirken lassen wollten, wie er es für richtig hielt, nämlich als ursächliche. Was war geschehen? Meine Mutter, beim Anblick eines winterlichen Abendrotes, sagte: »Gucke mol, es Krischkinnsche backt Zuckerzeisch!« und ich sah, anstatt dieser gigantischen Himmelsbäckerei, meinen kleinen Bruder an. Mein Vater hob beim Wehen des Abendwindes den Vorhang des Küchenfensters ein wenig an und sagte: »Awei isses do langs gefloh!« und mein Bruder, anstatt im göttlichen Windhauch zu verstummen, fing an zu lachen. Du meine Güte, diesem kindlichen Agnostizismus wollte er ein für alle Male ein Ende setzen, und so verfiel er auf diese unvergleichliche Idee, an der sogar die Kuh in der Krippe noch zu löffeln hatte.

Nicht, daß Vater je ein gläubiger Mensch gewesen wäre, im Gegenteil. Vater war ein Heide. Er glaubte weder an Gott noch an den Teufel, weder an den Osterhasen noch an das Christkind, und so darf er, obwohl er in die Gnade Gottes eingetaucht war, unverblümt ein Heide genannt werden. Als heidnischer Mensch, aber getauft und konfirmiert, hing er zeit seines Lebens einer mechanistischen Erklärung der Welt an.

Oh, wie hätte ihm Lamettries Maschinenmensch, wie hätte ihm Descartes Zirbeldrüsenautomat, wie hätte ihm erst Goethes Sonnensystematik gefallen, wenn er sie je kennengelernt hätte: diese tönende Sonne, die Sonne, die sogar mit den Planeten um die Wette tönt, und die mit Donnergetöse auf vorgeschriebene Weise durch die Sphären wandert, ja, das hätte ihm gefallen, »das sanfte Wandern«, wie Goethe sagt, dieses glatte Funktionieren nach Maschinenart, das hätte ihm eingeleuchtet, »daß die Gedanken etwa in dem selben Verhältnis zum Gehirn stehen wie die Galle zur Leber oder der Urin zu den Nieren«, wie es der Naturforscher Carl Vogt im vergangenen Jahrhundert beschreibt, ja, dieser plausible mechanistische Materialismus, das war seine Welt.

Es war an einem Heiligen Abend, irgendwann zu Anfang der dreißiger Jahre, als Vater seinen Plan zur Rettung unseres Glaubens in die Tat umsetzte, wobei er auf ganz mechanistische Weise den Nachweis erbrachte, daß die Galle tatsächlich als Gedanke der Leber, und daß der Urin als Idee der Nieren gelten dürfen, indem sie nämlich Ärger und Schlacken ausschwemmen lassen, die Körper und Geist unaufhörlich bedrohen. Während mein Bruder und ich bei Gertrud oben im Nähstübchen saßen und Weihnachtslieder sangen, brachte er unten im Bescherungszimmer in der Krone des Christbaums das Weihnachtsglöckchen an.

Schon das Ersetzen des üblichen Wipfelschmucks durch dieses Weihnachtsglöckchen war für ihn ein außergewöhnlicher Akt. Dieses Weihnachtsglöckchen, ein ganz einfaches Metallglöckchen mit Holzstiel, dessen Klingen wir Jahr für Jahr unter den Christbaum gefolgt waren, worauf wir aber den ganzen späten Nachmittag des Heiligen Abends gewartet hatten, ohne zu wissen, welche zarten Finger es schließlich hervorrufen würden, dieses Weihnachtsglöckchen sollte in seinem Plan die entscheidende Rolle spielen.

Wer weiß, warum Mutters Eltern zum Beispiel einen Engel auf die Spitze ihres Christbaums gesetzt hatten; wir jedenfalls, als eine evangelische Familie, die der Existenz der Engel mehr skeptisch als neutral gegenüberstanden, hatten unseren Christbaum mit einer Spitze gekrönt, einer in ihren bauchigen Teilen mattschillernden, in ihrem schlanken Teile hochglänzenden Silberspitze, einer Spitze, die eher einer Lanzenspitze, einer Hellebarde als einem Baumschmuck ähnlich sah, was ja auch etwas über die militärischen Zusammenhänge aussagt, die in unserer Familie immer eine Rolle gespielt haben. Jedenfalls, auf unserem Christbaum saß eine Spitze, auf dem Christbaum von Opa und Oma saß ein Rauschgoldengel.

Mein Vater hatte also an jenem Heiligen Abend das Weihnachtsglöckchen in die Spitze unseres Christbaums gehängt, und zwar in die natürlich gewachsene Spitze des Baums. Vom Stiel dieses Glöckchens aus spannte er nun eine hauchdünne Schnur zu der Wandecke hinter dem Baum, führte die Schnur an der ganzen Wandecke entlang abwärts über die Fußleiste des Wohnzimmers, an der inneren Leibung der Tür vorbei, durch den Flur hinter der Kleidergarderobe in Richtung der Küchentür, dort hinter dem unteren Scharnier hindurch in die Küche, wo er sie am Handlauf des Herdes festband.

Diese Schnur, ein Zwirnsfaden von »Gütermanns Nähseide Extra stark« aus Gertruds Nähstube, verlief in einem sinnreich ausgeklügelten Haken- und Ösensystem, einem Hebelwerk von allereinfachster, aber äußerst wirksamer Konstruktion. Denn, wenn Vater, auf seinem Stuhl am alten Küppersbusch-Ofen in der Küche, mit der Hand hinter dem Rücken, unsichtbar für jedermann, an der Schnur zog, teilte sich die Straffung der Schnur dem Spiel des Glöckchens in der Spitze des Christbaums im Bescherungszimmer mit, der Stiel bewegte sich und mit ihm auch das Glöckchen, der Klöppel schlug an die silberne Innenwand des Glöckens an und erzeugte diesen hellen, zauberischen Weihnachtston. Oh, ihr sinnreichen Rückkoppelungen der Mechanik, wie unwiderlegbar sind doch die Kausalitäten des mechanistischen Materialismus! Du heilige Maschinentheorie des Lebens, wie einleuchtend sind doch Ursache und Wirkung miteinander verknüpft. Man zieht an einer Schnur, und zugleich läutet ein Glöckchen: da gibt es kein Beisammensein vom Ende her, o nein, da waltet nicht eine geheimnisvolle Finalität, da ist die Natur mit ihren unwandelbaren Gesetzen am Werk, und wer nur die Wirkung erfährt, ohne die Ursache zu kennen, der muß wohl oder übel sein ganzes Leben an den lieben Gott glauben.

Um sechs Uhr abends hatte Vater seine empfindliche Apparatur installiert und geprüft. Sie hing an einem seidenen Faden. Er riskierte einen Zusammensturz auf rationaler Ebene, um einen Zusammensturz auf irrationaler Ebene zu verhindern, ja, er riskierte ihn nicht nur, er nahm ihn in Kauf. Sein Traum, das Christkind als mechanisches Wesen, sollte Wahrheit werden.

Als wir gegen halb sieben Uhr alle zusammen in der Küche saßen, ertönte plötzlich aus dem Bescherungszimmer das Weihnachtsglöckchen. Da saßen wir alle vier, mein Vater, meine Mutter, mein Bruder und ich, und drüben im Wohnzimmer ertönte das Weihnachtsglöckchen. Heiliger David Hume, ist die Kausalität nun wirklich nichts anderes als eine Absprache, als eine alltägliche Gewöhnung, eine simple Illusion? Vater, Mutter, Bruder und ich saßen in der Küche, und im Wohnzimmer tönte das Glöckchen. Mein Bruder und ich eilten über den Flur und traten auf die Schwelle der Wohnzimmertür: da hing das Glöckchen in der Spitze des Christbaums, bewegte sich, und kein menschliches Wesen außer uns beiden weit und breit!

Auf der Treppe wurde es lebendig, von oben herunter kamen Tante Trautchen, Onkel Nicolas und Gertrud, von unten herauf kamen Opa, Oma und Tante Erna, alle standen sie plötzlich um uns herum, sahen sich gegenseitig an und schauten in die Höhe, und in der Spitze des Christbaums schwang das lustige Glöckchen hin und her.

»Kling, Glöckchen, klingelingeling!« stimmte meine Oma an, und alle sangen wir: »Kling, Glöckchen, kling!« Wir sangen: »Süßer die Glocken nie klingen!« und wir sangen: »Am Weihnachtsbaum die Lichter brennen!« und tatsächlich, die Kerzen brannten und das Glöckchen klang, und draußen in der Küche bewegte mein Vater den extra starken Zwirnsfaden und renkte mit brachialer Gewalt sein mechanistisches Weltbild und unser baufälliges Glaubensbild wieder ein. Ja, brachial ist das angemessene Wort, denn Vater führte seine Operation mit dem Körperteil aus, zu dem sich der Glaube verhält wie die Gedanken zum Gehirn, die Galle zur Leber und der Urin zu den Nieren, nämlich mit dem Arm. »Du hast einen gewaltigen Arm!« heißt es im 89. Psalm, »stark ist deine Hand, und hoch ist deine Rechte!« und das trifft genau auf meinen Vater zu. Ja, der Glaube und der Arm, wenn diese beiden Kräfte zusammenspielen, kunstvoll und kausal, dann ist es, als ob Engelein singen, wie es unwiderlegbar im Weihnachtslied heißt.

Mit einem Male blitzten die Wunderkerzen auf und warfen ihr glitzerndes Licht in die Krippe mit der bunten Kuh und auf die Geschenkpakete mit den goldenen Schnüren. Immerzu klang das Glöckchen, es hatte nie süßer geklungen, und nie würde es süßer klingen, in alle Ewigkeit nicht. Erst als mein Bruder und ich die Geschenkpakete geöffnet und geplündert hatten, verstummte es wieder.

Aber da hatten wir längst kein Ohr mehr für das Tönen und kein Auge mehr für das Schwingen des Glöckchens übrig: geschenkbeladen, mit heißen Backen, umringt von Onkeln und Tanten, von Opa und Oma, stiegen wir die Treppe hinunter zu einer neuen Bescherung, zu neuen Wundern und neuen zauberischen Klängen. Denn als wir nun, mit dem Blick auf den großmütterlichen Rausch-goldengel, noch einmal alle Weihnachtslieder von vorne sangen und gerade bei der Stelle angelangt waren, wo es heißt: »Schlaf in himmlischer Ruh!« da brach von oben her ein solch ohrenbetäubendes Getöse auf uns herab, als habe sich der Himmel geöffnet und schütte alle Zimbeln und Lauten der Engel, alle Trommeln und Pfeifen, Silber-glocken und Perlenketten samt Kugelglas und Goldla-metta über uns aus; wer weiß, vielleicht zum Lob und Preis unserer wundersamen Glaubensrettung.

Mein Vater hatte reinen Tisch gemacht. Er hatte nicht nur unser Mißtrauen in alle Winde zerstreut und unseren Argwohn mit Stumpf und Stiel ausgerottet, o nein: er hatte wahrhaftig das Unterste zuoberst gekehrt und das Blendwerk der Bekehrung in Schutt und Asche gelegt. Mag sein, daß es aus einem Gefühl der Erleichterung oder womöglich aus dem Bewußtsein des Erfolgs heraus ge-schehen war, jedenfalls, er verhakte sich mit seinem Fuß dermaßen kunstgerecht in seiner Apparatur, daß ein einzi-ger Schritt das folgenschwere Desaster auslöste.

Gütermanns Nähseide bewies ihre Reißfestigkeit und die Apparatur meines Vaters ihre sinnvolle Anordnung. Der heftige Zug mit dem Fuß setzte das Hebelwerk in Gang, und unabwendbar nahm das Naturgesetz seinen Lauf: die Schnur zog die Spitze des Baums über den kriti-schen Neigungswinkel hinaus, und das Werk brach zu-sammen. Wie es meinem Vater und seinem Glaubensstand entsprach, entwickelte sich ein akustisches Ereignis von fast unbeschreiblichem Ausmaß: wortwörtlich ein Hei-denlärm, ein Heidenspektakel.

Die Kerzen lösten sich aus ihren Haltern, fielen über den Tisch und gossen Stearin über Stühle und Weih-nachtsfiguren. Die Kugeln hakten sich von den Ästen los, stürzten zu Boden und zersprangen in tausend Splitter. Engelshaar und Lametta schwebten durch den Raum, san-ken auf funkelnagelneue Schuhe und Sockenhalter nieder und kräuselten sich im Feuer. Ja, ein Feuer hatte sich entfacht, denn über all dem lag der schöne Christbaum, zersplittert und zerspellt, die Nadeln hatten Feuer gefangen und das Weihnachtspapier ging in Flammen auf.

Da stand die Kuh in der Krippe, zwischen versengten Schafen und abgerissenen Hirten, ein Bild des Jammers. O Kerzenlicht, o Kerzenwachs! Ihr Fell war schwarz verraucht, und unter ihren Augen hing die blanke Träne, dick wie ihr halber Kopf. Ja, es ist bitter, wenn eine Kuh weint.

Mit Wasserstürzen rückte Vater der Feuersbrunst zu Leibe, und nach wenigen Minuten war unser Bescherungszimmer, das zuvor noch ein Abbild des mechanistischen Zeitalters gewesen war, das Sinnbild von Sodom und Gomorra, ein Trümmerfeld, ein Scherbenhaufen, eine Walstatt der menschlichen Anmaßung. Aber Vater war kein Mensch, der verzagt und sich geduldig in ein unheilvolles Schicksal gefügt hätte. Auch wenn alles in Scherben fiel, er richtete es wieder auf, und sei es nur, damit es ein nächstes Mal wieder in die Brüche gehen konnte. Vater sagte: »Noch emol so e Baam, unn mir brauche Kuchele aus Eise!«

GUNNA WENDT

Abrechnung

schlimmer als
die sterbenden Bäume
ist der Hohn der
Kriegsbemalung der
mit Kugeln und Lametta
die Trauer verjagt

In schwerer Zeit

CURT MEYER-CLASON

Der Weihnachtsmann im Ersten Weltkrieg

Das Leben war voller Überraschungen, und Klaus schwankte immer zwischen Verwirrung und Verwunderung.

Klaus staunte, statt zu schreiben, er bewunderte, statt zu handeln, er war außer sich, statt bei sich zu sein und seinen Tag zu nutzen. So würde er nie das Klassenpensum bestehen, geschweige denn das Schulpensum. Seine Auf- und Abstriche wurden nur noch krakeliger und alles verwirrte sich in seinem Kopf, die Gerüche der verschwitzten Knabenanzüge, des brandroten Kanonenofens, des rissigen Holzfußbodens, der, mit Sand gescheuert, unter den Füßen knirschte, dass es im Ohr wehtat, wenn man an Mutters nächtliches Klavierspiel dachte, und dann die Pferde an der Front mit aufgerittenem Rücken und die anderen alle, die alles viel rascher und besser konnten als er.

Nicht alles war Anfechtung in Klaus' Leben wie der Hausaufsatz, den man während der zu Hause verbrachten

Kohlenferien schreiben musste in dem zu eng gewordenen Matrosenmantel mit den rauen, ankerverzierten Messingknöpfen und den feldgrauen Pulswärmern, die beim Schönschreiben störten.

Tagelang hüpfte Klaus durchs Haus und rief: »Mein Haus, mein Haus«, als habe er eine Turnübung auf und nicht eine Kopfübung, und Fräulein Helene fragte: »Wie soll denn dein Haus aussehen?«

Angesichts seines verständnislosen Gesichts setzte sie sich mit ihm hin und zeichnete ein Haus, von außen und von innen, ähnlich dem der Bismarckstraße 39, und sagte: »nun beschreib es mal, Zimmer für Zimmer!«

Und Klaus beschmierte zahllose Zettel und übertrug mit Fräulein Helenes Hilfe das Wesentliche ins Aufsatzheft, mit schwierigen Auf- und Abstrichen. Dann bekam er Durchfall, sei es von der schulischen Anstrengung, sei es vom speckigen Schwarzbrot, das wie Knetmasse am Gaumen klebte, oder von der süßstoffsauren, blauroten Rübenmarmelade, die ihm den Mund zusammenzog, bis der Kirschstieltee, gewürzt vom Mandelgeschmack der ausgekochten Kirschkerne, seine Magensäfte besänftigte.

Andere Schrecken kamen wie die Gestalten, die böse durchs schwarze Kinderzimmer segelten und sich in letzter Minute in Mutter oder Fräulein Helene verwandelten, die den wimmernden Klaus im Bett aufsetzten, um die Gespenster durch Helligkeit zu vertreiben.

Jeder Tag brachte Klaus neue Abenteuer, die ihn erschreckten oder verwunderten. So, als er mit seiner neuen dunkelblauen, metallblauen Spielhose in die Schule zog und diese auf dem regnerischen Heimweg immer weicher wurde und beim Nachhausekommen in packpapierbraunes Geschnür zerfädelte. Wenn er aus roten und braunen Sandsteinquadern seines Steinbaukastens einen Pferdebrunnen baute, und dieser durch Ritzen, die doch nicht sein durften, sein Wasser über den Linoleumboden des Kinderzimmers ergoss. Und eines Abends kam beim

Griesbrei der Weihnachtsmann hereingepoltert, man hatte es draußen rumpeln und brummen hören, im bodenlangen Pelzmantel und Pelzmütze, mit watteweichem Bart, der ihm beim Sprechen in den Mund wehte, er stockerte mit seinem Knotenstock ärgerlich auf dem Fußboden, er kannte Klaus' Schulnoten, Vergehen und Streiche, während Jette, als sei sie Knecht Ruprechts Schützling, ihn anlächelte und Fräulein Helene auf das schwarze Wollfutter des Mantels aufmerksam machte, das in Wirklichkeit die Außenseite sei, und prustend die Hand auf den Mund legte, und der Weihnachtsmann, Stock und Reisigbesen schüttelnd, die Jette gleichfalls kennen wollte, drohte, die unartigen Kinder durchzubläuen und seinen Sack voller Wunderdinge mitzunehmen ...

Doch dann, nachdem er ihnen ein Gelöbnis zum Brav- und Frommsein abgetrotzt hatte, leerte er unter versöhnlichem Brummen und Spucken seinen Sack aufs Linoleum, und die Kinder sammelten Nüsse und Quittensterne und Springerle und Lebkuchenherzen auf und bedankten sich beim Weihnachtsmann mit herzlichen Grüßen ans Christkind, und Jette kicherte Fräulein Helene zu: »Schau mal!«, als der Rückenschlitz des Pelzmantels beim Hinausstapfen des Weihnachtsmannes eine Sekunde lang einen Zipfel Frauenrock preisgab. Dann gab es Kirschstieltee mit Weihnachtsgebäck, und Mutter kam mit Tante Pauline herein, und die fragte die Kinder nach der Herkunft all der Herrlichkeiten, und Klaus sagte: »Vom Weihnachtsmann!, und Jette machte »Huhm« und fasste Fräulein Helene am Arm und deutete auf Tante Paulines behaarte Oberlippe, an der ein Wattefaden hing.

Der Vater war noch immer fort, der Vater war im Feld. Der Krieg ging weiter, und das Leben ging weiter, von Feldpostbrief zu Feldpostbrief.

Immer war etwas, das Klaus nicht wusste und doch wissen wollte, etwas, was aufs Herz drückte, was man nicht los wurde, etwas, was an einem sog, sog, wohin, wusste man nicht, als ginge alles zu rasch, als müsse man sich zurücklehnen, um nicht mitgerissen zu werden von etwas Atemberaubenden. Die anderen, die Großen, lachten laut und freuten sich, wenn Feldpostbriefe kamen, atmeten aber immer zu rasch, und immer erinnerte die Mutter an den tapferen Vater, an den Krieg, an die tapferen Feldgrauen, so dass für Klaus die Welt nur aus Feldgrau bestand und aus grauem Feld und aus fremdklingenden Namen der Ostfront und der Westfront und Klaus nicht mehr wusste, wo Vater gerade im Feld stand, wie die Großen sagen. Aber Mutter sagte immer, der Krieg sei bald zu Ende, und dann käme Vater für immer zurück, und sie sagte, dann bekämen sie den versprochenen Dogcart mit Ponys wie die Pückler-Kinder einen hatten, und alles würde sein wie vorher.

Weihnachten fällt aus!
1) Josef ist bei der Wehrmacht.
2. Maria ist beim Roten Kreuz.
3. Die Weisen aus dem Morgenlande
   haben keine Einreiseerlaubnis bekommen.
4. Der Stern von Betlehem darf wegen .
   Verdunkelung nicht mehr scheinen.
5. Das Kind ist wegen Fliegeralarm
   evakuiert worden.
6. Die Krippe befindet sich bei der N.S.V.
7. Heu und Stroh hat die Wehrmacht
   beschlagnahmt.
8. Im Stall liegt die Flack.
9. Die Hirten sind eingezogen und
   die Engel nach Küpper kommadiert.
10. Wegen dem Esel allein lohnt es sich nicht

Feldpost-Archiv.de, Berlin. (2. Weltkrieg)

ERNST MARIA LANG

Ein Knoten aus Heimweh und Sehnsucht
Rußland, Weihnachten 1942

Die Tage vor Weihnachten waren ganz ruhig. Es war kalt
geworden. Eine makellose Schneedecke hatte die bösen
Wunden der Erde, die Panzerruinen und die flach gewordenen Körper der gefallenen Russen gnädig verhüllt. Der
24. Dezember, schon im Frieden ein Tag der Romantik
und der Gefühle voll naiver Frömmigkeit und hellem
Kinderglück, verwandelte sich im Krieg an der Front und
in den Unterständen mit den kleinen, primitiv ge-
schmückten Bäumen in einen Knoten aus Heimweh und
Sehnsucht.

Als die Dunkelheit das Niemandsland verhüllt hatte
und die Männer in den Unterständen bei Kerzenlicht zu-
sammenrückten, war ich mit meinem Melder im Graben
unterwegs, sprach mit dem einsamen Posten und schaute
aus den Grabennischen hinüber zu den dünnen Rauch-
fahnen aus den Ofenrohren der Russenbunker. Plötzlich
wehten durch die wahrhaft stille Nacht die Klänge einer
Ziehharmonika herüber, schwebend, langgezogen und
hüpfend, – Volksweisen, die ein russischer Soldat spielte,
den die gleiche Not des Heimwehs plagte wie uns. Da
hockte einer, über sein Instrument gebeugt, die Maschi-
nenpistole in die Ecke gestellt, und versuchte seine Gefühle in Musik zu verwandeln.

Ich hätte dem armen Hund die Hand drücken mögen.
Irgendwie wollte ich ein brüderliches Zeichen geben, die
200 Meter tödliche Distanz überwinden. Da habe ich, und
das konnte ich damals gut, einen Jodler hinübergeschickt,
aus voller Brust in den auf und absteigenden Variatio-
nen dieser Kunstform, mit einer ausklingenden Schleife.
Einen Augenblick war vollständige Stille, dann klatsch-
ten die Posten drüben Beifall. Mir wurde ganz schwach in

den Knien. Diese Verbindung zwischen den Fronten war mein Weihnachtswunder. In dieser Nacht fiel kein Schuß mehr.

Günter Ohnemus

Pfannkuchen

Irgendwann 1944 oder 1945 flogen amerikanische Tiefflieger über unsere Stadt. Sie warfen Bomben und schossen mit ihren Maschinengewehren. Sie warfen Bomben auf die Häuser der Stadt und auf einen Bierkeller. Fast alle Leute, die sich vor den Tieffliegern in den Bierkeller geflüchtet hatten, kamen dabei ums Leben. Die Tiefflieger warfen auch Bomben auf die Eisenbahnstrecke, aber sie trafen nicht. Die Bomben fielen ins Wasser.

Mein Großvater sagte: »Naja, die Amis.«

Meine Großmutter sagte immer: »Wenn sie doch bloß die Brücke getroffen hätten und nicht den Bierkeller.«

Die Tiefflieger schossen die ganze Zeit mit ihren Maschinengewehren; sie schossen auf die Straßen, in Fenster und Dachböden, auf die Schulen und auf die Kastanienbäume an der Promenade. Am häufigsten trafen sie Dachböden und die Fenster in den oberen Stockwerken. Das ist für Tiefflieger wahrscheinlich am einfachsten. Ich habe mir als Kind oft vorgestellt, wo man sich in unserer Wohnung am besten vor Tieffliegern verstecken könnte. Unser Badezimmer hatte kein Fenster, und man mußte durch zwei Türen schießen, wenn man jemanden darin treffen wollte. Zwischen 1949 und 1956 lag ich oft in der Badewanne und wartete auf das Tuckern der Maschinengewehre.

Die Tiefflieger trafen auch unser Haus. Meine Mutter und meine Großeltern und alle waren im Keller, als die Kugeln der Maschinengewehre in unseren Dachboden einschlugen. Auf irgendeine Art trafen die Kugeln nur Weihnachtssachen; sie durchschlugen die Kartons mit dem Christbaumschmuck, rissen zwei Löcher, wie Bombeneinschläge, in die Krippe und köpften einige Krippenfiguren. Maria, Josef, zwei Schafe und einen Hirten. Die Kugeln trennten den Kopf vom Rumpf, sauber wie eine Guillotine. Ich habe mir nie vorstellen können, wie das zugegangen ist, zumindest die Köpfe hätten doch vollständig zertrümmert werden müssen.

Mein Großvater klebte die Köpfe wieder an und machte, in Gegenwart meiner entrüsteten Großmutter, ein paar sarkastische Bemerkungen über die göttliche Vorsehung. Maria, Josef, die Schafe und der Hirte kamen noch fünfundzwanzig Jahre lang alle Jahre wieder vom Dachboden ins Wohnzimmer und waren immer wiederkehrender Anlaß zu Spekulationen über die Gnade Gottes, die Schrecken des Krieges und die Schießausbildung bei den amerikanischen Luftstreitkräften.

Meine Großmutter sagte: »Den Jesus haben sie nicht getroffen.«

Mein Großvater sagte: Der war doch in einer anderen Schachtel.«

»Das ist es ja eben«, sagte meine Großmutter. »Er war in einer ganz anderen Schachtel.«

Meine Mutter war damals zweiundzwanzig oder dreiundzwanzig Jahre alt. Auf den Fotos aus dieser Zeit sieht sie aus wie ein sehr junges Mädchen, das zuschaut. Wahrscheinlich hat es ihr Spaß gemacht, daß Maria und Josef für eine Weile enthauptet waren und der Kleine sich in einer anderen Schachtel versteckt hatte. In dieser aufgeregten Zeit, in der meine Mutter zweiundzwanzig oder dreiundzwanzig war, muß es eine Menge Sachen gegeben haben, wo man sich nicht in Schachteln verstecken konnte. Und die sehr jungen Mädchen schauten zu und warteten.

Als der Krieg zu Ende war, bekam meine Mutter ein Kind, Kriegsware nannte man das damals, wurde verlassen, fühlte sich verlassen, und drehte den Gashahn auf, wie man so sagt.

Als die Tiefflieger Maria, Josef und die anderen Krippenfiguren enthauptet und auf die Kastanienbäume an der Promenade geschossen hatten, als sie ihre letzten Bomben neben der Eisenbahnbrücke in den Fluß geworfen hatten, drehten sie eine Runde um die Stadt und flogen nochmal über den Fluß.

Drüben saßen zwei Mädchen, sie waren fünfzehn oder sechzehn, im Küchenfenster im ersten Stock eines Zweifamilienhauses und aßen Pfannkuchen. Sie mampften ihre Pfannkuchen, schleckten sich die Marmelade von den Fingern, redeten über ein paar Schulbuben oder über den Lehrer und schauten zu, wie die Flugzeuge um die Stadt kreisten.

Als die Tiefflieger über den Fluß herüberkamen, wunderten sich die beiden, daß man mit einem Flugzeug so tief fliegen konnte.

»Ach, die Amis«, sagte mein Großvater immer. »Da, wo sie treffen sollen, treffen sie nie.«

Meine Großmutter sagte: »Wenn sie doch bloß die Brücke getroffen hätten.«

Eins der Mädchen wurde von den Kugeln der Maschinengewehre am Kopf getroffen. Ihr Pfannkuchen fiel wahrscheinlich in den Garten hinunter.

Meine Großmutter sagte: »Der anderen ist nichts passiert, aber dem Gretchen haben sie den Kopf abgeschossen.«

Ich habe mir als Kind oft vorgestellt, daß meine Mutter die andere war, der nichts passiert ist. Sie ist noch eine Weile ganz ruhig dagesessen und hat aus dem Fenster geschaut und hat den Teller mit dem Pfannkuchen genommen und ihn auf den Küchentisch gestellt, auf dem das Glas Marmelade stand.

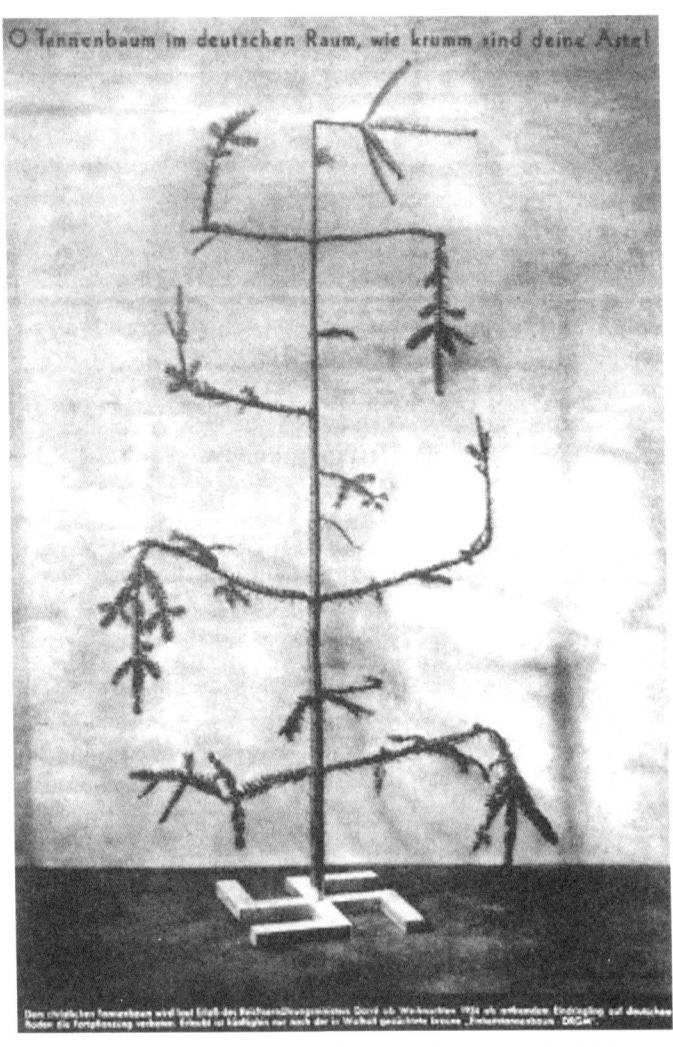

»O Tannenbaum im deutschen Raum, wie krumm sind deine Äste!« Fotomontage von John Heartfield

Weihnachtsgespräche

»Weihnachten«, sagt der Barkeeper verächtlich und verzieht sein Gesicht in tausend desillusionierte Falten. »Gott, ich hasse die Feiertage. Mehr Selbstmörder als zu jeder anderen Jahreszeit, wußten Sie das? Und raten Sie mal, wo die meisten von ihnen landen. In der Toilette meiner Bar. So kommt es mir jedenfalls vor. Das ist ein Hotel hier, man möchte meinen, daß sie wenigstens die Zimmer benutzen, für die sie bezahlt haben. Oder auch nicht. Vielleicht bringen sie sich auch nur um, damit sie die Rechnung nicht bezahlen müssen.«

Während ich ihm zuhöre, denke ich daran, daß dies nicht die Art von Reportage werden wird, für die mein Herausgeber mich bezahlt. Aber ein weiterer Artikel darüber, wie die Stars Weihnachten verbringen, wäre selbst in Los Angeles, wo man Wiederholungen liebt, zu viel gewesen, und niemand möchte etwas über die Weihnachtstage von Obdachlosen lesen, es sei denn, einer von ihnen begegnet zufällig einem warmherzigen Millionär. Als ich Weihnachtsfeiern von Singles in Hotels vorschlug, dachte ich, ich hätte zumindest einen originellen Blickwinkel entdeckt. Nicht zu rührselig, nicht zu deprimierend. Und, seien wir ehrlich, eine wunderbare Ausrede für mich, um nicht nach Hause gehen zu müssen.

Mein Chefredakteur, der mir auf diese Weise ein Zimmer und ein mehrgängiges Menu bezahlen muß, stellte allerdings Bedingungen. Nicht irgendein Hotel, und auch nicht eines von den ganz großen. Eines der älteren, eines mit Geschichte, damit auch das Milieu für die Leser von Interesse sein wird. Vielleicht mit ein paar Anekdoten über frühere Gäste verbunden. Ich bin sicher, bei »früheren Gästen« hat er an das eine oder andere Sternchen aus dem Zelluloid-Himmel oder zumindest einen indiskreten

Politiker gedacht, und nicht an Selbstmörder in der Toilette der Hotelbar. Ich verschwende hier meine Zeit, und ich bin sicher, der zweite Gang wird inzwischen serviert, aber ich kann nicht anders, ich höre dem Barkeeper zu, mit der unwilligen Faszination, die Verkehrsunfälle und Erdbeben auf einen ausüben.

Er hat einen leichten osteuropäischen Akzent, was mich nicht überrascht. Los Angeles besteht nur aus Zugereisten. Aus Millionen herausgebrochener Mosaiksteine, die sich hier zu einem neuen Mosaik zusammensetzen, das niemals ganz paßt. Aus Millionen von halbvertrauten Fragmenten, die man nie ganz erkennt. Als ich zuerst hierher kam, geriet ich von einem Déjà-Vu-Erlebnis in das nächste. Es liegt an den Filmen, versteht sich, an den Filmen und Fernsehserien, die einem die hiesigen Gebäude und Menschen ins Gehirn pflanzen, aber niemals ganz genauso, wie man sie in der Wirklichkeit vorfindet. Der Mann zum Beispiel, der zwei Hocker weiter an der Bar sitzen bleibt, während die übrigen Gäste längst in den Speiseraum zurückgekehrt sind. Er ist kein Schauspieler; ich habe inzwischen gelernt, die Spezies zu erkennen, selbst, wenn ich sie noch nie auf der Leinwand gesehen habe. Schauspieler, selbst die schlechtesten von ihnen, reflektieren ihre Umgebung, wie Spiegel, sie reagieren auf alles, was ein Publikum sein könnte. Dieser Mann reflektiert nichts. Er sitzt nur da, vor dem gleichen halbvollen Glas wie vor einer Stunde, und starrt ins Leere. Trotzdem, er kommt mir vage vertraut vor. Vielleicht war er irgendwo ein Extra. In dieser Stadt landet früher oder später jeder als Extra in irgendeiner Filmsekunde, die ihn oder sie für die Ewigkeit festhält. Vielleicht habe ich aber nur diesen Eindruck, weil er Uniform trägt, und da ich persönlich keine Soldaten kenne, erschienen sie mir nie wirklicher als die Zinnfiguren, mit denen mein Bruder als Kind spielte.

»Der da«, sagt der Barkeeper, der meinem Blick gefolgt

ist, was beweist, daß er mir während seines Monologs mehr Aufmerksamkeit schenkte, als ich für möglich gehalten hätte, »das ist so einer. Ich wette, der überlebt die Feiertage nicht.«

Ich betrachte den Mann in Uniform näher. Jung, nicht älter als vierundzwanzig, fünfundzwanzig, und, seien wir ehrlich, gut gebaut, kein Gramm Fett zuviel, was mutmaßlich dafür spricht, daß er tatsächlich bei der Armee ist, nachdem ich schon entschieden habe, daß er kein Schauspieler sein kann. Andererseits sind die welligen, braunen Haare nicht ganz so kurz, wie bei aktiven Soldaten üblich. Wie auch immer, er ist ein gutaussehender Junge. Offensichtlich nicht in glänzender Stimmung und allein, aber deswegen gleich auf Selbstmord zu schließen, erscheint mir etwas zu hastig, was ich dem Barkeeper mit gesenkter Stimme auch mitteile. Statt mir zu antworten, schnaubt er nur.

Aus irgend einem Grund kann ich die Angelegenheit nicht auf sich beruhen lassen.

»Hey, Sie könnten das gleiche von mir behaupten. Ich bin alleine hier und deprimiert, aber deswegen habe ich noch lange nicht vor, mir die Kehle aufzuschlitzen.«

»Tabletten«, erwidert der Barkeeper.

»Wie bitte?«

»Sie sind der Typ für Tabletten«, erklärt er mir fachmännisch, während Kälte meinen Rücken empor steigt. »Wenn Sie es täten. Aber nicht diese Feiertage, nicht dieses Jahr. Sie wollen noch was vom Leben, sonst hätten Sie erst gar nicht mit der Fragerei angefangen. Aber der«, er zuckt die Achseln, und macht sich im Gegensatz zu mir nicht die Mühe, leise zu sprechen, »der hat abgeschlossen. Die Tür hinter sich zu gemacht und das Licht ausgeschaltet. Er muß nur noch einen Schritt mehr machen. Er steht auf der Schwelle und wartet noch einen Moment, aber mehr nicht.«

Ich sage mir, daß ich nichts auf das Geschwätz eines

überarbeiteten, schlecht gelaunten Hotelangestellten geben sollte, und daß dem Soldaten, der uns gehört haben muß, höchstwahrscheinlich nichts schlimmeres bevorsteht als ein paar langweilige Feiertage und, falls er sich doch noch entschließt, mehr als ein halbes Glas zu trinken, ein Kater. Aber ich glaube es nicht, nicht wirklich. Ich stelle mir vor, wie ich in ein paar Tagen meine Reportage mit den Worten abschließe »und einer der Gäste hat sich umgebracht«, und mit einem Mal wird die Idee unerträglich. Ich gebe mir einen Ruck, stehe auf, und setze mich einen Hocker weiter, direkt neben den Mann. Der Barkeeper wölbt eine Augenbraue, verschränkt die Arme und beobachtet uns.

»Ich weiß nicht, wie es Ihnen geht«, beginne ich übergangslos, weil mir kein lockerer Spruch einfällt, mit dem man potentielle Selbstmörder in einer Bar anspricht, »aber früher, da war die Vorstellung von Weihnachten in einem Hotel für mich das Letzte. Ich meine, ein Haufen Fremder, kein richtiger Baum, und man kann sich noch nicht mal wirklich entspannen oder gehen lassen, wegen all der Leute.«

Der Mann reagiert nicht, und der Barkeeper wirft mir einen triumphierenden Blick zu, ehe er sich abwendet und anfängt, Gläser zu polieren.

»Aber in den letzten Jahren war Weihnachten zuhause noch schlimmer. Mein Vater schweigt, meine Mutter versucht, nicht vor dem Nachtisch zu weinen, wenn ich einen Freund dabei habe, ist er verlegen bis eingeschnappt, und ich weiß genau, daß ich ihn nach den Feiertagen nicht wiedersehen werde. Ich bin die einzige, die redet. Wie ein Fluß. Meine Stimme wird dann immer höher und höher, was ich hasse, und ich dachte, Mensch, in einem Hotel hörst du zumindest andere Leute reden. Und wirst dafür bezahlt. Also reden Sie. Egal was. Nur, damit ich meine Stimme nicht mehr hören muß. Bitte.«

»Warum?« fragt der Fremde, während ich überlege, ob

ich immer schon so exhibitionistisch war, oder ob Los Angeles das an mir zum Vorschein gebracht hat. Seine eigene Stimme ist angenehm, sonor, aber mit einem gebrochenen Unterton, wie das Rauschen alter Schallplatten, das selbst in gefilterten Überspielungen auf CDs nicht zu entfernen ist. Ich mißverstehe ihn absichtlich.

»Warum meine Stimme immer höher wird, wenn ich lange rede? Weiß ich selbst nicht. Ich habe versucht, das zu ändern. Meine Güte, ich habe sogar das Rauchen deswegen angefangen …«

»Nein«, entgegnet er, und ich warte auf eine abweisende Bemerkung, die meinen neuesten Versuch, mich lächerlich zu machen, beenden wird, »warum reden Ihre Eltern nicht mit Ihnen?«

Nun ja, es ist meine Schuld. Ich habe mit dem Thema angefangen, obwohl ich gerade heute abend nicht daran denken wollte. »Weil mein Bruder tot ist. Sie reden auch nicht mehr miteinander.«

»Ah«, sagt der Soldat, und schaut wieder in sein Glas. Ohne aufzublicken, fährt er fort, so leise, daß ich ihn zuerst kaum verstehe:

»Ich dachte, es wäre so wie bei mir.«

Nun, zumindest habe ich ihn zum Reden gebracht. Reden ist gut. Reden muß gut sein, obwohl es mir in den vergangenen paar Jahren nicht wirklich geholfen hat.

»Wie ist es bei Ihnen?«

Er zögert, dann räuspert er sich und gibt sich einen sichtbaren Ruck. »Ich bin zurückgekommen«, murmelt er, »zurückgekommen, ganz, wie ich es versprochen habe. Ich dachte, sie würden alle auf mich warten. Meine Familie und mein Mädchen. Aber keiner hat auf mich gewartet. Es gab keine Willkommensfeier; alle taten so, als wäre ich gar nicht da. Ich dachte, na schön, vielleicht nehmen sie mir immer noch übel, daß ich so plötzlich zur Armee gegangen bin, obwohl Dad im Geschäft auf mich zählte und Susan gleich heiraten wollte. Vielleicht gibt sich das nach einer Weile. Außerdem müssen sie doch stolz auf mich sein. Ich war vielleicht kein großer Held, aber schließlich bin ich zurückgekommen, heil und ganz, nicht als Krüppel oder verrückt, und das muß doch zählen, oder? Oder?«

»Sicher«, stimme ich zu, und überlege fieberhaft, bei welchem Krieg mein Gegenüber dabei gewesen sein könnte. Kuwait? Aber bei diesem kurzen Intermezzo hatte man doch bestimmt keine Rekruten eingesetzt. Vielleicht verstand ich den Mann jedoch auch falsch.

»Zu Weihnachten, dachte ich, zu Weihnachten werden bestimmt alle wieder normal sein. Wir werden hier feiern, Susan und ich, ganz wie wir es vereinbart hatten, bevor ich wegging. Aber sie ignorieren mich immer noch alle, und Susan ist nicht gekommen. Sie tun so, als gäbe es mich nicht mehr. Macht das Ihre Familie auch?«

»Nur zu Weihnachten«, antworte ich und versuche, den bitteren Geschmack alter Tränen und zuviel heruntergeschlucktem Zorn nicht zu spüren. Gleichzeitig weiß ich, daß ich übertreibe. Es ist nicht so, daß sie überhaupt nicht mit mir reden; ich trage nur die Hauptlast der Konversation, und mittlerweile halte ich das nicht mehr aus. Außerdem gibt es mit jedem Jahr teurere, extravagantere Geschenke, und auch das verprellte Leo und Tim, die das Pech hatten, zwei Weihnachtsfeiern mit uns zu verbringen, weil sie das Gefühl hatten, nicht mithalten zu können. Flüchtig frage ich mich, ob ganz und gar ignoriert zu werden, wie der Soldat, nicht besser wäre.

»Ich habe keine Geschwister«, sagt der Mann und schaut wieder von seinem Glas auf. Jetzt, wo er mich direkt ansieht, stelle ich fest, daß er merkwürdige Augen hat, nicht wirklich braun, nicht wirklich grün, irgend ein Ton dazwischen, der sich nicht näher benennen läßt. »Aber vielleicht ist es bei mir doch ähnlich. Alle meine Freunde sind tot, wissen Sie. Alle, die sich damals freiwillig gemeldet haben in unserem Ort.«

Etwas stimmt hier ganz und gar nicht. Ich kann mich nicht erinnern, daß im Golfkrieg viele amerikanische Soldaten gestorben wären, und bei dem jüngsten Militäreinsatz, in Bosnien, doch überhaupt keiner. Plötzlich kommt mir der Verdacht, daß der Mann doch ein Schauspieler war, daß er und der Barkeeper von meinem Chef bezahlt worden waren, um mit mir einen makabren Scherz durchzuspielen. Eine scharfe Bemerkung liegt mir auf der Zunge, aber er schaut mich unverwandt an, und in den Augen mit der unnennbaren Farbe liegt eine solche Verzweiflung und Leere, daß ich es nicht fertigbringe, ihn zu beschuldigen, er spiele mir nur etwas vor. Wenn ich mich irre, wäre ich am Ende dafür verantwortlich, daß sich die Prophezeiung des Barkeepers doch erfüllt.

Vielleicht mache ich mir nur etwas vor. Aber mir ist, als erkenne ich noch etwas anderes in seinem Blick, in den Schatten, die sich in sein junges Gesicht eingefressen haben wie Falten in das des Barkeepers, und ich erkenne es, weil es mir vertraut ist, nur allzu vertraut.

»Es ist nicht Ihre Schuld«, sage ich, und ich sage es zu mir genauso wie zu ihm. »Es ist nicht Ihre Schuld, daß Sie überlebt haben.«

»Wie ist Ihr Bruder gestorben?« fragt er.

»Tabletten«, flüstere ich, und das Wort zwingt sich aus meiner Kehle, als schneide es mich von innen her auf. »Er hatte Krebs, und nach der dritten Operation wußten wir alle, daß es hoffnungslos war. Da habe ich sie ihm besorgt.«

Eine Weile herrscht Schweigen zwischen uns. Aus meinem so sorgfältig hochgestecktem Haar löst sich eine Strähne, und sie gibt mir die Entschuldigung, das Gesicht abzuwenden. Gerade will ich mich entschuldigen und etwas von »ich muß mich für den nächsten Gang herrichten« murmeln, als er eine Hand auf meinen rechten Arm legt und sagt:

»Es tut mir leid.«

Und das Gefühl der Vertrautheit, das mich nicht losläßt, seit ich ihn zum erstenmal bewußt wahrgenommen habe, läßt mich die Worte annehmen, die ich von jedem anderen, ob nun Freunde oder Familie, abgewiesen habe. Etwas in mir löst sich, wird leichter, wie der Frühnebel, der sich von der Küste her über die Stadt legt, bis ihn Wind und Sonne endlich zerstreuen. Es braucht wohl einen Mitschuldigen im Club der Überlebenden, um dergleichen zu tun.

»Mir auch«, entgegne ich langsam. »Um Ihre Freunde, und Ihre Familie, und Susan.«

Seine Hand liegt noch immer auf meinem Arm, und mit einem Mal fällt mir auf, daß sie sehr kalt ist. Die Winter sind warm in Los Angeles, in der Bar ist die Klimaanlage ausgefallen, veraltet und längst reparaturbedürftig wie vieles in diesem Hotel aus den 20ern, und vor nicht allzu langer Zeit drängten sich eine beträchtliche Menge Menschen hier. Mir selbst stehen Schweißperlen auf der Stirn. Es ist eigentlich unerklärlich, wie man angesichts dieser Umstände eine trockene, kühle Haut haben kann. Mehr als kühl. Eiskalt. Wie ein Frosthauch in den Wintern, die es hier in Los Angeles nicht gibt.

»Vielleicht«, sagt er zögernd, während sich in mir Fragment um Fragment zu einem weiteren bizarren kalifornischen Mosaik zusammensetzt, »warten sie nur darauf, daß wir mit ihnen über alles reden. Meine Familie. Ihre Familie. Susan.«

Meine Kehle ist sehr trocken. »Vielleicht.«

Er löst seine Hand von meinem Arm und schaut zum ersten Mal an diesem Abend hoffnungsvoll drein. »Dann hätte es doch einen Sinn. Daß ich zurückgekommen bin.«

»In welchem Jahr sind Sie geboren?« frage ich abrupt, weil das die unverfänglichste Formulierung ist, die mir einfällt, um meinen ungeheuerlichen Verdacht zu überprüfen. Er nennt mir das Jahr, zusammen mit seinem Namen, und ein Teil von mir ist schon wieder geneigt, anzunehmen, daß es sich sich um einen von meinem Chef angezettelten bösen Scherz handelt. Aber ich habe bereits alle Vorsicht über Bord geworfen, als ich die Tabletten erwähnte, und außerdem, denke ich und entdecke überrascht, daß ich es nicht zynisch meine, und außerdem ist Weihnachten die Zeit für Wunder.

»Sie wollten mehr als alles andere zurückkommen, nicht wahr?« fahre ich behutsam fort. Er nickt, und ich spreche ihn mit dem Namen an, den er mir genannt hat.

»John, ich glaube, Ihre Familie und Susan warten wirklich auf Sie. Aber nicht hier.«

Mit wachsender Beunruhigung musterte er mich.

»Aber das ist der richtige Ort. Hier sollte die Weihnachtsfeier stattfinden. Wir konnten es uns noch nie leisten, in ein Hotel zu gehen, aber nach dem Krieg, nach dem Krieg sollte es soweit sein.«

»Es ist der richtige Ort«, sage ich, und mir fällt mehr und mehr an ihm auf, das ich gleich hätte bemerken sollen. Aus den Augenwinkeln erkenne ich die Reflektion im Spiegel über der Bar, aber sie überrascht mich nicht mehr. »Nur nicht die richtige Zeit.«

An seinem panikerfüllten Blick erkenne ich, daß er zumindest ahnt, worauf ich hinauswill.

»Ich will das nicht hören«, beginnt er, und diesmal lege ich meine Hand auf seinen Arm, und spüre die Kälte unter der Uniform, die frei von jedem Kunststoff ist, ohne zurückzuzucken. Mit meinem Kinn weise ich in Richtung des Spiegels, und langsam, sehr, sehr langsam wendet er den Kopf in diese Richtung.

»Sie sind tot«, sage ich zu dem Mann, den kein Spiegel jemals mehr zeigen wird. »Ich glaube, Sie müssen im Krieg gestorben sein, aber weil Sie unbedingt zurückkommen wollten, taten sie es. Nur konnte Ihre Familie Sie nicht sehen, und so hörten Sie nicht auf, zurückzukehren, ohne zu merken, wie die Zeit vergeht.«

Er sagt mir nicht, ich sei verrückt. Er sagt mir nicht, ich solle ihn loslassen. Statt dessen starrt er mich nur an.

»Wieviel Zeit?« fragt er rauh, und es tut mir weh, es auszusprechen.

»Mehr als sechzig Jahre.«

»Aber warum«, fragt er weiter, und bei jedem Wort wird seine Stimme etwas höher, »warum können Sie mich dann sehen?«

Ich habe mich das gefragt, seit mir der Verdacht zum erstenmal kam, und nun, denke ich, habe ich die Antwort.

»Weil ich so lange darauf gewartet habe, daß ein Toter zu mir zurückkommt und mir verzeiht.«

»Vielleicht ist der Grund ein anderer«, stößt er hervor, und zieht seinen Arm heftig zurück. »Vielleicht sind Sie es, die tot sind. Vielleicht haben Sie damals die Tabletten genommen, nicht Ihr Bruder. Woher wollen Sie wissen, daß es nicht so ist?«

Alles in mir krampft sich zusammen, und einen Moment lang weiß ich nicht, was ich darauf erwidern soll. Mag sein, daß er recht hat. Ich zerbreche mir den Kopf nach einem Beweis, irgend einem Beweis, daß ich noch am Leben bin, und nach einer halben Ewigkeit fällt mir etwas ein. Ohne ihn aus den Augen zu lassen, ziehe ich mein Handy aus der Handtasche. Meine Fingerspitzen fühlen sich taub an, als ich es aktiviere und die Nummern meiner Eltern eingebe.

Es läutet einmal, zweimal, dreimal, und bei jedem vergeblichen Klingeln wird mir etwas kälter.

»Halstett«, sagt die unsichere, belegte Stimme meiner Mutter, und jetzt, da ich mit ihr sprechen kann, bringe ich keinen Ton heraus. »Hallo?« fragt meine Mutter. »Hallo?«

»Hi Mom«, presse ich hervor, wahrscheinlich eine Sekunde, ehe sie auflegt. Weitere Sekunden vergehen und dehnen sich ins Unendliche, bis sie antwortet.

»Kirsty, bist du das?«

»Ja«, entgegne ich, höre meine eigene Stimme ein wenig im Empfänger widerhallen, und zum ersten Mal stört mich der Klang nicht. »Ich wollte Dir und Dad frohe Weihnachten wünschen und fragen, ob es euch stört, wenn ich heute nacht noch zu Euch komme. Das Projekt, an dem ich arbeite, hat sich zerschlagen.«

»Aber selbstverständlich stört es uns nicht!« gibt meine Mutter zurück, mit einer Mischung aus Entrüstung und Erleichterung. Ich bitte sie, einen Moment zu warten.

John Smith, der unbekannte Soldat, hat nicht aufgehört, mich anzuschauen.

»Es tut mir leid«, sage ich und spüre das Nicht-Genügen dieser Worte noch tiefer als beim erstenmal. Zu meiner Überraschung nimmt er meine Hand und führt sie mit einer halb vergessenen Geste zum Mund.

»Das muß es nicht«, erwidert er dann. »Ich glaube, Sie haben mich befreit.«

»Schatz?« fragt meine Mutter, während ich den Mann vor mir verblassen sehe wie eine alte Photographie. »Bist du noch dran?«

»Nein«, wispere ich, »nein. Sie haben mich befreit.«

Dann nehme ich das Handy wieder auf, um mit meinen Eltern zu sprechen.

Vom rechten Schenken

BARBARA BRONNEN

Das erste Weihnachtsgeschenk

Wie sinnentleert, wie platt, wie phantasielos und gemein das Schenken geworden ist! Ausgemerzt die Kunst des Schenkens in ihren unzähligen liebevollen Bekundungen, jene Geste, bei der sich Grazie und Adel mischen. Hohl, schändlich, Tausch und Täuschung, verkommen zum kommerziellen Akt. Eine Heimsuchung, die uns das Weihnachtsfest vergällt.

All dies Aufhebens um Überflüssiges erinnert mich jedes Jahr an das absonderlichste Geschenk, das ich je erhielt, ein Geschenk meines Sohnes.

Es war ein halbes Jahr nach Florians erstem Geburtstag und das erste Weihnachtsfest, an dem mein Sohn etwas vom Sinn des Schenkens begriff. Er hatte zu sprechen begonnen und zu fragen und sammelte die Namen der Dinge, die sein zukünftiges Leben begleiten würden.

82

Seine Leidenschaft für Benennungen war unersättlich. »Dada?« Den ganzen Tag lang ertönte sein fragender Laut, und er zielte wie ein zorniger Prediger auf die Gegenstände, die ich ihm benennen sollte. Und sobald er es hatte, das Wort, wiederholte er es auf seine Weise und zog sich dann wie ein Tier mit seiner Wortbeute in eine Höhle des Schweigens zurück, es gleichsam innerlich auffädelnd, – ein Ordnen seiner Beziehung zur Welt.

Was fügte ein für ihn zufälliger Laut, der mit dem Gegenstand anscheinend wenig zu schaffen hatte, dessen Beschaffenheit und Begreifbarkeit hinzu? Was vermittelte ihm zum Beispiel das Wort »Stuhl«, das neben dem Stuhl zu schweben schien? Warum befriedigte ihn nicht mehr die reine Funktion, dessen Be-Sitzbarkeit? Warum reichte ihm nicht mehr der Anblick der Banane selbst, die gelbe Farbe der Schale, ihre Glätte, der Wohlgeschmack der Frucht? Warum befriedigte ihn der Wohlgeschmack des Wortes so sehr, daß er dem Schweigen der Banane eine genußvolle Verlängerung durch die Wortschöpfung »Bananananane« gleichsam eine eigene Stimme gab? Auch war es sicher kein Zufall, daß er sich das so herrlich bewegende Wort »Auto« durch die aufschlußreiche Verdoppelung in »Autoauto« noch beweglicher machte.

Was früher stummes Bild war, wurde sprechendes Wort, und ihm das Wort zu geben, war meine Aufgabe, die ich, so gut ich das konnte, erfüllte. Das erste Wort »Mama«, fragend, klagend, freudig, verzweifelt, wurde zum Wunschwort des Babys schlechthin, zum Wort, das alles ermöglichte, zur Bitte.

»Mama«, sagte er, wenn ich mit ihm spielen sollte und »Mama«, wenn er mir das Spielzeug entreissen wollte, »Mama«, greinend, wenn er ins Bett strebte. »Mama«, das war die kindliche Vorstellung von der Welt, unwiderruflich an eine Person gebunden, die sie allmächtig und allgegenwärtig verkörperte, zumindest in den ersten drei Lebensjahren.

Andere Wörter hingegen schwebten in seltsamer Unbestimmtheit um ihn herum, ohne Festigkeit und Bindung, so das Wort »Weihnachten«. Seine erste Weihnacht existierte noch getrennt von ihm, in unklaren Nebeln verloren, magisch gebannt in Sprachlosigkeit. Ob ihm der Weihnachtsbaum oder unsere Lieder (wie eine nostalgische Melodie im Film) ein Wiedererkennungsgefühl bescherten, konnte ich nicht entschlüsseln; mochte schon sein, daß irgendein vager Zusammenhang zwischen seinem brabbelnden Stimmchen und den Wörtern Christbaum, Geschenk und Weihnachten bestand. Und so abstrakt das Wort »Geschenk« auch war, so wenig war es mit einem bestimmten Ding verbunden: man brauchte es nur zu erwähnen, um zu spüren, welch ungetrübte Freude auf der Welt möglich ist. Wenn die Großmutter oder Freunde auf Besuch kamen, beachtete er mich manchmal kaum mehr. Die Tatsache, daß er von mir seltener als von anderen etwas geschenkt bekam, wurde mir heimgezahlt. Von mir war schließlich nichts Überraschendes zu erwarten.

Jetzt aber kam jemand von weit her, mit einem unbekannten Leben, der etwas besaß, das nur er kannte, ein Geheimnis, ein Stück Schokolade oder ein Legospielzeug, und er war bereit, sich von ihm zu trennen. Das gab ihm ein süßes Vorgefühl und eine Ahnung davon, was ein Mensch geben kann.

Ach, wenn die Welt nur aus Weihnachten bestünde und alle immer Schenkende blieben! Schenkende waren Götter, ihre Großzügigkeit durchbrach die babyhafte Gleichförmigkeit. Und sie besaßen eine shivahafte Vielarmigkeit. Wenn geschenkt wurde, endete der Alltag und ein Festtag begann. Wir öffneten Flügeltüren, lächelten, packten aus, schenkten, brachten ihn zum Staunen, sangen, aßen und zündeten Lichter an. Es war ein großes Mysterium, bei dem ihm, dem Kind, ein hoher Rang zuerkannt wurde. Der Knirps wurde zum Hausherrn, vor dem man sich verneigte und den man mit einer Atmosphäre des Überflusses und der Wertschätzung überschüttete.

Heute gab es nur das Allerbeste und Feinste, den größten Luxus und unbeschränkte Freiheit. Wir tafelten am tannengeschmückten Tisch und Florian war seliger Mittelpunkt.

Regenbogenfarbene Päckchen, bunte Kugeln, leuchtende Kerzen, die Farbspritzer bunter Bonbons! Glöckchen, Engelchen, Schäfchen! Bunte Figürchen und Lamettafäden, die der Kerzenwärme gehorchen und tanzen! Das ist das Herrliche an diesen Winzigkeiten, daß das Transparente und Unbeschwerte durch sie in unser Leben kommt.

Es ist erstaunlich, daß so metaphysische Dinge wie der Wunsch, teilzuhaben an dieser Wonne und selbst etwas zu schenken, aus einem Kind herausbrechen können wie die Zähne. Florian wurde plötzlich, entgegen seiner sonstigen lärmenden Geschäftigkeit, ganz still und lauschte in sich hinein. Dann sprang er auf und eilte zum Nachttopf, der in der Ecke des Zimmers stand.

Kurz darauf plazierte er den dampfenden, mit bräunlichen Würstchen gefüllten Topf mitten auf der festlich gedeckten Tafel, blickte uns an mit erleuchtetem Gesicht und rief« »Gesenk! Gesenk!«

Sein Vater rümpfte die Nase.

Äußerst ungewöhnliches Geschenk, dachte ich und blickte Florian an, der inzwischen wieder am Boden saß und spielte, ziemlich persönliches Geschenk. So etwas wie das Resümee seiner jungen Existenz: »Da bin ich, schaut mich an, mitsamt meinem Überfluß, greift zu, damit ihr auch was davon habt!«

Es gibt eben gewisse Dinge, die kleine Menschen noch nicht geradeheraus sagen können.

THOMAS MEINECKE

Fünfmal werden wir noch wach

Fünfmal werden wir noch wach, summt Rolf Rüttger am 19. Dezember, wobei er aus Dritte-Welt-Bienenwachs sorgfältig eine Kerze rollt, fünfmal werden wir noch wach, heißa, dann ist Weihnachtstag.

Während Rolf mir ein Papiertaschentücherfutteral webt, häkele ich ihm eine Folklorekrawatte mit Norwegermuster, sagt Helene Rüttger, die seit dem ersten Advent, aus rein steuerlichen Gründen, so Helene Rüttger, mit Rolf Rüttger verheiratet ist. Und während ich vor einigen Jahren noch Unsummen, sagt Rolf Rüttger, für Weihnachtsgeschenke ausgegeben habe, verschenke ich heute nur noch Selbstgebasteltes. Bereits im Oktober kaufen wir Bast, Wolle, Holz und Ton, sagt Helene Rüttger materialbewußt. Auf diese Idee sind wir durch Werner gekommen, fügt Rolf Rüttger hinzu, denn Werner hatte Helene zum Einzug in die Wohngemeinschaft vor drei Jahren ganz einfach einen bemalten Kleiderbügel geschenkt, und Helene hatte daraufhin gesagt: Ein bemalter Kleiderbügel ist mir tausend Mal lieber als irgendein bürgerlicher Konsumgegenstand in seiner unpersönlichen Beliebigkeit.

Damit hatte Helene den Nagel auf den Kopf getroffen, sagt nun auch Werner, der eben in den Gemeinschaftsraum gekommen ist. Etwas mehr Humanität, so Helene und Rolf Rüttger wie aus einem Mund, etwas mehr Humanität, verkabelt werden wir sowieso.

Heißa, dann ist Weihnachtstag, summt plötzlich Helene vergnügt in ihr Häkelzeug, denn sie hat eine verlorene Masche wiedergefunden. Zuerst, ergänzt Werner, wird der Kleine Prinz gelesen, dann wird das Selbstgebastelte ausgetauscht, um Mitternacht aber, und das ist der Höhepunkt, sagt Werner, wird der Weihnachtsbaum, als antifaschistisches Fanal gewissermaßen und Höhepunkt des

Wohngemeinschafts-Weihnachtsfestes seit vier Jahren, –
um Mitternacht wird der Weihnachtsbaum auf dem Balkon verbrannt, so Werner wörtlich, mit einem breiten
Grinsen im Vollbart.

Auch Rolf und Helene strahlen, und zusammen mit
Werner summen sie, fünfmal werden wir noch wach, dann
schieben sie das gemeinsam aus Ton geknetete Zimbabwe-
relief in den Ofen.

Axel Hacke

Im Elektrokaufhaus

Der Verzweiflungsweg, auf dem ich kurz vor Weihnachten durch die Stadt irrte, Geschenke suchend; dieser
Schreckensweg führte mich in eines der großen Elektrokaufhäuser, deren Prospekte Tag für Tag aus meiner Zeitung fallen. Nie zuvor war ich in einem so großen
Elektrokaufhaus gewesen. Ich dachte, ich könnte hier vieles finden, eine Saftzentrifuge für meine Tante, eine Kaffeemaschine für meine Schwiegermutter, einen tragbaren
CD-Spieler für Paola. Das Elektrokaufhaus würde mir
helfen, dachte ich. Ich betrat es durch den Haupteingang,
fuhr in die Abteilung für Kleingeräte und …

Und? … und bekam ein Stechen im Kopf. Ich hatte gedacht, dass es vier, fünf verschiedene Saftzentrifugen geben würde und fünf, sechs verschiedene Kaffeemaschinen
und sechs, sieben verschiedene CD-Spieler. Möglich, dass
ich naiv war. Hier standen kilometerlange Regale voller
Saftzentrifugen, Kaffeemaschinen, tragbarer CD-Spieler.
Dazu: zig Haartrockner, Hunderte von Bügeleisen, Tau-
sende Toaster, Millionen Frisierhauben, Milliarden Rasie-
rer, Fantastilliarden elektrische Zahnbürsten, Elektrilliar-
den Föhne …

… und ich wanderte zwischen Regalen umher, im Herzen eine unbestimmte Sehnsucht nach Sozialismus und Mangelwirtschaft, vor Augen tausend Lockenstäbe und hinter tausend Lockenstäben die Elektrowelt. Blieb vor den Saftzentrifugen stehen. Las den Text einer holländischen Gebrauchsanweisung: »Het sap loopt meteen in het glas.« Kam zu den Kaffeemaschinen. Ist es möglich, dachte ich, dass es für jeden einzelnen Menschen eine besondere, nur für ihn entwickelte Kaffeemaschine gibt? Dass es seine Aufgabe ist, diese Kaffeemaschine zu finden?

Die Bügeleisen. Das Stechen im Kopf blieb. Ich war schon lange unterwegs, das tat nicht gut. So viele Bügeleisen! Ist mal jemandem aufgefallen, dass viele Bügeleisen wie kleine Raumschiffe aussehen, mit glatten Landeflächen, in die Start- und Landedüsen eingelassen sind? Und die tragbaren CD-Spieler – man hat das Gefühl, sie könnten ihre Klappen öffnen und CDs auf dich abschießen wie fliegende Kreissägen, welche sich durch deinen Körper fräsen, arrrararaaaah, biiiitte, neiiiiin, fräsfräsfräs, gruaaarrrrrr! Het sap loopt meteen in het glas.

Ich kam zu den Frisiergeräten mit ihren Ondulierdüsen und Abkühlstufen, Haartemperatursensoren und einziehbaren Kammreihen. Lockenstäbe und Föhne, ganz klar, sie sehen aus wie Waffen Außerirdischer, Antimaterieschleudern, Handlaser. Oder wie die »Weyr-Werfer«, die in Stanislaw Lems Sciencefiction-Roman *Der Unbesiegbare* vorkommen: »Das Erste, was er sah, war die unnatürlich große, metallene Fußsohle eines Roboters. Er lag auf der Seite und war offensichtlich durch eine Weyr-Serie mittendurch gespalten.« So etwa. Oder Douglas Adams' Restaurant am Ende des Universums. Da gibt es »30-Megatöt-Definit-Kill-Photrazon-Kanonen«. Die könnten auch so aussehen. Wie ein Philips-Haartrockner.

Das hier, dachte ich, ist ein Waffen-Arsenal für Außerirdische. Aber warum benötigen Außerirdische ein als Elektrokaufhaus getarntes Waffenarsenal? Weil sie längst unter uns leben? Für den Tag X gerüstet sein wollen? Woran erkennt man sie? Daran, dass sie Steckdosen an den Körpern haben? Oder könnte es sein, dass alle Computerexperten Außerirdische sind? Dass sie uns erst von Computern abhängig machen und dann, wenn wir ihnen sowieso ausgeliefert sind, weil wir unsere eigene Welt nicht mehr verstehen – dann also auf ein Signal hin in die Elektrokaufhäuser stürzen, um uns mit flammenden Föhnen die Haut vom Körper brennen?

Ich hielt mich an einem Regal fest. Alles … drehte … sich … Ein Siemens-Dampfbügeleisen sirrte vorbei, beinahe hätte es mich an der Schläfe gerammt. Ich nahm einen Lockenstab, richtete ihn auf das Ding, drückte ab. Das Eisen explodierte. Niemand reagierte. Alles klar, dachte ich, und ging zum Ausgang. Ohne Geschenke ging ich zum Ausgang. Weihnachten, dachte ich. Soll bald sein, was? Alles klar. Sie werden uns alle machen. Vielleicht vorher. Vielleicht danach. Alle. Auf jeden Fall.

Erik Liebermann

JOSEPH VON WESTPHALEN

Der seltsame Juwelier

*Das wunderbare Weihnachtsgeschenk des
Freudenmädchens Lametta Lasziv.*

»Noch einmal, bitte noch einmal!« Die Augen des Juweliers wurden eng vor Begierde, seine Tränensäcke strafften
sich. Er wußte, betteln half nichts bei dieser Frau. Bloß
nicht flehen, kein Jammerlappen sein. Also bat er, so
männlich wie möglich: »Nur noch einmal, bitte.« Er griff
in die Jackeninnentasche und nestelte nach einem Geld-
schein. Einen Hunderter war ihm die Zugabe wert.

Doch sie winkte ab. »Laß den Blauen stecken, ich mach
es dir heute umsonst.« Sie nahm alle Kraft zusammen, es
fiel ihr nicht leicht, sie mochte es nicht. Sie ekelte sich fast
davor. Sie beherrschte es perfekt, aber nicht immer mag
man, was man kann.

Es gab Schlimmeres. Sie betrachtete den Juwelier. Ein
netter, alter Mann, der in Erwartung der Wonne mit offe-
nem Mund atmete. Er sollte seinen Spaß haben. Er kam
aus Dresden. 1945 alles zerstört. Der ganze Schmuck aus
dem Laden weg. Ein Vermögen verloren. Nur den kleinen
Safe hatte er nachher aus den Trümmern bergen können.
Mit den Diamanten war er nach Frankfurt am Main gegangen und hatte eine neue Existenz aufgebaut. 1955 hatte
er schon den ersten Mercedes verdient. An der sächsi-
schen Heimat hing er noch immer. Es gab nun keine
Grenzen mehr in Deutschland, aber mit seinen 78 Jahren
würde er nicht mehr zurückgehen.

Sie schluckte, holte Luft, brachte Zunge und Unterkiefer in die richtige Position und beugte sich, fast lieblich lächelnd jetzt, zum Juwelier. Dann schloß sie die Augen,
dachte an ihren Vater, der auch aus Dresden war und als
Offizier der Grenztruppe in Frankfurt an der Oder Dien-
ste getan und dort im März 1965 Lametta gezeugt hatte.

Sie hörte seine Stimme. Er sprach so sächsisch, daß ihn seine Soldaten nicht verstanden, seinen Befehlen nicht gehorchten, und er nicht befördert wurde. Die Tochter dieses Mannes schürzte nun die Lippen, nahm alle Kraft und alle Erinnerung an die dumpfen Laute der Vatersprache zusammen – und dann sagte sie es: »Lameddah Lasziv.« Sächsischer ging es nicht. Der Vater wäre begeistert gewesen.

Mehr war nicht zu tun. Ein Leuchten ging über das Gesicht des Juweliers. Zwei große Tropfen quollen aus seinen Augen. Tatsächlich, er weinte vor Glück. Er küßte ihr die Hände, sie fuhr ihm über den kahlen Kopf und sagte liebevoll, aber jetzt wieder ohne Dialektfärbung: »Mein Dresdner Lustmolch.«

Der Juwelier brauchte nicht mehr. Seit 1993 kam an Weihnachten Lametta ins Haus, Lametta Müller, geboren am 24. Dezember 1965 in Frankfurt an der Oder, nach Auflösung der DDR bald nach Frankfurt am Main gekommen, wo es ihr erst gut, dann weniger gut und schließlich sehr gut ging.

»Wie soll ich es bloß ein Jahr lang ohne dich aushalten?« Der Juwelier seufzte. »Ganz einfach, mein Molch, du freust dich auf mich«, sagte Lametta. Sie hatte bereits ihren Mantel an und winkte ihm zu: »Also dann, bis zum nächsten Jahr!« Als sie in der Tür war, drehte sie sich um und sagte noch einmal, so sächsisch wie möglich, was den alten Sachsen so selig machte: »Ich bin und bleibe deine Lameddah Lasziv.« »Ja!« schrie der Juwelier heiser, warf ihr einen Ring zu, und Lametta ging. Sie hatte heute noch einiges zu erledigen. Der brüllende Literaturkritiker, der perverse Umweltsteinpilz und der masochistische Brauereibesitzer mußten noch besucht werden.

Sie fuhr mit dem Lift ins Erdgeschoß und ging mit schnellen Schritten zu ihrem Auto. Andere gut verdienende Callgirls fuhren elegante Sportwagen. Wieder andere kleine Jeeps. Es gab Kunden, die zu einer vollen

Erektion nur in der Lage waren, wenn sie die Ankunft der Callgirls vom Fenster aus beobachten konnten. Und sie mußten dann aus erregenden Autos steigen. Lametta hatte sich auf solche Sonderwünsche nicht eingelassen. Einen Kunden hatte sie verloren, weil der sie gebeten hatte, mit einem Trabbi vorzufahren. Das waren die Westdeutschen. Sie mußten sich überlegen fühlen.

Das kam für Lametta nicht in Frage. Sie machte manches mit. Man durfte in diesem Gewerbe nicht zimperlich sein. Man mußte schon mal das verhaßte Sächsisch sprechen, wenn ein Kunde das unbedingt wollte. Aber einen Trabbi fahren, das ging zu weit.

Sie warf ihren kleinen Koffer mit den nötigen Utensilien auf den Rücksitz ihres unauffälligen Golf. Der Wagen war dunkelgrau. Es durfte kein silberner Wagen sein. Nicht, wenn man als Lametta unterwegs war. Man durfte nicht übertreiben. Ferdinand hatte ihr zu diesem Auto geraten. Ferdinand war ihr Freund und Ratgeber. Ihr Retter. Ohne Ferdinand würde sie vermutlich noch immer bei der telefonischen Reiseauskunft der Bundesbahn für Anrufer die günstigsten Verbindungen von Offenbach nach Mannheim und von Bad Homburg nach Zwickau heraussuchen.

Himmlische Stiche

Der Heiland von heute
heilt durch Stiche
ins Ohr
Und Ochs und Esel
zahlen elektrogeschockt
für 20 Minuten Behandlung
800 Mark

Stade Zeit

Jetzt kummt de stade Zeit –
s wird bloß ned stad –
d Leut san wia Narrische,
ois is vadraht.
Hetzn teans alle Dag,
Packln ziagns rum,
d Lautsprecha werdn ned müad:
Kaufts no a Trumm!

Er muaß no nei ins Gwurl
zum Ce&Ce,
sie muaß zum Isartor:
»Is der Pelz schee!«
San s dann dahoam de zwoa,
restlos k.o.,
macht eahna Bayern 3
s Weihnachtsherz froh.

Das Fest der Liebe

MARTIN WALSER

Überredung zum Feiertag

Ich sage mir: Nimm ein Blatt vor den Mund, die Feiertage nahen.

Ich sage mir: Mach, was du willst, Edelrauhreif fällt gezielt auch auf den sprödesten Fleck, das Klima ist teuer präpariert, mach, was du willst: Es weihnachtet sehr. Zögere, ganz zuletzt schlüpfst du doch noch in eine Rolle. Es muß ja nicht gleich das am meisten getragene Drogistenlächeln sein. Schau einen Winterbaum an, beachte den durchdringenden Ernst, mit dem er auf dürren Zweigen Schnee trägt, als ginge ihn der was an. Mach, was du willst, du wirst mitmachen. Schließlich sind das deine Festspiele. Ich sage mir: Wer jetzt eine Großmutter hat oder ganz kleine Kinder, der hat Glück, der hat rasch eine Rolle. Gib dir feierlich Mühe, sag ich mir. Dazu stehen ja die Feiertage mit hohen Wänden im Wind als Vitrinen auf Zeit, daß wir in angestrengter Gelassenheit darin spielen, für uns, für den beliebten Himmel, oder bloß so, daß gespielt wird. Am Ende hat jedes Jahr seine gefürchteten Feiertage verdient. Die Schneegrenze sinkt ins Tal, Maiwege sind nur noch mit Ketten befahrbar, nun rück schon zusammen mit allen, der traurige Gemeinplatz wärmt auch dich. Schellengeläut der Erinnerung und so. Taube Nüsse, Wehmut, der Geruch der Jahrzehnte. Lach doch mit. Das ganze Jahr flüssiger Maskenwechsel, jetzt wird dir doch nicht zuletzt noch das Gesicht ausgehen für ein bißchen Kerzengerechtigkeit. Und ist denn das gar nichts, wenn dir im Halse das Silberglöcklein wächst, die Kerze dir fünfsterniges Edelweiß auf dem Zahnschmelz züchtet und in deinen Ohrgängen Chöre nisten, daß es dich vor inwendigem Brausen auf die Zehenspitzen hebt. Du kannst sogar ausführlich von Liebe reden. Das ist das rechte Wort für diese Festspiele. Das hat Kunstcharakter, darin klirrt Leistung. Denk, was das Ballett der schieren Natur abringt. Trau dir was zu. Ganz positiv. So richtig in Rechtshändermanier. Tu, als könntest du momentan nicht anders. Wähl also Liebe, wähl Heimlichkeit, furchigen Ernst, wähl einen weißen Bart oder verhalten flackernde Würde, beobachte die Wirkung, und dein Lampenfieber ist weg. Du spielst dich frei, und ringsum verfallen die Glocken sofort in wildfröhliches Läuten.

Ich sage mir: Was soll dir jetzt Asien? Vergiß doch Asien. Vergiß alle möglichen Brüder. Ausgerechnet zur hohen Festspielzeit fällt es dir ein, den Christenmenschen zu spielen, dem sein Punsch nicht schmeckt, weil andere noch immer kein gutes Wasser haben. Überhaupt, wenn du an Christus denkst, hört sich sowieso alles auf. Dann können wir einpacken. Hübsch barbarisch-kultivierte Feiertage, mehr ist nicht drin. Falls zwiespältige Empfindungen dich stören, bleib schön irdisch, bleib hart. Keine christlichen Anfechtungen. Du willst am Leben bleiben und deine Anzüge selber tragen. Das ist schon eine Welt, in der man sich wegen eines so schlichten Vorsatzes gleich Gewissensbisse einbilden muß zur eigenen Beruhigung.

95

Zum Beispiel – nein, bitte keine Beispiele. Daß das Fräulein im fünften Stock besonders kalte Füße hat und irgendwo einen Pilz, ist ja auch kein Beispiel. Die Misere blüht so gut wie die Riviera. Darum haben wir doch die Vitrinen. Also Vorsicht. Sonst zieht es gleich, und die Feiertage kriegen die Schwindsucht. Bewegungen nur wie am Steuer eines Autos auf Glatteis. Und allen Mitspielern einen um Beschränktheit bemühten Verschwörerblick. Wir wollen Feiertag spielen, auch wenn uns auf blankem Eis Asche und Asche serviert wird. Daß Regen als Schnee fällt zur Zeit, ist kalkuliert. Wer ein Glas hebt, zerbricht es, vielleicht. Aber wenn du dann trotz allem deinem Freund übern Kopf streichst, beherrsche dich, zähl nicht seine Haare. Wir kommen sonst einfach nicht in die richtige Stimmung. Zuletzt müssen wir die Feiertage noch abblasen mit Trompeten aus Himmelsrichtungsschrott. Wenn aber jeder weiß, er ist ein ungesunder Elefant, dann wird schon ein Zauber mäßig gelingen. Viel Musik, wenig Text. Den Blick starr auf die Kerze. Bis sie qualmt. Dann dürfte es ohnehin spät genug sein, Zeit, das Blatt wieder vom Mund zu nehmen.

Robert Gernhardt

Eine Predigt

Was uns die Weihnachtsgeschichte eigentlich sagen will

Es begab sich aber zu der Zeit, daß ein Gebot von dem Kaiser Augustus ausging, daß alle Welt geschätzet würde … So steht es geschrieben im Evangelium des Lukas, Kapitel 2, Vers 1, und so fängt sie an, die Weihnachtsgeschichte. Und wie sie weitergeht, das wissen wir wohl alle. Doch lasset uns heute, am Geburtstage des Herrn, noch ein wenig an ihrem Anfang verweilen.

Da geht also ein Gebot aus. Von einem Kaiser gar! Und

Robert Gernhardt

was gebietet dieser Kaiser, der mächtigste Mann seiner Zeit? Gebietet er, daß an aller Welt herumgemäkelt werde? So, wie das heutzutage allerorten Mode ist?

Nein. Es gebietet ausdrücklich, daß alle Welt geschätzet werde.

Ja, aber, so wird jetzt jeder denken, ja, aber ist es denn überhaupt menschenmöglich, alle Welt zu schätzen? Kennen wir nicht alle Menschen unserer Umgebung, Kollegen, Freunde, Angehörige gar, die wir nicht so schätzen?

Und müssen wir nicht selbst an Stätten geselligen Beisammenseins, in unserem Stammlokal zum Beispiel, bisweilen Sätze hören wie den folgenden: »Ich schätze es nicht, wenn man mir Bier über die Hose gießt!« Oder: »Sie haben ja auf meiner Rechnung Uhrzeit und Datum dazu addiert, das schätze ich aber gar nicht!«

Und erleben wir nicht allzu oft, daß wir uns verschätzt

haben, und der Ziegelstein, der eigentlich unseren Nachbarn treffen sollte, die Nachbarin erwischt?

Ja, liebe Gemeinde, dem ist freilich so. Doch wenn jeder
von uns noch heute anfangen würde, die Welt ein klein
wenig mehr zu schätzen, dann könnte sie morgen schon
anders aussehen! Und wäre das nicht sehr schätzenswert?
...

Nein? Na, dann eben nicht.

HANNE WICKOP

Der Festschmaus

Ein unfairer Kampf. Vier zu eins, gegen einen Karpfen.
Zugegeben, er war ein großer, ein schlauer Fisch. Er hatte
versucht, die Männer auszutricksen, hatte sich auf den
Abfluß gelegt, als sie das Wasser ablassen wollten, um ihn
besser fangen zu können. Bis zuletzt kämpfte er, um nicht
als Weihnachtsmahl auf dem Teller zu landen. Der Karpfen tut mir leid, auch Gundi und Agnes, meine Schwiegermutter, wirken bedrückt. Unsere tapferen Männer haben
sich inzwischen vom Fischfang erholt. Jetzt spielen die
Sieger Doppelkopf.

Die ganze Verwandtschaft beneidet meinen Schwiegervater, weil er drei Söhne bekommen und somit eine Spiel-
mannschaft beisammen hat. Alle in dieser rheinischen Familie sind verrückt nach Doppelkopf. Pfingsten wird
extra ein Hotel im Sauerland angemietet. Da können auch
die Frauen mitspielen, denn in einem Hotel brauchen sie
sich ja nicht um den Haushalt zu kümmern und haben
Zeit. Von überall her kommen die Familienmitglieder, um
die Meisterschaft auszutragen. Sogar die reiche Erbtante
ist dabei, in Seide und Nerz, mit kostbarem Schmuck. Sie
ist beliebt und eine gewiefte Spielerin. Die Mannschaften
werden ausgelost, damit nicht immer die gleichen beein-

ander hocken. Die täglichen Sieger läßt man dann hochleben. Sie spendieren Runde um Runde, bis der Morgen graut und es Zeit wird für eine Mütze voll Schlaf. Um Zehn beginnt die erste Runde des nächsten Tages. Alle sind froh, daß Franz endlich eine Frau hat, die ihn weckt. Das trauten sich nicht einmal seine Brüder. Aus dem Schlaf gerissen wird der normalerweise besinnliche Franz zum brüllenden Löwen. Ich gehe taktisch vor, bringe ihm Kaffee ans Bett, säusele und zirpe und streichle ihn wach, und pünktlich erscheint er zum Spiel. Für mich sind Doppelkopfkarten böhmische Dörfer, doch ich bin trinkfest, darf zusehen, vielleicht lern ich's ja noch. Zwischendurch mache ich den Zwergschnauzer Strubbel mit sauerländischen Bäumen bekannt. Was eine Ehre ist, weil er eigentlich nur seinem Herrn, dem Reinhold, gehorcht.

Doch sind wir jetzt nicht im Sauerland, sondern gehen unseren Hausfrauenpflichten nach. Gundi und ich haben den Frühstückstisch abgedeckt, uns Schürzen umgebunden und spülen das Geschirr, während Agnes, meine Schwiegermutter, die Männer mit Bier versorgt, die Aschenbecher leert und dann den Karpfen mit Zitronenscheiben belegt. Die Pfanne ist fast zu klein für den großen Fisch, der für sieben Familienmitglieder reichen soll. Karpfen, das traditionelle Weihnachtsessen. Fleisch ißt man an einem solchen Tag nicht, der heilig ist und im nächtlichen Gang zur Christmette seinen feierlichen Abschluß finden wird.

Aber noch ist Vormittag, wir, mein Mann und ich, sind mit dem Nachtzug aus Bayern angereist, um im Schoße der Familie zu feiern. Wir haben noch keine Kinder und keinen Grund wegzubleiben, um daheim zu feiern. Zwei Menschen ergeben keine Familie, und Weihnachten ist ein Familienfest, wie alle Welt weiß. Felix, der jüngste Bruder meines Mannes, und seine Gundi, auch noch ohne Kinder, sind aus dem nahen Bottrop herübergekommen. Reinhold, der mittlere der drei Brüder, wohnt gleich um die

Ecke. Er hat seinen Hund Strubbel dabei. Weihnachts-
bäume sind für das winzige Temperamentbündel eine
Herausforderung. Er plündert die Tanne, soweit er ran
kommt. Mit Begeisterung treibt er die silbernen Kugeln
über den Teppich. Reinhold amüsiert sich köstlich, bis
Agnes aus der Küche auftaucht, entsetzt die Hände über
dem Kopf zusammenschlägt und einen christlichen Fluch
ausstößt. Reumütig klaubt Reinhold die zerbrochenen
Kugeln auf, schnappt sich seinen Hund und schimpft: Böser, böser Strubbel und tätschelt ihm dabei den Kopf. Anschließend verzieht sich das Untier unter den Couchtisch
und schnappt nach unseren Füßen, wenn wir uns bewegen. Einer nach dem anderen schreit erschrocken auf,
springt vom Sofa hoch und knallt mit dem Kopf unter den
niedrig hängenden altdeutschen Lüster. Der verflixte Kö-
ter erwischt uns alle, nur an seinen Herrn, den Reinhold,
traut er sich nicht ran. Der kann seine Schadenfreude
kaum verbergen.

Agnes hat gleich nach dem Frühstück das Bett für uns
im Gästezimmer gerichtet. Mit zwei Kissen diesmal, ganz
freiwillig. Das erste Mal als wir hier schliefen, es war am
Tag vor unserer kirchlichen Trauung, die standesamtliche
hatten wir schon in München hinter uns gebracht, legte sie
nur ein Kissen auf das Bett.

Irritiert meinte mein frisch Angetrauter: Wieso nur eines?

Du wirst im Wohnzimmer auf der Couch schlafen, erwiderte Agnes.

Zuerst waren wir sprachlos, dann meinte Franz: Wir
sind verheiratet, Mutter.

Erst nach der kirchlichen Trauung, mein Sohn, erst
dann seid ihr richtig verheiratet, erklärte sie uns.

Franz verlangte stur: Ich will aber bei meiner Frau
schlafen.

Agnes holte ein zweites Kissen, schüttelte es auf, strich
über es hin und sagte leise: Der liebe Gott wird's schon
verstehen.

Mein großer Auftritt kam dann am nächsten Morgen, als ich ins Bad wollte. Mühsam hielt ich mein zerrissenes Nachthemd über der Brust zusammen. Der Familie fielen fast die Augen aus dem Kopf. Sprachlos standen sie, wichen erst nach einer Weile zur Seite, um mich ins Bad zu lassen. Seitdem hat mein Mann in der Familie den Ruf eines wilden Draufgängers. Wir klärten sie nicht darüber auf, daß mein Nachthemd uralt und vom Flohmarkt war und schon beim Anziehen einriß.

Wir hätten gern geduscht nach der langen nächtlichen Fahrt, ging aber nicht, in der Badewanne schwamm der Fisch, der in diesem Jahr als besonderes Festessen vorgesehen war. Schwiegervater hatte gemeint, er müsse ganz frisch auf den Tisch kommen, und er werde ihm schon den Garaus machen. Zu viert standen dann die Männer vor der Wanne und versuchten den Karpfen zu fangen. Er entglitt ihnen immer wieder. Schließlich kamen sie auf die Idee, das Wasser abzulassen. Der Fisch kämpfte um sein Leben und blockierte den Abfluss. Aber was kann ein Fisch schon gegen vier gestandene Mannsbilder ausrichten, die noch dazu von einem rauflustigen Zwergschnauzer angefeuert werden? Jetzt erholen sich die Männer bei Bier und Zigaretten von ihrer erfolgreichen Jagd und spielen Doppelkopf. Strubbel darf auf dem Sofa liegen, so haben die Männer ihn im Blickfeld und können eingreifen, falls er wieder versucht, den Weihnachtsbaum zu attackieren. Das Zimmer füllt sich mit Zigarettenrauch, der den harzigen Duft der Tanne überlagert.

Gundi und ich schälen bedrückt Kartoffeln und trauern dem heldenhaften Karpfen nach. Der liegt in der Pfanne, sein Schwanz steht über deren Rand hinaus, und Agnes bedeckt ihn mit Zitronenscheiben. Plötzlich schreit sie laut auf. Wir stürzen zum Herd. In einem letzten Aufbäumen hat sich der Fisch selber gewendet. Die herbeigeeilten Männer läßt das kalt. Auch Hühner laufen noch kopflos, einige Meter sogar, meint Reinhold und Strubbel

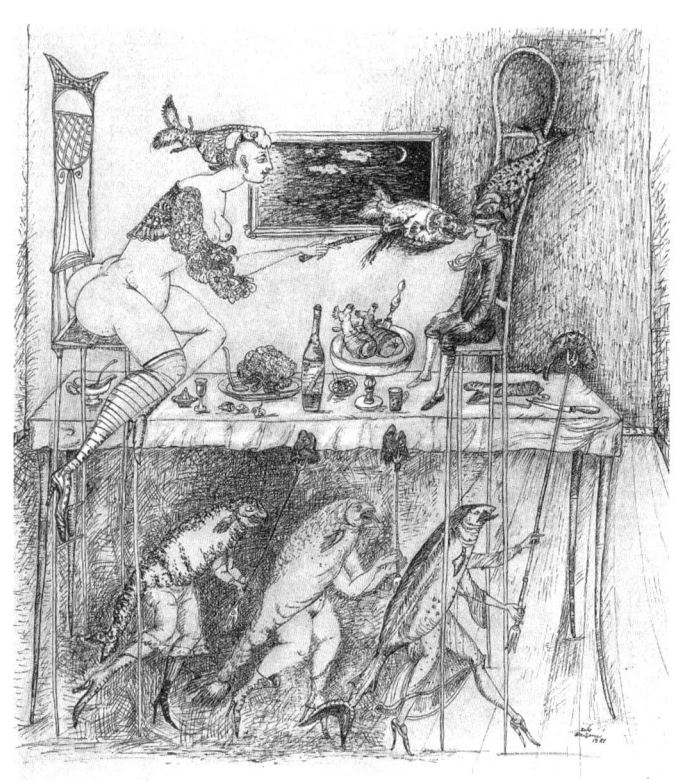

Bele Bachem, Fische, Zeichnung

kläfft bestätigend. Gesehen hat das noch keiner von ihnen, aber es gibt ein Sprichwort von kopflosen Hühnern, das müssen wir schreckhaften Weiber schon zugeben.

Wieso, sage ich zu meiner Schwägerin, wieso ist eigentlich immer nur von kopflosen Hühnern die Rede, und warum wird Kopflosigkeit so gerne dem weiblichen zugeordnet? Die Männer sind die höheren Wesen, sagt Gundi im Ton einer Lehrerin, wir sind nur 'ne Rippe. Stimmt, steht in der Bibel, wirft Agnes ein. Hähne sind stolz und machen Kikiriki vor ihrem Harem, füge ich hämisch hinzu. Wir lachen, machen kikiriki, blöken wie Schafe und kekkern wie Ziegen, welche ja auch schon wieder für unsere Blödheit herhalten müssen. Die schlauen Füchse sind natürlich die Männer, stellen wir fest, die stehen nicht in der Küche, sondern sitzen beim Bier und lassen sich von uns bedienen. Agnes bewacht den Karpfen, hält ihn mit dem Fischwender fest, damit er nicht aus der Pfanne springt und lächelt dabei. Beim Mittagessen lachen wir nicht mehr, wir stochern im Karpfen. Auch die Männer bringen keinen Bissen runter, und jeder schiebt seine Portion über den Tellerrand zurück auf die Platte. Agnes sieht man an, wie schwer ihr das fällt, denn wer den Krieg überlebt hat, wirft nichts Essbares weg. Doch auch ihr ist der Appetit vergangen. Sie trägt den Fisch ab und kommt mit dem Butterteller zurück. So essen wir Kartoffeln mit Butter und grünem Salat, springen abwechselnd von unserem Polstersitz und schlagen uns die Köpfe an dem Lüster wund. Reinhold hat was zum Lachen, und Strubbel ist glücklich über die vielen Füße, nach denen er schnappen kann. Und über allem liegt dieser besondere Duft, der zur Weihnachtszeit dazu gehört, der Duft von Harz, Zimt, Nelken und Koriander.

ALBERT SIGL

Weihnachten im eigenen Heim

Er war fertig, erledigt, ausgepumpt, geschafft. Drei lange Jahre hatte er mit der Familie zusammen in jeder freien Minute an dem neuen Haus gebaut. Für das Haus mußte alles zurückstehen. Jetzt waren alle mit den Nerven am Ende.

Die Söhne wurden erwachsen, er behandelte sie wie Kinder und Handlanger, damit nur ja die Arbeit am Haus weiterging. Die Arbeitskraft der Söhne wurde gebraucht.

Das einzige Versprechen, das sie noch bei der Familie hielt, war das eigene Zimmer, das jeder zum ersten Mal im Leben erhalten sollte. Die ältesten Söhne waren siebzehn und fünfzehn. Sie wollten endlich erwachsen werden, sie wollten sich nichts mehr sagen lassen, sie hatten genug von den Sprüchen, mit denen das Leben geregelt wurde. Und grüß jeden Erwachsenen, wenn du in die Kirche gehst, das tut man doch, und wer weiß, was es dir im Leben noch einmal bringen wird.

Ein ganzes Kinderleben lang hatten die Söhne jeden Pfennig auf ihr Sparkonto gelegt. Die Konten wurden abgeräumt, freilich wurden die Söhne vorher gefragt, und sie merkten mit Schmerzen, wie weh die Vernunft tun kann. Die Schulden wuchsen mit dem Haus. Er wußte nicht mehr, wie er die Sache finanzieren sollte. Mit seiner Arbeit jedenfalls ging das nicht mehr. Verzweifelt überlegte er nach einer Lösung. Er würde den ganzen ersten Stock vermieten, das war die Lösung. Im Erdgeschoß würde es zwar genauso eng hergehen wie im alten Haus, aber es ging nicht anders, es war kein Geld mehr da. Er hatte sich mit seinen Plänen übernommen, er hatte sich mit seiner Kraft übernommen. Er hatte sich mit der Zeit übernommen. Wer hatte gedacht, daß es so lange dauern würde. Vor lauter Arbeit hatte er einfach übersehen, daß seine Söhne erwachsen wurden und ihr Recht vom Leben wollten. Im Wirtshaus erfuhr er vom Wunsch des Ältesten, zum örtlichen Schützenverein gehen zu dürfen. Denn noch immer waren die Wirtshäuser verboten, er ließ die Söhne nicht aus dem Haus.

Das wäre es nicht gewesen. Aber er ließ die Söhne auch nicht mitarbeiten, er behandelte sie wie Hilfsarbeiter auf dem Bau. Die Söhne wollten auch einmal ein Stück mauern, sie hätten gern das Gefühl gehabt, an dem Haus mitarbeiten zu dürfen. Er wollte das nicht. Er wollte von seiner Handwerkskunst nichts hergeben. Die hart erarbeiteten Zeugnisse registrierte er. Er wollte einfach nicht, oder er konnte einfach nicht zulassen, daß die Söhne auch einmal etwas von ihm lernen konnten. Sie sollten Söhne bleiben und nicht gleichberechtigte Maurer. Sie taten die Arbeit von Erwachsenen, da wollten sie auch wie Erwachsene behandelt werden. Nach der Arbeit warfen die Maurer die Werkzeuge hin: Putzen! Sie saßen schon lang am Tisch, da wuschen die Söhne noch die Werkzeuge und die Betonmischmaschine sauber. Warum wurden sie wie Hilfsarbeiter behandelt? Aber darüber dachte man in diesen Jahren noch nicht nach. Der Vater, der älteste Sohn, die Reihe der Söhne, dann kam die Mutter und die Reihe der Mädchen. Das war die Reihenfolge, und niemand wäre darauf gekommen, das in Frage zu stellen.

Er hatte beschlossen, es den Söhnen zu sagen, daß er das erste Stockwerk des neuen Hauses vermieten würde. Es war das Geld, das er brauchte, um die Schulden zahlen zu können. Am Freitag war er von der Arbeit erledigt. Am Samstag mußte er am eigenen Haus arbeiten, die Söhne mußten mithelfen. Er wollte seine Ruhe. Er wollte auch nicht die Musik hören, die jetzt aus dem Radio kam. Er ahnte, daß in dieser Musik ein Stück Aufruhr und Widerstand steckte und auf die Söhne überging. Er konnte nicht einen Aufstand der Söhne bekämpfen und ein Haus bauen und die Arbeit auch noch erledigen. Dazu kamen die Schulden. Damit nun die Ruhe am Freitagabend nicht gestört wurde, stiegen die Söhne auf die Lehne des Kanapees, um mit den Ohren möglichst nah am Lautsprecher zu sein. Die Hitparade hörten sich die Söhne an, es drang ganz seltsam aus dem Lautsprecher. Macht das leiser! knurrte der Vater, aber leiser ging es nun wirklich nicht. Was singt der da? sagte der Vater. Ich weiss es nicht, sagte der Sohn. Für was lernst du dann Englisch? sagte der Vater. Elvis Presley schluchzte »In the ghetto«, und der Sohn verstand etwas von einem armen Buben in einem Hinterhof und einer Pistole und stellte sich selbst in der Rolle vor. Tut die Negermusik weg, sagte der Vater. Es ist ja eh gleich aus, sagten die Söhne. Und geht vom Kanapee herunter, die ganze Lehne ist schon weggetreten, wir können uns kein neues leisten. Es ist ja eh gleich aus, sagte der zweitälteste Sohn. Das wurde ihm zuviel, er ging zum Radio und stellte es ab. Nicht einmal Lieder im Radio waren erlaubt, das war zuviel. Ich kauf mir ein Radio, ein eigenes Radio, hämmerte es in den Köpfen. Und überhaupt, sagt er kalt, nur damit ihr es wißt, ich werde den ersten Stock vermieten, das Geld langt noch nicht. Wir müssen halt dann doch wieder zusammen unten wohnen, es wird schon gehen, und es ist ja nicht für immer. Mieter habe ich auch schon, es sind zwei alte Frauen, die eine Rente kriegen. Da ist die Miete sicher.

Ein ganzes Gedankengebäude, aus Vorfreude auf ein eigenes Zimmer mit eigener Musik und Ruhe vor den anderen erbaut, brach krachend in den Söhnen zusammen. Alles umsonst. Die ganze Schufterei war umsonst. Für fremde Menschen hatten sie sich das alles angetan, für andere hatten sie geschuftet. Und die Wohnverhältnisse würden die gleichen bleiben, nur hatten sie dann auch die fremden Menschen im Haus. Für die also hatten sie das alles auf sich genommen. Er hat das von Anfang an gewußt, hämmerte es in ihnen. Er hat es von Anfang an gewußt, er hatte sie betrogen, wie er sie um die Ersparnisse gebracht hatte, und dafür durfte man sich nicht einmal Musik anhören. Es merkte keiner, aber an diesem Freitag Abend wurde eine Familie zersprengt. Was so mühsam zusammengehalten hatte, das pendelte sich jetzt in erbitterten Widerstand, jetzt gab es nur noch Gegner. Alle waren wohl ungerecht zueinander, es war die Arbeit einfach zu viel geworden, sie hatten die Triebfeder, die den Zusammenhalt in einer Familie bildet, überzogen, überstrapaziert, etwas war zerrissen.

Der Vater ging ins Wirtshaus. An diesem Abend schlich sich der älteste Sohn ohne die Einwilligung des Vaters zum ersten Mal aus dem Haus und ging in ein Wirtshaus, von dem er wußte, daß er den Vater dort nicht antreffen würde. Mochte morgen der Vater toben, es war ihm egal, er würde ihm halt anbieten, dann nicht mehr mitzuarbeiten. Er spürte plötzlich, daß auch er Macht hatte. Er würde nun das Prinzip des Vaters einfach umkehren.

Ab jetzt wurde die Arbeit am Haus brutal. Er konnte ja keine Gemeinsamkeiten mehr vermitteln, sie glaubten ihm nichts mehr. Sie drückten sich vor der Arbeit, wo immer es ging, sie ließen ihn einfach allein. Das ist dein Haus, sagten sie, jeder Vorwand war willkommen, um vor der Arbeit zu fliehen. Und mit grausamer Zufriedenheit sahen sie, wie weh sie ihm taten, wenn sie am Samstag Nachmittag abhauten und ihn allein ließen. Sie gaben ihm keine Möglichkeit mehr, ein menschliches Wort zu wechseln, sie ließen ihn einfach allein. Er konnte sagen, was er wollte, es war sinnlos, sie hörten innerlich nicht mehr zu.

Du kannst sagen, was du willst, dachte der älteste Sohn, nächstes Jahr bin ich 18, dann ist auch das Haus endlich fertig, dann bin ich weg. Jetzt kannst du mir noch etwas anschaffen, nächstes Jahr kannst du das nicht mehr.

Es ging auf Weihnachten zu. Die Mutter hatte Angst vor dem Fest. Denn da konnte dann keiner mehr aus, man musste um einen Tisch sitzen, und es würde dann alles herauskommen, davor hatte sie Angst. Es ist ja ein gefährliches Fest, das Fest des Friedens, der Raum ist voller Sprengstoff und keiner kann sagen, was passiert, wenn die Kerzen angezündet werden.

Darüber stand der Rohbau wie eine schwarze, drohende Ruine. Es regnete. Grau und düster begann der Tag. Aber er sollte so nicht enden, beschloß die Mutter. Wir ziehen doch heute in das neue Haus. Fertig ist alles, wir tragen halt schnell das Nötigste hinüber. Sie hoffte, daß mit diesem improvisierten Umzug die Stimmung sich aufhellen würde. Es sollte ein Weihnachtsabend sein, an dem man all die Mühen sehen sollte, an dem Lohn für die Arbeit ausgeteilt werden sollte. Ein Abend mit Zentralheizung. Die Mutter begann, mit allen Kindern die Möbel und Habseligkeiten, die wenigstens für diesen Abend notwendig waren, über die Straße ins neue Haus zu schleppen.

Er konnte nicht mehr, er hatte von all dem Trubel genug, er war auch gar nicht mehr gefragt worden, das tat ihm weh. Er ging in den Keller, schaltete die Betonmaschine ein und betonierte den Estrich in einem Zimmer. Das hätte freilich warten können, aber er weigerte sich selbst auf die Bitte seiner Frau hin, die Möbel in das neue Haus zu schleppen. So zerrten also die Mutter und die Kinder die Sachen über die Straße, er betonierte stur und wortlos im Keller.

Es wurde ein Provisorium, es war einfach nicht zu schaffen, der Entschluß war zu schnell gekommen. Einkaufen mußte auch noch jemand. Kaufts, was mögts, mir ist es egal, sagte die Mutter, ich kann nicht mehr. Die Tränen rannen über ihr Gesicht. Die Kraft, die auseinanderstrebenden Teile zusammen zu halten, hatte sie nicht mehr.

Den Christbaum hatte immer der Vater aufgestellt. Das mußten jetzt die Söhne übernehmen. Er weigerte sich einfach, er nahm es nicht zur Kenntnis, dass an diesem Tag ein anderer Tag war. Zur Christmette zog er sich dann doch um, ging mit den jüngeren Kindern zur Kirche, die Mutter schmückte den Baum. Kahl war der Raum, verloren stand der Christbaum in der Ecke. Die zwei ältesten Söhne halfen der Mutter beim Schmücken des Christbaums, gingen dann ins Wirtshaus. Zwei Mal mußte ein Mädchen ins Wirtshaus laufen, die Söhne doch heimzubitten. Der Wirt wollte auch seine Ruhe, er sperrte die Wirtschaft zu, jetzt mußten sie nach Hause gehen. Sie legten sich beide ins Bett. Die Mutter bat den drittältesten Sohn, die Brüder doch zur Bescherung zu wecken.

Die Söhne erschienen vor dem Christbaum, sagten zu

den Geschenken aufdringlich und aggressiv immer nur: schöne Geschenke, schön, schön. Ihr braucht nichts mehr essen, ihr könnt wieder ins Bett, sagte der Vater. Danke, sagte der jüngere von beiden. Nur das Weihnachtsfest hielt ihn davon ab, zuzuschlagen. Hätte er zugeschlagen, sie hätten wahrscheinlich gegen ihn zusammengeholfen. Er spürte das. Das Haus war fertig.

Die Leute bewunderten den Zusammenhalt in dieser Familie. Die mögen noch arbeiten, sagten alle. Nach außen hin war alles in Ordnung, sie hatten gemeinsam ihr Ziel erreicht. Was eine gemeinsame Hülle hätte werden sollen, hatte Sprengkraft entwickelt.

Angela Krauß

Dezember mit meiner Großmutter

Wenn ich plötzlich an sie denke, ist es wie ein Schreck.

Seit kurzem erst. Wie beim Auspacken eines Weihnachtspakets, das ein Jahr lang hinten im Schrank liegenblieb, vergessen, und dessen Inhalt auf einmal tief in anderen Zusammenhängen verborgen ist.

Früh um halb vier stand ein Paar im frisch gefallenen hohen Schnee an der Bushaltestelle eines Dorfes im Erzgebirge. Noch kein Schneepflug war gekommen. Der Schnee wehte mit leisem Gesang durch den Laternenschein auf das Hütchen meiner Großmutter. In der am Vorabend ausgeschaufelten Schneise stand sie bis zu den Schultern, so klein war sie, ihre Stiefel klappten um die Waden und ihre inbrünstigen Seufzer segelten wie Wolken über dem Schnee. Mein Großvater stand neben ihr, ein Quader in seinem Nachkriegsulster, die Handprothese in dem schwarzen Lederhandschuh mit einem auffallend großen Paket behangen.

Jedes Jahr am 25. Dezember zwischen vier und neun

Uhr früh arbeiteten sich meine Großeltern aus ihrem erzgebirgischen Dorf mit drei verschiedenen Verkehrsmitteln durch Schneekatastrophen, Bahnverspätungen und Bushavarien zu unserem weihnachtlichen Kinderzimmer vor.

Ich kniete am Fenster und sah in das Schneetreiben, aus dem sich ganz in der Ferne zwei schwarze Punkte näherten, zwei Gestalten, die mit Kartons behängt waren, zwei Menschen mit frostrot gebrannten Gesichtern, die manchmal stehenblieben, aber gleich weiter vorstießen in die nächste Flockenböe hinein, mit erhobenem Kopf und erzwungenem Gleichmut mein Großvater und mit vom Gewicht einer Schneewehe verrutschten Hut meine Großmutter.

Was für eine Großmutter! Sie faltete sich aus dem Mantel, aus der Schafwolljacke, die sie unter den Qualen ihrer Ungeduld einmal zusammengestrickt haben mußte, fahrig und nachlässig und bestimmt an den Seiten schief, riß sich das Perlontüchlein vom Hals, stand in Rock und Perlonbluse im kalten Korridor, und auf ihr glühendes Gesicht taute die Schneewehe aus der Hutkrempe herab. Jetzt entstieg ein scharfer Lavendelduft ihrem Blusenausschnitt, so scharf, wie ihr erzgebirgisches Schlafzimmer roch, wenn im Januar die Atemwölkchen über den Nachtmützen meiner Großeltern gefroren.

Und der Schnee wie ein armstarkes Seil auf der Winde knirschte unter den Stiefelsohlen der Bergleute.

Und die Stimmen der Bergleute um vier Uhr früh, wenn sie unter dem Schlafzimmerfenster vorbeimarschieren: wie in einem Zelt aus Löschpapier …

Mein Großvater winkelte den Ellenbogen, so daß die Holzhand nach oben schnellte, und ich hängte das Paket wie von einem Haken ab.

Ich war ein geduldiges Kind, ich brachte es fertig, Pakete einfach liegen zu lassen, weil ihr Geheimnis sie zu einem Jemand machte, mit dem es mich nach Austausch verlangte. Mit ihrem unergründlichen Innern setzte ich mich in immer neue Verhältnisse, abends im Vorbeigehen sagte ich in das Schrankversteck hinein: Egal was geschieht, wir gehören zusammen! und verstauchte mir am Morgen beim Absprung aus dem Doppelstockbett den Fuß. Vier Tage verbrachte ich im Liegen mit kühlenden Umschlägen, und das verschnürte Paket lag neben mir wie ein Bernhardiner mit vor Mitleid triefenden Augen, die gnadenlos ausdrückten: Dein Mißgeschick ist nichts gegen alles, was dich erwartet.

Das unaufgeschnürte Paket ist die einzige Wahrheit, die der Mensch kriegen kann, und das habe ich schon im Alter von sieben Jahren begriffen.

Meine Großmutter umfaßte mich mit ihren nackten Armen, ich war schon fast so groß wie sie, und drängte mich mit dem Paket und den Worten ins Weihnachtszimmer: Nu machs ner auf!

Meine leidenschaftliche, ungeduldige Großmutter!

Ein einziges Mal in ihrem langen Leben als Weißnäherin, Büglerin, Wäscherin und Kleiderkammerfrau im Uranbergwerk war sie dick gewesen: während einer vierwöchigen Kur in der Weltwirtschaftskrise. Sie mußte nur Pudding essen und schlafen. Als Kurziel für die unterernährten, abgerackerten Witwen und Mütter war die 25-Pfund-Grenze gesetzt. Wer 25 Pfund zunahm, erhielt Stoff für ein neues Kleid als Prämie. Meine Großmutter verfehlte knapp die Marke. Sie war zu ungeduldig. Je näher das Ziel rückte, desto ungeduldiger wurde sie, und die Ungeduld fraß beim Liegen und Schlafen die Pfunde wieder auf, die meine Großmutter das erste Mal in ihrem Leben so hemmungslos in sich hineinlöffelte. Seufzend verließ sie den Ort des Überflusses und wurde nach vier Wochen von anderen als Schatten ihrer selbst glücklich wieder erkannt.

Manchmal denke ich ganz plötzlich an sie, mitten in einem Adventscenter oder in einem Erzgebirgsshop stehe

ich unter den Blicken hunderter Nußknacker aus Eiben-
stock und Taiwan, unter dem prachtvollen Werk der De-
korateure, in den Lichtorgeln der Zukunft und denke an
sie.

Immer lag eine leichte Erregung auf ihrem Gesicht, ein
Glühen. Wenn sie den Weihnachtsbaum schmückte, fiel er
zwei- oder dreimal um, und am Ende stand er da, ein bißchen schräg, unter zerzaustem Lametta, irgendwie erregt
wie sie selbst.

Meine Großeltern wohnten dreißig Jahre lang in einem
Haus am Fuß einer Uranhalde im ehemaligen Radiumbad
Oberschlema. Zu den Schichtwechselzeiten marschierten
mehrere hundert Bergleute unter den Fenstern vorbei;
manche trugen kleine Brocken aktiven Gesteins unter ihrer Kluft am Körper verborgen. Einigen glückte es immer
wieder, Stücke des wertvollen Materials aus den Schäch-
ten zu schmuggeln.

Im Alter wandte sich meine Großmutter dem Glauben
zu. Sie verschwand fast in der Kirchenbank und sang von
allen am lautesten und inbrünstigsten unter ihrem Hütchen. Einen Tag nach ihrem 80. Geburtstag erschien der
junge Pfarrer, und sie trank mit ihm alle neun Likör- und
Weinbrandflaschen an und gab ihm mit einer leidenschaft-
lichen Geste den Rest mit.

Das letzte Mal sah ich sie am ersten Advent; sie hatte
darauf bestanden, wenigstens drei Stollen zu backen, und
war dabei, zwei Stücke gute Butter und ein Pfund Staub-
zucker darüber zu träufeln, hemmungslos seufzend vor
Anstrengung, Appetit und Lust. Am Ende setzte sie Wasser auf, ließ es mich heiß in eine kleine gelbe Plastikwanne
schütten, der Duft der warmen Stollen füllte die Wohnkü-
che, meine Großmutter entkleidete sich, stieg in die
Wanne ein, ich faßte sie ängstlich unter, aber sie winkte
nur ab und rief mir untertauchend zu: Ich steig mitm
HERRN in mei Wännl, und mitm HERRN steig ich wieder raus.

Drei Wochen später, zwei Tage vor Weihnachten, fiel ihr ein, sie könnte noch Plätzchen backen, wie in allen Jahren. Aus irgend einem Grund hatte sie das vergessen, verschusselt. Sie warf im Handumdrehen einen Teig zusammen, knetete ihn lange durch, unter lautem Stöhnen, dann fand sie die Ausstechformen nicht, wurde sie etwa vergeßlich? Sie nahm den Zahnputzbecher dafür, schob drei Bleche übereinander in den Ofen, wischte mit dem Streichholz über den alten, verrußten Gasbrenner, und unendlich zögernd sprangen die Flämmchen auf, jedes einzeln, viele gar nicht, schließlich riß ihr der Geduldsfaden, sie pustete noch einmal, viel zu kräftig, in den Ofen, um die Glut anzufachen, dann setzte sie sich in der Küchensofaecke zurecht, schlief ein bißchen, seufzte ein bißchen – und das Leben meiner Großmutter hatte sich unversehens vollendet.

Sie war eben bis zuletzt zu ungeduldig, sie konnte es nicht erwarten.

Damals, als ich sieben Jahre alt war und mich ihre nackten Arme und der scharfe Lavendelduft aus ihrem Blusenausschnitt umfingen, drängte sie mich ins Weihnachtszimmer, trat von einem Bein aufs andere, rang ihre roten, erstaunlich kräftigen Waschfrauenhände, während ich unentschlossen am Paketfaden nestelte, unter andauerndem Rufen: Nu machs ner schu auf!, riß sie endlich das Weihnachtspapier selbst weg und beugte sich mit glühenden Backen und ihren großen, immer so erwartungsvollen Augen über den länglichen Karton, aus dem durch ein Fenster aus Zellophan hindurch das starre, wächserne Gesicht einer lebensgroßen Puppe sah.

Fredis vierter Advent

So, Fredi,
jetzt machen wir es uns
so richtig gemütlich.
Du setzt dich auf die Couch,
und ich setz mich neben dich,
und dann schauen wir einmal,
was deine Franzi für dich hat.
Ein selbstgebackenes Haselnußlaiberl!
Da freut sich einer.
Gell?
Und jetzt zwei von den selbstgebackenen Haselnuß-
makronen!
Und gleich noch
eins von den Bananenmakronen!
Oder vielleicht doch lieber vorher
ein selbstgebackenes Berner Makronenküchli?
Das schmeckt meinem Fredi.
Gell?
Und alles selbst gebacken.
Fredi, was sagst du jetzt?
Alles selbst gebacken!
Auch die Mandel-Anis-Sterne,
die feinen,
aus echter Marzipanrohmasse
und mit drei Eiern!
Nur für meinen Fredi!
Gell,
Fredi?
Und die Honigkuchenschnitten mit den halbierten Para-
nüssen
haben dir doch letztes Weihnachten
schon so gut geschmeckt!

Das ist ein Rezept von der Tante Berta!
Gell,
die schmecken meinem Fredi,
die Honigkuchenschnitten mit den halbierten Paranüs-
sen,
auch wenn die Tante Berta früher immer
geviertelte Walnüsse genommen hat,
weil's damals noch keine Paranüsse gegeben hat
in der schlechten Zeit.
Schön aufessen, Fredi!
Sonst kriegst auch keine gepuderten Zimtsterne.
So ist's brav.
Da freut sich deine Franzi.
Gell?
Deswegen gibt's als Belohnung
auch einen böhmischen glasierten Zitrusstern.
Süßsauer, Fredi.
Und was haben wir da?
Einen bestrichenen Zimt-Lebkuchen-Würfel
mit Orangeat,
Zitronat
und Glutamat!
Und was haben wir da?
Ein Soojee Kul Kuls!
Ein originalindisches Weihnachtsplätzchen,
wenn der Inder Weihnachten feiern würde.
Gell?
Ein Soojee Kul Kuls!
Vielleicht doch lieber
eines von meinen Vanillekipferln!
Das geht schon noch.
sonst ist deine Franzi böse!
So, und jetzt meine kandierten Früchte!
Was sagst du?
Es geht nichts mehr. Eines geht immer. Man muß nur
wollen.

Fredi, du,
wenn du jetzt die kandierten Früchte ißt,
dann kriegst heute noch ganze andere Früchte
von deiner Franzi.
Aber zuerst mußt du meine Ingwerhäufchen probieren.
Und die feinen Kokosmakronen
passen auch noch rein.
Ja, runteressen mußt du schon!
Und die würzigen Elisenlebkuchen!
Gell,
die schmecken!
Was schnaufst denn so, Fredi?
Noch die Mandelkipferl,
die Mandelkrokantplätzchen,
die Mandeltaler.
Alles mit Mandeln!
Und für jede Backe eine Walnuss-Nougat-Kugel!
Was hast denn für einen stieren Blick, Fredi?
Geh, eine Pfeffernuß
vertragst du schon noch,
Fredi,
eine klitzekleine Pfeffernuß!
Und ein Nußbusserl von deiner Franzi
und einen russischen Kosakenzipfel
mit Zimt und viel Vanille
und ein dänisches Dattelplätzchen mit
Feigenrolle!
Schau, und das ist was Neues:
Quittenkonfekt und Schwarz-Weiß-Gebäck!
Das hab ich von der Beate, die muß das jedes Jahr für den
Pit backen!
Mußt du jetzt wirklich so schnaufen, Fredi?
Schau, zur Abrundung noch
einen Spekulatius,
ein Springerle,
einen ostfriesischen Stutenkerl mit Rumrosinen!

Jetzt haben wir's eh schon gleich geschafft,
Fredi!
Noch zwei Aachener Printen und Frankfurter
Brenten!
Fredi! Fredi!
Du, vergiß mir vor lauter Schnaufen nicht das Weih-
nachtsgebäck
Fredi, ist was? Fredi!
Ja, sag mal!
Sag was, Fredi!
Warum sagst du nichts?
Was röchelst denn?
Ist dir was im Hals stecken geblieben?

Da stellt man sich tagelang in die Küche
und backt und backt und backt!
Und als Dank dafür wird man bloß angestiert!
Und das schon länger als drei Minuten!

GÜNTER HERBURGER

Weihnachtslied

Wir haben einen Baum daheim,
drei Meter hoch und grün,
das Dach des Hauses wackelt schon,
das Christkind turnt am Fernsehmast
und schaut uns an,
ob wir zufrieden sind.

Schnee, Schnee,
ohne ihn
täte Weihnachten weh,
fiele ins Wasser
wie ein Stein ins Meer.

Ein Esel kommt zur Tür herein
und verlangt nach Heu,
ein Hase zieht die Stiefel aus
und legt sich auf das Kanapee,
Marie und Joseph sitzen hin
und singen mit uns leis.

Schnee, Schnee,
ohne ihn
täte Weihnachten weh,
fiele ins Wasser
wie ein Stein ins Meer.

Das Kindlein hat sich naß gemacht,
braucht Windeln um den Bauch,
wir laufen durch die ganze Stadt
und kaufen alten Möhrensaft,
der noch stopft in dieser Nacht,
wir mögen ihn nun auch.

Schnee, Schnee,
ohne ihn
täte Weihnachten weh,
fiele ins Wasser
wie ein Stein ins Meer.

Ein Vogel wartet an der Tür,
ist krank und matt, braucht Trost,
Soldaten schieben ihn herein
und legen ihre Waffen ab,
im Heimatland Vergißmeinnicht
braucht jeder starken Most.

Schnee, Schnee,
ohne ihn
täte Weihnachten weh,
fiele ins Wasser
wie ein Stein ins Meer.

Acht Löchlein hat die Flöte,
zehn Finger hat die Hand,
die Kerzen brennen sacht herab,
es tropft und zischt,
die Angst erlischt,
wir bleiben in dem Land.

Schnee, Schnee,
ohne ihn
täte Weihnachten weh,
fiele ins Wasser
wie ein Stein ins Meer.

Weihnachten sind wir alle gleich,
danach nicht mehr so sehr,
wir gehen trotzdem um den Baum
und essen bitteren Mandelklee,
als seien wir schon Riesen,
vergrößert immer mehr.

Schnee, Schnee,
ohne ihn
täte Weihnachten weh,
fiele ins Wasser
wie ein Stein ins Meer.

Ausgerechnet zu Weihnachten

INGRID NOLL

Mariae Stallwirtschaft

Schon als Teenager wünschte ich mir einen Stall voller Kinder. Ich war eine begehrte Babysitterin: Bei Rebekka, Miriam, Anna, Deborah, Delilah, Sarah und Hannah habe ich die Kleinen gehütet; ich erschien pünktlich, war eine zuverlässige Aufpasserin, eine geduldige Krankenpflegerin und eine liebevolle Spielkameradin. Die Kinder rissen sich um mich, die Mütter empfahlen mich weiter. Zur Belohnung erhielt ich zwar keine Silbermünzen, sondern Naturalien – drei Ellen rosa-grün gemusterten Kattun, frische Feigen und Granatäpfel, ein wenig Haschisch oder Sorbet, Bergamotte-Öl oder Sandalen aus Ziegenleder. Ich sah übrigens mit zwölf Jahren sehr niedlich aus, meine Eltern waren sicher, daß sie einen gesalzenen Brautpreis verlangen konnten. Auf keinen Fall wollten sie diese wichtige Angelegenheit dem Zufall überlassen.

Als ich dreizehn wurde, wußte ich aber bereits genau: Ich wollte nicht heiraten, ich mochte keine Männer. Nein, ich war keineswegs lesbisch, das nun auch nicht. Aber es bereitete mir Unbehagen, wenn ich beim Kinderbetreuen die abgeschirmten Doppelbetten sah, wenn ich Geräusche von nebenan hörte, die mich ängstigten, wenn ich mir vorstellte, was passieren mußte, bevor ein Kind auf die Welt kam. Meine Eltern lächelten, wenn sie mich hörten. Sie hielten mich noch zu jung für die Liebe und waren der festen Meinung, ich würde früh genug meine trotzige Haltung aufgeben.

Eigentlich will ich nicht über die Zeit meiner Pubertät reden. Es war ein einziges Aufbegehren gegen die Pläne meiner Eltern, ein einziger Kampf um meine Selbstbestimmung. Kinder wollte ich zwar, aber keinen Mann. Vater und Mutter hoben die Hände gen Himmel über meine Unvernunft. »Herr, erhöre uns«, beteten sie, »daß unsere geliebte, aber störrische Tochter endlich ein Einsehen hat!«

Es ist hinlänglich bekannt, daß nicht ihre, sondern meine Bitte erhört wurde. Ich wurde schwanger, ohne mich in ein eheliches Leben begeben zu müssen. Höheren Ortes war man schon lange auf der Suche nach einer geeigneten Leihmutter, wie mir ein geheimnisvoller Bote mitteilte, der sich im übrigen ziemlich nebulös ausdrückte. Es mag auch sein, daß ich vor Aufregung nur die Hälfte seines Angebots verstand.

Ganz ohne Kompromisse ging es natürlich nicht: Um einen Skandal zu vermeiden, wurde mir der alte Joseph an die Seite gestellt, der keinen müden Silbersekel besaß. Mein Vater erhielt keinen Brautpreis, ich zur Strafe keine Aussteuer, obgleich ich mir bloß einfache assyrische Alltagskeramik wünschte. Joseph ist mit meinen Eltern ein sogenanntes Gentleman's Agreement eingegangen: Im Tausch gegen die Josephs-Ehe zahlte man ihm eine bescheidene Altersversorgung.

Nun, der Joseph war nicht unbedingt falsch, wenn er bloß nicht so unpraktisch wäre. Alles muß man ihm dreimal sagen. In seiner großen Güte wird er beim Krämer beschissen, läßt sich das klapprigste Kamel andrehen und gibt jedem Bettler ein Almosen, wo wir doch selbst nichts als Linsen zu essen haben. Unsere Wohnung in Nazareth verdient diesen Namen kaum. Joseph hat in den felsigen Boden eine Höhle gehauen, in der es von oben tropft, von vorne zieht und der Boden völlig uneben ist. Die Haustür aus Zedernholz hat sich so verzogen, daß unser Esel den Kopf durch die Ritzen stecken kann. Jede Kerze geht aus, alle Bettdecken werden klamm, das Essen schimmelt. Die Nachbarn haben es immerhin geschafft, dass das Wasser abfließt, der Rauch abzieht und gute trockene Luft einströmt. Ach Joseph! Angeblich soll er auf Zimmermann studiert haben, aber von einem Geodreieck hat er noch nie etwas gehört, Lineal und Zirkel sind ihm unbekannt. Einzig das Augenmaß ist für ihn maßgeblich, und da hapert es eben, wenn man ein gewisses Alter erreicht hat und die Brille noch nicht erfunden ist.

Wenn ich auch die Volkszählung bloß wegen einer blöden Steuererhebung für völlig überflüssig hielt, so war mir die Reise nach Bethlehem in Judäa nicht unwillkommen, denn ich hatte absolut keine Lust, in diesem feuchten Loch meine Tochter zu bekommen. Ein hübsches Hotel mit Bedienung war ganz nach meinem Gusto. Hebammen gibt es schließlich überall. Ja, nun ist es heraus. Ich rechnete selbstverständlich mit einer Tochter. Susanne sollte sie heißen. Mit Jungs konnte ich nie viel anfangen, ihre blöden Kriegsspiele mit hölzernen Streitäxten sind mir verhaßt. Kleine Mädchen kann man so viel hübscher anziehen, ägyptisches Leinen in blauem und rotem Purpur oder Karmesin zu winzigen Tuniken verarbeiten! Mit Mädchen kann man Safrantörtchen und Sesamkringel backen, Puppenkleider weben und Blumenkränzchen flechten. Die lästige Beschneidung entfällt. In meiner damaligen Naivität kam ich gar nicht darauf, daß sich ein Höherer Herr als erstgeborenes Kind auf keinen Fall ein Mädchen wünscht.

Als wir nach Bethlehem aufbrachen, bereitete ich unser übliches Frühstück aus Oliven und Brot und ließ die Zwiebeln weg, die mir angesichts meines hochgewölbten Leibes nicht mehr bekamen. Joseph kleckerte noch Öl auf die Strohmatte, aber das war mir egal. Dann wurde ich auf den Esel gepackt, und schon war die Katastrophe vorhersehbar. Wieviel komfortabler wäre ein Maultier gewesen! Unser Esel – er heißt Tobias – ist ein Musterexemplar an Dummheit. Bisher hatte er einzig als Lasttier gedient, nun mußte er es sich gefallen lassen, daß ich von Joseph hinaufgehievt wurde. Er warf mich einfach ab – man bedenke, wie gefährlich das war! Ich war schließlich im achten Monat. Wäre Joseph nicht ganz so tölpelhaft gewesen, er hätte mit dem Vieh geübt bis zur Perfektion.

Der Ritt auf dem schwankenden Esel auf holprigen Karawanenwegen, mein ständiger Durst, die fortgeschrittene Schwangerschaft – das alles führte dazu, daß ich häufig trinken oder ein Gebüsch aufsuchen mußte. »Joseph, ich muß mal!« waren auf dieser Reise meine häufigsten Worte. Nie gehorchte er sofort. Hier könne man schlecht halten, da sei kein Schatten oder es wüchse kein einziger Busch in der Nähe. »Warte bis zur nächsten Quelle, der Esel muss dringend getränkt werden!« Natürlich war das Grautier wichtiger als ich. Abends wurde gekocht. Wer, wenn nicht ich, hat Feuer gemacht und Wasser geholt? Joseph – zugegebenermaßen mußte er zu Fuß gehen – war immer derart erschöpft, daß er zu keinem Handstreich mehr zu gebrauchen war. Wenn er kochen sollte, kramte er aus der Satteltasche ein paar Datteln heraus und das wars. In dieser Hinsicht bedauerte ich es schon, daß man mir keinen jüngeren Kerl verordnet hatte.

Unangenehm auf dieser Reise waren vor allem die Kakteenhaine, die kaum Schatten oder Sichtschutz gewährten.

In besonders unguter Erinnerung ist mir der kahle Dornwald, wo mein großes blaues Umstandstuch hängenblieb und einen Riß bekam. Joseph, der Träumer, hatte aber nur Augen für die einzige rote Blüte, die nun wiederum für einen Weihnachtskaktus nichts Besonderes ist.

Und dann kam die Pleite mit den Herbergen. Alles belegt, und bei mir setzten die Wehen vorzeitig ein. Kein Wunder, wenn man täglich acht Stunden lang auf einem Esel geritten ist. Bethlehem, dieses Kaff mit kaum 1000 Einwohnern, liegt 770 m über dem Meeresspiegel, die letzte Strecke war eine Tortur.

Es war ja noch ein Glück, daß wir auf den Stall stießen, denn ich befürchtete schon, das Kind auf dem Esel kriegen zu müssen, und das ausgerechnet am Heiligen Abend! Ich warf mich aufs Stroh, stöhnte und kommandierte gleichzeitig den Joseph herum. »Feuer machen, Wasser aufsetzen, Krippe putzen, den fremden Ochsen anbinden!« Unser Esel schrie übrigens viel lauter als ich, er fürchtete sich vor dem Ochsen. Mein Gott, wenn die Hirten nicht gekommen wären, Joseph hätte es nie allein geschafft. Immerhin waren sie erfahrene Geburtshelfer – auf veterinärem Sektor – und hatten schon mal das Wort abnabeln gehört. Aber keiner war auf die Idee gekommen, seine Frau zu holen, von einer Hebamme mit Mohnkapsel ganz zu schweigen. Sicherlich, es war gut gemeint, ein paar Geschenke mitzubringen. Aber mußten es ausgerechnet lebendige Lämmer sein! Geschlachtet und ausgenommen, besser noch, gekocht oder gebraten, wären sie viel nützlicher gewesen. Auf die Idee, dass man Weihnachten ganz gern eine Gans essen würde, kam auch keiner. Und ist es nicht naheliegend, ein paar Meter gewebten Wollstoff mitzubringen statt einen Berg ungesponnene Rohware? Stundenlang wurde mit Joseph über die Reiseroute und das Alter des Esels debattiert, anstatt rasch ein Mutterschaf zu melken. Und wie sie alle den Stern anglotzten! Natürlich verdanke ich dem Stern auch den Besuch der Heiligen Drei Könige. Ich will es mir ersparen, über ihre Geschenke herzuziehen, immerhin kann man sie bei Gelegenheit wieder verkaufen. Jedenfalls war keine einzige Windel dabei.

Übrigens habe ich anfangs von einem Stall voller Kinder gesprochen, aber der Stall war natürlich nicht wörtlich gemeint. Leider ist es aber insofern fast wahr geworden, daß ich zwar in einem Stall hause, aber bloß mit einem einzigen Kind. Wahrscheinlich wird das geniale Arrangement der Parthenogenese kein zweites Mal zustande kommen, und ich werde nie ein Mädchen bekommen. Die Männerwirtschaft wird also kein Ende nehmen; ich werde weiterhin alle bedienen müssen, ohne Tochter, die mir auf meine alten Tage zur Hand geht.

Mein kleiner Junge heißt Jesus. Dieser Name wurde ebenfalls von oben angeordnet, obgleich mir persönlich David besser gefallen hätte. Über meinen Sohn läßt sich eigentlich nichts Negatives sagen, obgleich er an all der Aufregung schuld ist. Er ist – Gott sei Dank – relativ pflegeleicht. Wenn ich an die vielen Kleinkinder denke, die ich als Babysitter betreut habe, dann schneidet er gut ab. Wenig Geschrei, guter Appetit, fester Schlaf. Auch Joseph sollte mehr als zufrieden sein. Aber, wie alte Männer halt sind, ständig gibt es was zu meckern. Er zeigte sich noch nicht einmal dazu bereit, das Kindlein zu wiegen – er habe Gichtknoten an den Händen, war seine windige Entschuldigung. Kein Gedanke daran, daß er gelegentlich den Kleinen wickelt – er ekelt sich angeblich vor vollen Windeln. Joseph versteht es gut, eine schlaflose Nacht vorzuschieben (weil mein Kind ein paar Seufzerchen ausgestoßen hat), um sich frühmorgens vorm unvermeidlichen Wasserholen zu drücken. In diesem Punkt sind die Hirten vorbildlich; allerdings habe ich schon bemerkt, daß sie scharf auf unseren Esel sind und ihn fürs Einkaufen gern ausleihen, dabei könnte man bei dem heutigen Weihnachtsverkehr auch ebensogut zu Fuß gehen, alle Straßen

Erik Liebermann

sind durch Kamele und Maultiere verstopft. Nun – von mir aus! Aber statt dankbar dafür zu sein, behauptet Joseph, sie seien große Umwege geritten und unser armes Tier wäre völlig erschöpft.

Als Jesus zwei Wochen alt war, wurde ein Fest gefeiert. Die Könige hatten – als ob sie nicht genug Überflüssiges mitgeschleppt hätten – ein Fäßchen Wein dabei. Einer der Hirten spielte ganz nett auf seiner Doppelrohrflöte. Es braucht sich nicht unbedingt herumzusprechen, aber ganz unter uns, muß ich es einmal sagen: Es kam zu einem regelrechten Besäufnis. Und der empfindliche Joseph, der doch seinen Schlaf so dringend brauchte, war die ganze Nacht über der Lauteste von allen. Nicht etwa, daß man mit Esel, Weinfaß und Flöte ein Stück weitergezogen wäre, nein – direkt im Stall wurde gefeiert. Man behauptete, mich und den Kleinen nicht allein lassen zu können. In Wahrheit waren sie aber zu faul, obgleich sie die gesamten Weihnachtsferien nur zum Ausruhen verwendet hatten. Bald waren sie auch zu torkelig. Anfangs sangen sie noch ganz hübsche Weihnachtslieder – zum Beispiel »Tochter Zion, freue dich« –, aber schon bald ging es in solches Gegröle über, daß mein Jesulein brüllte.

Nein, so ein rücksichtsloser Typ soll mein Sohn niemals werden. Ich werde ihn ganz anders erziehen und dafür sorgen, daß er kein Macho wird. Und wenn er selbst einmal Vater ist, und mich zur Großmutter macht, dann wird er sehr wohl seine Kindlein wiegen.

Das werden wir ja sehen!

ASTA SCHEIB

Frohe Weihnachten

Morgens, in der unwirklichen Zeit zwischen Schlaf und Erwachen, wo die Träume zurückfließen in die Nacht, fragte sich Roloff neuerdings, ob er seine Frau umgebracht habe. Für Sekunden schien sein Herz still zu stehen. Vielleicht hatte man doch Verdacht geschöpft, sammelte nur noch Beweise gegen ihn, versuchte nur, ihn in Sicherheit zu wiegen, um ihm dann umso leichter den Mord nachzuweisen. Doch wer könnte einen Verdacht gegen ihn haben? »Du Armer! Und ausgerechnet jetzt, so kurz vor Weihnachten!« sagten seine und Kristins Freunde, und Paul Roloff war ebenso dankbar wie irritiert. Wieso sollte Kristins Tod in der Weihnachtszeit tragischer sein, als wenn sie im Sommer gestorben wäre? Doch er musste froh sein, dass niemand Fragen stellte. Nicht einmal Kristins Mutter oder ihre beiden Schwestern schienen misstrauisch zu sein. Die Reaktion seiner Schwiegermutter empfand Roloff als gespenstisch: »Von Kind auf dieser Herzklappenfehler. Kristin hätte niemals rauchen dürfen. Jede Zigarette gab mir einen Stich. Aber Kristin ließ sich nie etwas sagen. Nun muss ich mir endlich keine Sorgen mehr um sie machen!«

Am meisten Angst hatte Roloff vor der Untersuchung des Hausarztes gehabt. Ganz bewusst hatte er keinen Notarzt geholt, als er Kristin am Morgen, als er ihr den gewohnten Abschiedskuss geben wollte, regungslos im Bett fand. Ihr hübsches, rundliches Puppengesicht mit dem vollen Mund war blass und eingefallen. Sofort hatte er gewusst, dass Kristin in der Nacht gestorben war, und er war einen Moment lang entsetzt, dass es ihn nicht erschütterte. Dr. Maurer war noch vor seiner Sprechstunde gekommen, hatte Kristin untersucht und sich dann mit einem resignierten Seufzer aufgerichtet: »Herzversagen. Mein Beileid. Das wird ein trauriges Weihnachten für Sie. Kann ich irgend etwas tun?« Um den Arzt loszuwerden und weil er glaubte, dass es passend sei, ließ Roloff sich Valium verschreiben, und der Arzt verabschiedete sich rasch, da seine Patienten auf ihn warteten. Er war ein gutmütiger, noch junger Mann, und Roloff spürte seine Verlegenheit, einen frisch verwitweten Mann so rasch abzufertigen. Kristin hatte ihm mit dem Zeitpunkt ihres Todes einen Gefallen getan.

Im Leben war sie ihm ziemlich lästig gewesen, und Roloff hätte nicht zu sagen gewusst, wann das begonnen hatte. Alles an Kristin war plötzlich falsch gewesen. Ihre Offenheit, ihr Verständnis, ihre Sanftmut und ihre naive Sicht auf das Leben brachten ihn ebenso auf wie ihr hilfloses Schweigen, wenn er ihr nachwies, dass sie Unsinn redete. Wie oft hatte seine Ungeduld ihn schon vor Redaktionsbeginn aus dem Haus getrieben, weil er Kristins um Verzeihung bittendes Lächeln nicht ertrug. Ihre Unterwürfigkeit, mit der sie ihm am Abend ihren vollen Mund zum Kuss entgegenhielt, aufdrängte. Zur Tortur war es für Roloff geworden, wenn Kristin musizierte. Durch Freunde war sie darauf gekommen, Querflöte zu üben, sie hatte dazu offensichtlich nicht die geringste Begabung, entwickelte aber dafür umso mehr Beharrlichkeit. Roloff hatte den Verdacht, dass Kristin täglich übte, um ihn eines Tages mit ihrer Meisterschaft zu überraschen, doch er ertrug weder den Anblick ihrer pummeligen, sich vergeblich abmühenden Finger, noch die grotesk aufgeblasenen

Backen, die ihm wie kleine Luftballons erschienen, wenn sie blies und dabei mit fast herausquellenden Augen auf Roloff sah, der nicht jedes Mal in seine Arbeit flüchten konnte.

Als Harriet in die Redaktion eintrat, eine junge Kollegin, die mit ihrem Witz, ihrer Schlagfertigkeit und ihrem Schreibtalent nur wenige Wochen brauchte, um sich im Kollegenkreis durchzusetzen, spürte Roloff fast körperlich, dass er in eine Sackgasse geraten war. Harriet ließ erkennen, dass Roloff ihr gefiel, sehr gut gefiel, aber er schaffte es trotz seiner Verzweiflung nicht, sich von Kristins rührender Anhänglichkeit zu lösen, sich Harriet zuzuwenden. Warum hatte er nur geheiratet! Roloff fragte sich das oft und oft, obwohl er wusste, dass er keine Antwort darauf fand. Dabei hatte ihn Kristins Sprechweise sofort irritiert. Kristin kam aus Stuttgart und suchte ihren Dialekt, der ohnehin nur als Färbung spürbar war, hinter einer gezierten Hochsprache zu verbergen, was aber aus der Sicht Roloffs nicht kultiviert, sondern künstlich klang. Lächerlich. Schon kurz nach der Heirat, als Kristin schwanger war und ihn mitschleppte zu ihrem Gynäkologen und als Roloff in einem Wartezimmer unter alten Frauen und Schwangeren saß, hatte er sich zurückgesehnt nach der Zeit seines Junggesellenlebens, wo er mit diesen unerotischen Frauengeschichten nichts zu tun hatte. Noch ehe Roloff sich darüber klar werden konnte, ob er sich überhaupt ein Kind wünschte, hatte Kristin eine Fehlgeburt erlitten. Es war, als würde Kristin ihre Hingabe noch steigern. Doch erst seit Harriet ihn auf ihre selbstbewusste Art lockte, wurde Roloff bewusst, dass er in der Falle saß. Woher sollte Roloff wissen, ob seine Sehnsucht nach der alten Freiheit, nach einem neuen Leben mit Harriet oder wer weiß welcher Frau ihn nicht dazu gebracht hatte, Kristin ...

Roloff schob diesen Gedanken wieder weg, aber es gelang ihm nicht. Immer wieder fragte etwas in ihm, ob

Kristin wirklich an Herzversagen gestorben war oder an einem Gift. Doch woher sollte Roloff dieses Gift bekommen haben? War er in einer Apotheke gewesen, hatte er nicht der jungen, attraktiven Apothekerin etwas von dem kleinen sardischen Haus berichtet, in dem es sich wegen der langen Abwesenheit immer die Ratten gemütlich machten? Hatte er die Apothekerin nicht sogar eingeladen, einmal dort die Ferien zu verbringen? Und wenn schon. Mörder haben gute Chancen, davonzukommen. Roloff hatte es erst neulich in der Zeitung gelesen. Jährlich werden 18 000 nicht natürliche Todesfälle bei der Leichenschau übersehen. Es sollte deshalb bald, schon im nächsten Frühjahr, eine neue Verordnung in Kraft treten, bei der die Leichenschau zwingend an der vollständig entkleideten Leiche vorzunehmen sein würde. Die Untersuchung, so hieß es, habe unter Einbeziehung aller Körperöffnungen und -regionen, auch am Rücken und der behaarten Kopfhaut stattzufinden.

Hatte er sich deshalb beeilt, Kristin schon jetzt, vor Weihnachten, umzubringen? Die neuen Formulare für die Todesbescheinigung hätten wahrscheinlich auch den sympathischen Dr. Maurer unter Druck gesetzt. Hatte Roloff das ebenso vermeiden wollen wie die neue Bestattungsverordnung, nach der nur der Notarzt ohne gründliche Untersuchung eine vorläufige Todesbescheinigung ausstellen durfte? Roloff war sich nicht sicher, ob man ihm den Mord an seiner Frau zutrauen würde. Zumal er ja nicht einmal wusste, ob er Kristin tatsächlich umgebracht hatte. Inzwischen war ihr Tod schon eine Woche her. Eine Ewigkeit.

Und mitunter dachte Roloff, eine magische Kraft habe ihn von seinen Ängsten befreit.

Roloff trat hinaus auf die Maximilianstraße, wo er mit geöffneten Lippen die abgasgetränkte Luft einatmete, und er dachte undeutlich daran, dass er in einer der teuren Drogerien ein neues amerikanisches Parfüm ausgestellt gesehen hatte, das den Duft von Asphalt versprach. Sofort nach der Beisetzung wollte Roloff einen Flakon davon besorgen und seine Wohnung damit einsprühen, die nach dem starken, französischen Parfum und den Puderwolken roch, mit denen Kristin ihre Umgebung schier erstickt hatte.

Auf der Maximilianstraße waren ziemlich viele Leute unterwegs. Heute war Heiligabend, und Roloff sah wie zum ersten Mal die leuchtenden Lichterbögen über der Straße, die festliche Weihnachtsdekoration in den eleganten Schaufenstern. In den spiegelnden Scheiben einer Buchhandlung erkannte er sich selbst, einen schmalen, hochgewachsenen Mann mit glattrasiertem Schädel, und er hatte das Gefühl, der Moment, den er gerade erlebte, sei in Wahrheit längst vergangen, und er selbst, vor dieser Buchhandlung stehend und sich anschauend, sei nur ein Bild seiner eigenen Erinnerung.

Roloff kannte dieses Gefühl, und seit Kristins Tod hätte er es gerne öfter erlebt, aber wenn er es sich wünschte, verschwand es wieder, und Roloff spürte, wie sich das altgewohnte Leben der Maximilianstraße wieder in sein Bewusstsein drängte, die herausgeputzten Leute mit ihren großen und kleinen Hunden, den Einkaufstüten der teuren Boutiquen und den Nobelkarossen, denen ältere Frauen mit totgelifteten Gesichtern entstiegen, aber auch schöne, junge, die ihre gestylten Mähnen schüttelten und französische Krawatten für ihre Freunde kauften, von denen sie als Weihnachtsgeschenk ein Sportauto erwarteten.

An der Oper sah Paul Roloff einen früheren Kollegen, Didi Maier, der jetzt bei einem Fernsehsender arbeitete und den Roloff nur selten sah. Etwas in ihm trieb Roloff weiter, er wollte nicht, dass Didi ihn erkannte und ansprach. Dann fiel ihm aber ein, dass Didi im Sommer seine Frau durch einen Unfall verloren hatte, sogar in den Zeitungen hatte es gestanden, und Roloff hielt es doch für angebracht, Didi seine Teilnahme auszudrücken, zumal Didi ihn gesehen hatte und stehen blieb. Roloff drückte Didi die Hand und sprach ihm sein herzliches Beileid aus, obwohl er seine Frau gar nicht gekannt hatte oder doch nur sehr flüchtig. Didi, der einen langen dunklen Mantel trug und dessen Augen Roloff gerötet schienen, sah aber wie in Verlegenheit zu Boden. Das konnte Roloff sich nicht erklären, und er dachte, ob Didi seine Frau vielleicht auch umgebracht hatte? Dies passierte ja viel häufiger, als man ahnte, wie Roloff seit seiner Lektüre über die jährlich 18 000 ungeklärten Todesfälle wußte.

Didi Maier sah Roloff an und fragte ihn liebenswürdig, ob er ihn ins Roma einladen dürfe, er habe gerade zum Essen gehen wollen und fände es wunderbar, wenn Paul mitkommen und sein Gast sein würde. Sofort wurde Mißtrauen in Roloff wach. Was wusste Didi von Kristins Tod? Tratschten die Kollegen, oder gab es gar einen geheimen Code unter Gattenmördern, den er noch nicht kannte? So eine Art Kainszeichen? Roloff erinnerte sich daran, dass Didi Maier in der Redaktion als Geizkragen bekannt war. Und jetzt diese Einladung in das teure Roma? Roloff nahm sich vor, auf der Hut zu sein.

»Komm, Paul«, sagte Didi Maier unbefangen, »ich kann es mir leisten, dich einzuladen, wirklich. Meine Frau war gut versichert, ich hatte noch nie im Leben soviel Geld wie jetzt. Und dir kann ich es ja sagen, du gehörst ja nicht zu den Klatschbasen. Ich bin wieder liiert! Du kennst die Frau, sie arbeitet in deiner Redaktion: Harriet Klein. Ich hätte nie geglaubt, dass ich einmal ein solches Glück haben könnte. Sie ist eine Superfrau – das findest du doch auch – oder nicht?«

Während sie zum Roma gingen, während Didi unablässig von seinem großen Wurf quasselte, rückte Harriets Bild, das soeben noch das Verlangen Roloffs gewesen war, immer weiter von ihm fort. Er spürte Wut in sich aufsteigen, Harriet erschien ihm nicht mehr schön und sinnlich, er erinnerte sich plötzlich an Zeichen des Alterns in ihrem

Gesicht, an den Händen, nahm ihr übel, dass sie mit jedem Kollegen in der Redaktion flirtete. Was früher sein Begehren entfacht hatte, ärgerte ihn jetzt maßlos. Dabei war er sich durchaus im Klaren, dass seine Beschuldigungen unsinnig waren, denn er hatte ja nichts von Harriet gefordert, und auch sie hatte ihm nichts versprochen. Dennoch spürte er, wie seine Liebe umschlug. Unwiderruflich. Es war ein seltsam vertrautes Gefühl – wie damals bei Kristin, und genau genommen war es immer schon so verlaufen. Bei all seinen Beziehungen. Plötzlich dieser Hass bis zu Todeswünschen. Und Didi und Harriet? – Roloff fühlte sich in einer Weise gekränkt, die ihn selbst verblüffte. Er roch fast physisch Harriets Parfum, das ihn mit einem Mal ebenso anwiderte wie das von Kristin, und das Leben erschien ihm unerträglich banal und ekelerregend. Er schauderte, mahnte sich zu Ruhe und Vernunft.

Roloff sah Didi Maier an, der ihm gegenüber saß und sein Champagnerglas hochhob. »Frohe Weihnachten, Paul, und auf eine schönere Zukunft für uns beide«, sagte Didi. Roloff prostete ihm ebenfalls zu und sagte »Frohe Weihnachten«. Er dachte an Kristin und an Harriet und daran, dass Weihnachten eine gute Zeit für Mörder sei.

ANATOL REGNIER

Der Mann im Lodenmantel

Weihnachten 1959. Lola Füssl trat aus dem Haus und lief, so schnell es ihre hohen Absätze erlaubten, durch die Haimhauser Straße zur Münchner Freiheit. Rosina, ihre Schwester, konnte Unpünktlichkeit nicht leiden. Ein scharfer, trockener Wind blies vom Kleinhesseloher See nach West und warf vor ihren Füßen ein Fahrrad um, das jemand bei der Apotheke an die Hauswand gelehnt hatte.

Fast wäre sie gestolpert. Jetzt trat auch noch die Apothekerin aus dem Laden und rief: »Grüß Gott, Fräulein Füssl!« Lola reagierte nicht.

Die Bahn kam. Lola hätte rennen müssen, unterließ es aber. Vielleicht starrte ihr die Apothekerin immer noch nach. Außerdem war die Leopoldstraße zu überqueren. Sie hörte Klingeln und sah die Wagen über die Kreuzung stadteinwärts fahren. Jetzt musste sie warten. Die Haltestelle lag in unmittelbarer Nähe der Bäckerei Hörmann, und die dralle, neugierige Frau Hörmann war Lola Füssl noch unangenehmer als die dünne Apothekerin. Die Bäckerei war voll mit Kunden. Morgen war der 4. Advent.

Lola fühlte, wie sich trotz der Kälte Schweißperlen in ihrem Ausschnitt bildeten. Dabei hatte sie sich Ruhe geschworen. Aber so war sie eben. Eigentlich war es ein Tag wie jeder andere, nicht außergewöhnlich, nicht schicksalhaft. So jedenfalls schien es ihr, als sie in der Folgezeit die Situation wieder und wieder durchdachte: Vierte Adventswoche, Samstag, Warten in der Bäckerei und Schwitzen im Wintermantel infolge Aufregung. Nichts deutete darauf hin, dass sich ihr Leben gleich für immer verändern würde. Aber dann überschlugen sich die Ereignisse.

Die Bahn kam, der Schaffner hob das Gitter. Fahrgäste stiegen aus und bewegten sich durch ein Spalier von Einsteigewilligen auf Geschäfte und Häuser der Leopoldstraße zu. Plötzlich waren Schulbuben da, Ranzen auf dem Rücken, in Anoraks und Wollmützen gekleidet und versuchten, sich vor den anderen in die Bahn zu drängen. Rufe wie »Saubande!« wurden laut, und der Schaffner zog, um die Ordnung wieder herzustellen, mehrmals heftig am Klingelzug. Fräulein Füssl fand sich am Ende der Schlange. Vor ihr stand nur ein Mann im Lodenmantel, der wohl schon länger dagestanden hatte, aber ihr nicht aufgefallen war.

»Wollten Sie mit?«, rief der Schaffner.

Da drehte sich der Mann im Lodenmantel um und

sagte: »Bitte nach Ihnen! Es geschieht nicht alle Tage, dass man einer so charmanten Dame den Vortritt lassen darf!« Er verbeugte sich, lächelte galant und machte eine einladende Bewegung mit dem rechten Arm.

Schemenhaft erinnerte sich Lola, dass der Schaffner ihr hinaufgeholfen und einen Weg ins Wageninnere gebahnt hatte und dass sie, klopfenden Herzens, eingeklemmt zwischen winterlich gekleideten Erwachsenen und immer noch lärmenden Schulbuben, mehrmals den Hals gereckt, aber den Mann nicht mehr gesehen hatte. Als sie am Marktplatz ausstieg, war er verschwunden.

Seit die Eltern tot waren (und das war lange her), hatte Lola Weihnachten halbherzig gefeiert. Aber diesmal war es anders. Bei allem was sie tat, fühlte Lola eine Gegenwart neben sich, schweigend und groß, einen Mann in Lodenmantel und Lodenhut, einen Offizierstyp, wie sie ihn sich immer erträumt hatte, elegant, ritterlich, tadellos in Haltung und Umgangsformen, mit silbergrauen Schläfen. Sein Blick ruhte auf ihr, als sie das Bäumchen auf den runden Tisch mit der fransenbehängten Samtdecke stellte, und selbstverständlich begleitete er sie auf den Speicher, um den Christbaumschmuck zu holen. Als sie den roten, eilig bei Frau Hörmann erstandenen Schokoladennikolaus zwischen Joseph, Mutter Maria und den Esel platzierte, umspielte ein Schuss feiner Ironie seinen energischen Mund. Nur als sie Herrn und Frau Heigl, bei denen sie zur Untermiete wohnte, ihr kleines Geschenk brachte, war er momentan abwesend. Aber das war nicht verwunderlich: Heigls waren primitive Leute, und besonders Frau Heigl hatte an allem und jedem etwas auszusetzen. Kein Umgang für einen Offizierstyp! Auf dem Weg zur Christmette war er wieder an ihrer Seite, und es fiel ihr leichter als sonst, die vielen Menschen zu ertragen, die einander in der Kirche Frohe Weihnachten wünschten. Beim Jahreswechsel standen sie am Fenster und schauten gemeinsam den Raketen nach, die in den Nachthimmel zischten.

135

Der März kam mit rosa Wölkchen. Lola sah sie mit Behagen über den Giebeln der Haimhauser Straße schweben. Bald würden Eichkätzchen und Magnolien blühen, dann würde der Bootsverleih am Seehaus öffnen, und – wer weiß? – vielleicht saß sie bald auf der Rückbank eines Bootes und wurde gerudert, mit kräftigen Schlägen, dass das Wasser am Bug aufschäumte. Auch Radtouren waren denkbar. Man würde irgendwo Halt machen, eine Limonade trinken, und bei der Rückfahrt wäre der Abendhimmel rot und in den Häusern würden Lichter angehen.

Palmsonntag herrschte Föhnwetter. Im Fenster der Apotheke war das Rollo heruntergezogen, die Straßen waren wie leergefegt. Nordwärts war der Blick frei fast bis zu den Amerikanerkasernen. Der Osterbesuch bei Rosina war fällig. Lola wartete an der Haltestelle.

Plötzlich hörte sie Hundebellen. Ein schwarzer Spitz lief an ihren Füßen vorbei. Unwillkürlich wich Lola zurück. Seit ihrer Kindheit hatte sie Angst vor Hunden. Dann sah sie auf und erschrak: Vor ihr stand ein Mann im Lodenmantel, etwa vierzig Jahre alt, mit einem flachen, teigigen Gesicht und semmelblonden, fettigen Haaren. »Haben Sie den Hund gesehen?«, fragte er. »Nein«, stammelte Lola. »Wahrscheinlich in den Garten gelaufen. Entschuldigen Sie!« Lola sah, dass der Mann schlechte Zähne hatte. Er rief: »Haaaansi!« und entfernte sich auf dicken Kreppsohlen. In der Rechten trug er eine Hundeleine.

Lola war wie erstarrt. Als sie in der Bahn saß, wusste sie nicht, wie sie hineingekommen war. Und als sie an ihren Schatz dachte, den energischen, vornehmen, gütigen Offizierstyp, wusste sie nicht mehr, wie er aussah.

Am Max-Gymnasium blühten die Kastanien. Lola, die Seidenbluse glatt gebügelt, den beigen Rock makellos sauber, die hohen Schuhe glanzpoliert, lief durch die Straßen wie auf der Flucht. Seit Palmsonntag suchte sie ihn, rastlos und verzweifelt. Wieder und wieder umschlich sie die Bäckerei, beäugte die Haltestelle, blieb am Obstwagen stehen und musterte die Passanten aus dem Augenwinkel. Sie ärgerte und schämte sich, aber sie konnte nicht anders.

Würde ein Ausflug ihr gut tun? Wie lang war sie nicht fort gewesen! Außerdem hatte sie Geburtstag – den Sechzigsten! Sollte sie ihn nicht doch irgendwie feiern? Kurz entschlossen kaufte sie ein Billet für den »Gläsernen Zug«, der vom Holzkirchner Bahnhof über Wolfratshausen nach Eurasburg fuhr. Beherzt schmierte sie Brote, packte ein paar Äpfel ein und machte sich auf den Weg. Die Fahrt war wunderschön. Durch Tunnels und an schattigen Mauern entlang ging es in die Vorstädte. Lola sah Kleingärten und sonnenbeschienene Bäume. Isartal, Benediktenwand und Karwendel grüßten. Sommer überall. In Eurasburg stieg sie halbwegs zum Schloss hinauf und blickte von einer Bank über die Landschaft. Diese Luft! Der Duft von frischem Gras! Sie aß Mitgebrachtes mit Appetit und trank vor der Rückfahrt ein kleines Helles im Wirtsgarten. Schrieb eine Ansichtskarte an Rosina.

Aber als sie an der Münchner Freiheit den roten Abendhimmel sah, überkam sie eine solche Traurigkeit, dass sie die nächsten Tage zu Hause blieb. Wenn Frau Heigl klopfte, antwortete sie nicht und verließ ihr Zimmer erst, als alle Vorräte aufgebracht waren.

Im Oktober wurde Rosina krank. Lola musste einspringen. Botengänge, Erledigungen, Einkaufen, Kochen. Täglich Münchner Freiheit – Schwanthaler Höhe. Eines Samstags an der Apotheke überraschte sie ein Wolkenbruch, schräg und gemein. Lola hatte keinen Schirm und lief so schnell sie konnte über die Straße, um sich bei Hörmann unterzustellen.

Da sah sie ihn. Lodenmantel und Lodenhut. Die Nase leicht gebogen. Das energische Kinn vorgereckt. Die Haltung tadellos. IHR OFFIZIERSTYP! Er stand unter dem Vordach des Milchgeschäfts, fünf oder sechs Meter von ihr entfernt. Allein. Barmherziger Himmel, das darf nicht wahr sein! Lola fühlte ihre Haare nass und strähnig auf der Stirn und schwitzte so, dass sie ihre Jacke durchnässt glaubte. Bemerkte man ihre Erregung? Beobachtete sie Frau Hörmann? Wie sollte sie sich verhalten? Was um Gottes Willen sollte sie tun? Klingeln ertönte, die Bahn fuhr vor. Im selben Moment sah sie den Mann im Lodenmantel einen Regenschirm aufspannen und in Richtung Post davongehen.

Allerseelen am Grab der Eltern. Lola, ein Lichtlein in der Hand, bat Gott um Vergebung und Vater und Mutter um Hilfe. Tagelang war sie die Leopoldstraße auf und ab gelaufen, hatte Klingelschilder abgesucht. Täglich wurden die Stimmen lauter, die sie jagten, trieben, verfolgten, Unsinniges tun ließen. Bäume jaulten. Aus Torbögen drang schepperndes Lachen, aus der Nachbarwohnung blecherner Redeton. Im Kamin ein Räuspern. Unter der Türritze pfiff es. UND WO WAR ER? Ein Wort von ihm würde genügen, ein Blick des klaren Auges, ein Wink der befehlsgewohnten Hand: »Verschwinden Sie! Fräulein Füssl steht unter meinem persönlichen Schutz.«

Es schneite. Lola ging einkaufen. Die Apothekerin räumte den Platz vor ihrem Laden und sah sie nicht. Klopfenden Herzens betrat Lola die Bäckerei und kaufte einhundertfünfzig Gramm gemischte Kekse, ein Tütchen mit Pralinen und, wie jedes Jahr, einen roten Schokoladennikolaus. »Frohes Fest!« rief die Bäckerin. »Danke«, murmelte Lola und war froh, als sie draußen war. Morgen war der 4. Advent. Heute war Jahrestag.

Mittags heizte sie stark, rückte den Lehnsessel zurecht, schüttelte Kissen auf. Die Zeit verging so langsam! Um zwei Uhr begann sie den Tisch zu decken. Mutters grün geriffeltes Teeservice machte sich gut, keine Frage. Wann war es zuletzt benutzt worden? Sie polierte und füllte die silberne Zuckerschale, legte die Zange bereit, stellte das Milchkännchen auf den silbernen Untersetzer. Sie dekorierte Gebäck und Pralinen in eine Porzellanschale und

holte den Aschenbecher aus dem Schrank. Der rote Nikolaus kam in die Tischmitte, umgeben von Tannenzweigen.

Drei Uhr durch und schon fast dunkel – auf einmal eilte
es! Sie setzte Teewasser auf, stellte Kerzchen ins Rechaud
und extra Wasser für später in die Ofenklappe. Da fiel ihr
ein – Kandiszucker! Und Rum! Wie unachtsam! Jetzt geriet sie doch in Panik! Noch einmal in die Küche, trotz
Frau Heigl. Herzklopfen bis zum Hals. Aber nun war alles bereit. Sie setzte sich und wartete. Die Uhr schlug vier,
es klingelte. Pünktlich auf die Minute – sie hätte nichts anderes erwartet.

»Darf ich?«

»Aber bitte – kommen Sie doch herein!«

»Sehr angenehm.«

Eine Stimme wie Samt. Und wie sich der Mantel an-
fühlte! Schwere, griffige Lodenqualität! Der Hut hatte,
wie sie jetzt sah, eine Kordel. Der Seidenschal roch dezent
nach Moschus. Oder war es Rasierwasser? Was immer es
war – die Wirklichkeit übertraf den Traum!

»Bitte, nehmen Sie Platz.«

»Ich bin so frei.«

Was für ein Nachmittag! Lola fühlte vollkommene
Übereinstimmung: Ein gemeinsamer Sinn fürs Solide ver-
band und würde die unvermeidlichen Krisen überwinden
helfen. Das Wissen um Haltung und Verlässlichkeit bildete die Basis. Ordnung und Sauberkeit waren beiden
selbstverständlich. Immer wieder betrachtete sie das
scharf geschnittene Profil, die leicht gebogene, männliche
Nase, das markante Kinn.

Endlich hatte sie Muße, Einzelheiten zu studieren: Die
Ohren, die kräftigen, empfindsamen Hände, die gepfleg-
ten Fingernägel und das Schönste, die silbergrauen Schläfen. Wie vermutet, war er in Russland gewesen. Er erzählte
von der Steppe, vom eisigen Wind und fünfzig Grad mi-
nus, von den Bergen des Kaukasus und den Kameraden –
da stand einer für den anderen ein.

139

Der Rum tat gut, die grünen Gläser leuchteten. Auch der Humor kam nicht zu kurz, ein gutes Zeichen. »Wollen wir den Nikolaus schlachten?« fragte er und schnitt die Zellophantüte auf. Dann hielt er sich eines der Grifflöcher der Schere vor das Auge und sang: »Ich nehme mein Monokel her und beschaue mir genau diese Frau!«

Die Tür flog auf. Frau Heigl kam herein, gefolgt von zwei Männern. Lola, die mitten im Zimmer auf einem Hocker stand, fühlte wie man ihre Arme ergriff, sie herunterhob und ihr die Schere aus der Hand nahm. Dann sah sie das gekachelte Treppenhaus vorübergleiten und Frau Heigl, die sich einen Mantel übergeworfen hatte (oder hatte sie ihn schon angehabt?) am geöffneten Autofenster stehen. Kalte Luft drang herein, und Lola bemerkte, wie warm (und sicherlich gerötet!) ihre Wangen waren.

»Über Weihnachten zur Beobachtung«, sagte eine Männerstimme.

»Danke«, sagte Frau Heigl, »mein Mann und ich wollen in Ruhe feiern.«

*M*it *K*inderaugen

Weihnachten

Sie saß neben mir auf der Bank und badete ihr Gesicht in
 der Sonne.
Sie hatte ihre Augenbrauen ausgewechselt, mit Pinzette:
 ein für allemal.
Die neuen waren strenge Linien, die von der Kindheit
 trennten.
Wir schwiegen, sie bei geschlossenen Augen.
Doch wer weiß, was sie sah, denn plötzlich sagte sie:
»Wenn doch schon Weihnachten wäre.«
Die Rosen blühten.
»Was hast du vor zu Weihnachten?« fragte ich.
»Nichts«, sagte sie, »aber dann wäre doch Weihnachten.«
Ich entsann mich, daß sie auch vergangenes Jahr
nicht hatte auf den Weihnachtsbaum verzichten wollen.
Geschmückt mit Lametta, Zuckerwerk und zwölf Kerzen
hatte er in ihrem Zimmer gestanden –
vor einem riesigen roten Plakat mit Che Guevara.

MARIANNE HOFMANN

Daß sich heute Abend alles erfüllen wird

Manchmal überfiel sie der Gedanke an Weihnachten mitten im Sommer. Moosgeruch und der Duft von Fichtennadeln genügten. Plötzlich war er da, dieser Tag, mit all seinen Gefühlen, Gerüchen, Erwartungen, Ängsten; der längste Tag im Jahr, an dem sich alles in der selben Weise wiederholte und doch jedesmal neu war.

Drei Tage vor Weihnachten hatten sie in der Schule das Krippenspiel aufgeführt. Sie war wieder die Maria gewesen und diesmal der Huber Franzl der Josef. Er war ein blöder Josef. Aber eigentlich konnte er nichts dafür. Sie beide standen in einem Stall, zwischen ihnen die Krippe, warteten, bis sie an der Reihe waren. Nach den Gedichten war es soweit. Sie mußte den Josef anschauen und dabei singen: Josef, lieber Josef mein, hilf mir wiegen mein Kindelein … Er aber hat sie nicht angeschaut, und er hat ihr auch nicht geantwortet. Stocksteif stand er da, rührte sich nicht von der Stelle. Er presste den Mund zusammen, sah geradeaus. Als sie ihn durch heftiges Nicken auffordern wollte, endlich zu singen, sah sie, wie es durch das Strohdach tropfte, direkt in seinen Hanfbart hinein. Und weil er noch immer wie versteinert dastand, hat sie alle Strophen alleine gesungen. Die Mutter hatte Recht gehabt, als sie sagte, daß man die Schönhuber Elisabeth nicht als Engerl aufs Strohdach setzen kann, weil die viel zu zappelig ist und sicher in die Hose bieseln wird.

Das alles war überstanden. Jetzt ist es Heiligabend, zwei Uhr nachmittags. Die Wäsche, bretthart gefroren, hängt noch auf dem Dachboden, und die Stube ist auch noch nicht geputzt. Aus der Gaststube schreit einer nach Bier. »Es ist wie verhext«, sagt die Mutter, »heute saufen sie wieder wie die Bürstenbinder, statt daß sie nach Haus gehen zu ihren Frauen und Kindern. An so einem Tag geht man doch nicht ins Wirtshaus.«

So viel ist noch zu tun. Das Mädchen hat Angst, daß sie nicht fertig werden bis zum Abend. Um acht Uhr soll das Christkind kommen. In ihrem Kopf rasen die Gedanken, und in ihrem Bauch brennt die Unruhe.

Vater ist in den Wald gegangen. In den letzten Tagen war viel Schnee gefallen. Nasser, schwerer Schnee, der die jungen Bäume knickt.

Mutter eilt zwischen Gaststube und Bügelbrett hin und her, wo sie für Vater ein weißes Hemd bügelt und für den Gabentisch eine Damasttischdecke.

»Der Sepp wird heute wieder sitzenbleiben,« sagt sie düster und mehr zu sich selbst, während sie das Eisen vom Herd nimmt, mit angefeuchteten Fingern die Hitze prüft.

Es ist bereits dunkel, als endlich der Vater nach Hause kommt. »Gott sei Dank hat es genügend Schnee«, er reibt seine beschlagene Brille an der Gardine trocken, »sonst könnte das Christkind nicht mit dem Schlitten kommen. Es müßte alles zu Fuß machen, und das in ganz Painting.«

Der Schnee und das Bravsein waren das Hauptthema der letzten Wochen gewesen. Wie oft hatten sie die Männer geneckt, ihr gesagt, daß es zu Weihnachten wahrscheinlich nicht schneien würde und das Christkind deswegen nicht kommen könnte.

Wenn Zweifel sie überwältigten, klammerte sie sich an die Briefe, die sie an das Christkind geschrieben und am Schlafzimmerfenster der Eltern ausgelegt hat. Sie waren regelmäßig abgeholt worden. Ein Zeichen also, daß es eine Verbindung gab.

Aber bei dem Gedanken, was das Christkind an diesem Abend alles zu bewältigen hatte, war sie in ihrer Vorstellung bald an einem Punkt angelangt, wo es nicht mehr weiterging. Die Stallarbeit dauert heute aber besonders lang. Sie läuft mehrmals den freigeschaufelten Weg vom Haus in den Stall, nachzuschauen wie weit die Eltern sind.

Vor der Stalltür liegt das Futter für die Esel des Christkinds. Ein besonders gutes Büschel Heu und glatte, runde Rüben hat sie schon am Vormittag mit dem Vater ausgesucht. Ihnen durfte man kein saures Heu vorlegen, das war klar. Kurz vor dem großen Ereignis würden sie sich im Stall aufhalten bei den Kühen, die an diesem Abend ebenso unruhig sind. Und von der Stalltür aus würde Vater vorsichtig hinausschauen, ob Heu und Rüben schon gefressen sind.

Nach der Stallarbeit essen sie schnell eine Kleinigkeit. Schweinswürstel und Kraut gibt es erst nach der Bescherung. Das Schlafzimmer der Eltern ist zugesperrt, damit das Christkind den Baum behängen kann.

Die Mutter ist verschwunden. Sie zieht sich um, sagt der Vater. Die Mädchen sind bereits im Sonntagskleid; aus alten Sachen genähten Kleidchen, mit Samtschleifen und weißen Krägelchen darauf.

Vater geht mit den Mädchen in die Gaststube. Sepp sitzt noch immer da. Alkohol hat den letzten Funken Vernunft verdrängt. Trotz guten Zuredens ist er nicht zu bewegen, nach Hause zu gehen. Dumpfen Blickes sieht er dem hastigen Aufräumen zu.

Das Mädchen ist fest davon überzeugt: Solange dieser Mensch im Haus ist, würde sich das Christkind nicht hereintrauen, nicht in das Schlafzimmer schweben, den Baum behängen, die Geschenke verpacken.

Vater wäscht Gläser, leert Aschenbecher, ordnet Bierdeckel. Endlich setzt er sich zu ihnen an den Tisch. Er baut Türme aus Bierdeckeln, zeigt ihnen Kartenkunststücke. Wie flink seine Finger sind, wie geschickt seine Hände.

Er fordert Sepp noch einmal auf, nach Hause zu gehen. Der winkt mit einer müden Geste ab.

Er soll gehen. Er soll sie endlich allein lassen mit den Eltern und dem Christkind. Als hätte der Vater ihre Gedanken erraten, geht er zum Sepp, redet noch einmal auf ihn ein, greift gleichzeitig unter seine Arme, hebt ihn hoch,

144

führt den Wankenden, leise Protestierenden in den Flur, hinaus ins Freie. Sie hört wie der Schlüssel im Schloß umgedreht wird. Sie atmet auf.

Keiner spricht jetzt mehr. Es ist sehr still. Das Ticken der Uhr beherrscht den Raum. Auch der Vater muß heute geduldig sein und warten. Dennoch hat sie das Gefühl, daß er mehr weiß über das Christkind. Und sie fühlt auch, daß sich trotz der Unruhe und Zweifel, die sie hat, heute Abend alles erfüllen wird.

Rostan Buczkowski, Nordlichter, Acryl

GABRIELE BONDY

Weihnachten West

Es gibt das Foto. Da habe ich diesen madonnenhaften Ausdruck auf dem Gesicht und meinen kleinen Bruder auf dem Schoß. Jockelchen. Gerade rechtzeitig geboren, um als Weihnachtsgeschenk durchzugehen. Warum wir ausgerechnet auf »Jockelchen« kamen, weiß ich nicht mehr. Natürlich hatte er noch einen richtigen Namen. Für später. Das Bild hat Vati geknipst. Die Kamera war der Hauptgewinn in einem Preisausschreiben gewesen. Mit Blitz sogar. Auch sonst hatten wir Glück gehabt.

Das Jahr zuvor war Weihnachten recht spärlich ausgefallen. Wir hatten es in der Pförtnerloge einer Zementfabrik gefeiert. Keiner wollte über die Festtage arbeiten. Aber wir brauchten das Geld. Also hatte sich Vati gemeldet. Der Direktor ließ uns sogar einen Weihnachtsbaum aufstellen und einen Teller mit Nüssen und Lebkuchen. »Ein Kapitalist mit Herz,« hatte Hilde belustigt festgestellt. Eigentlich sollten Fabrikbesitzer nämlich keins haben, so hatte es im Osten immer geheißen: »Kapitalisten sind die Feinde des Proletariats.« Aber wer glaubte schon an die Parolen. Vati nicht und Hilde auch nicht, sonst wären sie wohl nicht weggegangen. Jedenfalls war wichtig, dass jemand da war und den Betrieb bewachte, über die Feiertage. »Das ist ein Vertrauensjob« hatte Vati gesagt. »Job« war eines der Wörter, die sie im Westen benutzten.

In der Fabrik stank es nach Zement, ein Geruch, den ich schon kannte. Er hing in Vatis Kleidung, seit er da arbeitete.

»Und wenn Einbrecher kommen?« Ich war ein bißchen aufgeregt. Die große Fabrik und wir drei ganz allein. Vati lachte. Er zeigte auf den roten Knopf, auf dem »Alarm« stand. Außerdem gab es ein Telefon. Der Direktor hatte Vati erlaubt, auch privat zu telefonieren. Aber wir kannten niemanden, den wir hätten anrufen können. Außer Fräulein Hackspiel, »die üble Wachtel«, wie Hilde sie nannte. »Die Wachtel« konnte Flüchtlinge und Kinder nicht leiden. Trotzdem hatte sie uns ein winziges Zimmer vermietet »aus Barmherzigkeit«, wie sie immer wieder betonte, für 50 Mark im Monat.

Hilde strickte und trällerte Weihnachtslieder dabei. Später hörten wir Radio, ziemlich laut, ohne dass einer an die Wand geklopft hätte. Hilde war Vatis zweite Frau. Sie hatte rotblondes Haar und Sommersprossen, sogar auf den Armen. Sie war nicht krank und meist guter Dinge. Das genaue Gegenteil von Vatis erster Frau also. Er hatte Hilde zwei Monate nach Muttis Tod geheiratet. »Viel zu früh,« hieß es, da wo wir herkamen. Ich sagte nichts dazu. Schließlich hatte Vati mich mitgenommen in den Westen. Er hätte mich auch in der DDR lassen können. »Dein Vater wäre ohne dich todunglücklich gewesen, das kannst du mir glauben!« versicherte Hilde mir. Vati sprach ungern über solche Sachen. Hier im Westen kannte niemand unsere Geschichte. Und das war gut so. »Da können wir ganz neu anfangen!« hatte Vati gesagt.

Von diesem ersten Weihnachten im Westen gibt es kein Foto, weil Vati ja den Apparat noch nicht hatte. Beim zweiten waren wir dann zu viert, mit Jockelchen eben. Ich konnte mich nicht sattsehen an ihm: Stupsnase, Öhrchen, Klammerfingerchen. Behutsam bürstete ich den blonden Flaum auf seinem runden Kopf. »Er ist dir ähnlich,« sagte Vati.

Endlich hatten wir auch eine eigene Wohnung. Und Vati arbeitete nicht mehr in der Fabrik. Er durfte wieder Lehrer sein. Die Behörden hatten alles überprüft und schließlich herausgefunden, dass er kein Kommunist war. Er roch jetzt nicht mehr nach Zementfabrik, sondern nach Rasierwasser. Das kaufte er bei »Woolworth«, weil es da viel günstiger war als in der Drogerie. »Günstig« musste alles sein, schließlich hatten wir »bei Null angefangen.« Ich glaube, wir waren trotzdem ziemlich glücklich, damals, als unser zweites Leben gerade begann.

Vati hatte Hilde, ich Tini Krumme. Mit elf verliebt man sich noch nicht unbedingt in einen Jungen. »Du benimmst dich wie das Kaninchen, das von der Schlange hypnotisiert worden ist,« sagte Vati, wenn ich von Tini erzählte. Ich fand aber, dass dieser Vergleich genauso gut auf ihn und Hilde gepasst hätte. »Er ist total verknallt und tut sicher alles für sie,« hatte auch Tini festgestellt. Tini war vier

Jahre älter als ich und wusste, wovon sie sprach. Sie war schön, klug, frech und umschwärmt. Alles Attribute, die ich nicht besaß. Ich war froh, dass sie sich überhaupt mit mir abgab, weil ich doch vieles noch nicht wusste und man deshalb gleich merkte, dass ich aus der »Ostzone «kam, wie man hier sagte. Das schien Tini überhaupt nicht zu stören. Ganz im Gegenteil. Da war zum Beispiel die Sache mit Herrn Dujardin, bei dem wir Lebensmittel einkauften. Dujardin, das stand auf dem Schild über seiner Ladentür. In Wirklichkeit aber hieß Herr Dujardin Herr Wendelken. »Dujardin, das ist ein Weinbrand. Und das Schild ist Werbung dafür, weil man den im Laden kaufen kann,« klärte Tini mich auf.

Werbung war dann sowas wie Propaganda. »Darauf einen Düchardeng!« sagte Tini. Wir lachten uns kaputt.

»Pass auf, dass du nicht zu kurz kommst,« warnte Tini, als sie Jockelchen zum erstenmal sah. »… jetzt, wo Jesulein da ist. Nicht, dass du das Stiefkind wirst!« Ich schätze, Tini sagte das nur, weil sie neidisch war. Sie sah ihren Bruder nämlich sehr selten. Er studierte Atomphysik, in Amerika! Bei jeder Gelegenheit erzählte sie, dass er ein Genie sei.« Bis dahin hatte ich gedacht, Genies seien Leute wie Beethoven oder Goethe.

»Sind Krummes eigentlich Juden?« fragte Hilde einmal. »Wie kommst du denn darauf?« »Nur so,« sagte Hilde. »Und wenn? Was würde das bedeuten?« Vatis Stimme klang gereizt. Sie begannen, sich zu streiten. Das war erst ein- oder zweimal vorgekommen. Ich hielt die Luft an, erschrocken und froh zugleich. Verrückt, was? – Zwei ganz verschiedene Gefühle auf einmal zu haben? »Das ist doch völlig normal,« meinte Tini. »Schließlich ist es schwer für dich, alles unter einen Hut zu kriegen, deine richtige Mutter und Hilde.« Konnte Tini Gedanken lesen? Ich jedenfalls wurde aus ihr manchmal nicht schlau, zum Beispiel, wenn sie so guckte, als wäre sie ganz weit weg. Ich hätte gerne gewusst wo. »Vielleicht haben Krummes Schlimmes erlebt bei den Nazis,« versuchte Vati es zu erklären. »Auch wenn Tini damals noch ein Baby war, hat sie doch vieles gespürt.« Ich weiß noch, dass ich allein war mit ihm, als wir so redeten. Das kam selten vor, seit Jockelchen da war. »Wir haben den Kleinen deinetwegen angeschafft«, sagte Hilde manchmal aus Spaß. Natürlich, ich hatte ihn mir gewünscht. Und es hatte geholfen. »Wenn dir deine Eltern so was Tolles wie ein Brüderchen zu Weihnachten schenken, kannst du dich auch nicht lumpen lassen!« sagte Tini. »Also, was hast du für sie?« Zum Glück kam sie dann auf die Idee mit den Weihnachtsdecken. Meine Sparbüchse war leer, nachdem wir Leinen und Stickgarn gekauft hatten. Tini hatte darauf bestanden, nicht »das Günstigste« zu nehmen. Und ich wollte ja auch nicht in den Verdacht geraten, »mich lumpen zu lassen.« »Eltern lieben es, wenn ihre Kinder Opfer bringen, glaub mir.« Ich hatte keinen Grund, an Tinis Worten zu zweifeln. Ich erinnerte mich gut an Hildes Freude, als ich ihr einmal ein Erdbeereis spendierte, vom letzten Taschengeld. »So was Rührendes,« hatte sie zu Vati gesagt. »Deine Tochter hat es sich vom Munde abgespart!« Ich dachte, dass eine teure selbstbestickte Tischdecke noch mal was ganz anderes wäre als ein Eis. Dumm war nur, dass ich »zwei linke Hände« besaß. Zumindest sagte Vati das immer. Wie sollte ich nur mit all den vorgezeichneten Tannenzweigen, Kerzen und Kugeln fertigwerden? »Das schaffst du!« spornte Tini mich an. Wir stickten an unseren Decken, als ginge es um Leben oder Tod. Heimlich legten wir »Nachtschichten« ein, in Krummes Keller. Da waren wir sicher. »Meine Mutter würde hier niemals runterkommen,« sagte Tini. »Sie bekäme Zustände, weil sie sich im Krieg monatelang in einem Keller verstecken musste. – Aber sie will nicht, dass es jemand weiß. Verstehst du?« »Ja,« sagte ich. »War es wegen den Nazis?« Tini nickte. Dann schwiegen wir eine Weile. Ich fror auf einmal, obwohl es warm war im Keller, weil die Heizungsrohre durchgingen.

Es war Tini, die als Erste die Nase voll hatte vom Sticken. »Sklavenarbeit!« stöhnte sie. Sowas müsste verboten sein! Weihnachten kann mich mal ...« Empört blies sie sich eine schwarze Locke aus der Stirn. Mit ihrer Ausdauer war es nicht weit her, das wusste ich schon.

Ich aber ließ mich nicht beirren. Ein regelrechter Schaffensrausch hatte mich erfasst. Das erste Arrangement aus Tannenzweigen, Kugeln und Kerzen war schon geglückt. Ich beguckte mein Werk voller Stolz. »Ich kann sticken,wenn ich nur will ....« sang ich. Tini guckte. »Na, siehste, hab ich doch gleich gesagt.« Seufzend machte auch sie sich wieder an die Arbeit.

»Habt ihr eigentlich in der Ostzone richtig Weihnachten gefeiert?« »Warum?« »Na, ich dachte, die Russen hätten alles verboten, was mit Gott zu tun hat und so ...« »So ein Quatsch!« »Wir haben sogar in der Schule ein Weihnachtsmärchen aufgeführt.« »Aha.« »Das letzte Mal Schneeweißchen und Rosenrot.« »Und was warst du?« »Eine Schneeflocke,« erwiderte ich. »Schneeflöckchen, Weißröckchen, wann kommst du geschneit? ...« fing Tini an zu singen ... »Wann kommst du geschneit ... das war unser Einsatz, da mussten wir auf der Bühne sein.« »Und dann?« »Dann sind wir herumgewirbelt ... wie Schneeflocken das eben so tun ...« »Verstehe.« »Mutti hatte die Kostüme genäht, aus weißen Tüllgardinen und Wattebällchen drauf geklebt.« »Sah bestimmt toll aus!« sagte Tini, während sie einen Faden Tannengrün abbiß. »Jetzt haben sie eine Schneeflocke weniger. Stimmts? Eine ist ihnen einfach davongewirbelt, ganz woanders hin.« »Autsch!« Ich hatte mich in den Finger gestochen. Tränen schossen mir in die Augen. Aber eigentlich tat es mehr innen weh. »Pass auf, dass kein Blut auf die Decke kommt, das wäre eine schöne Pleite,« sagte Tini.

Natürlich war die Decke ein Volltreffer. Hilde war so gerührt, dass sie weinen musste. »Das hast du gut hingekriegt,« sagte Vati und streichelte mir über den Kopf. Jockelchen schlief unterm Weihnachtsbaum. Sie hatten ihn in einen Rama-Karton gelegt. Man sah aber nicht gleich, dass es ein Margarine-Karton war, weil sie ihn schön ausgepolstert hatten. Doch wir mussten ihn bald wegstellen, weil die Kerzen tropften.

Nach der Bescherung tranken wir Punsch und aßen selbstgemachten Fleischsalat mit Toast. Es war fast wie früher.

Später zündeten wir Schneehütchen an. Es schneite feine weiße Flocken. Als die Hütchen alle waren, sahen wir die Brandflecken, die sie auf dem Tisch hinterlassen hatten. Es war ein Cocktailtisch, mit drei goldenen Beinen und einer weißgrauen Kunststoffplatte, die wie Marmor aussah. Übrigens das einzige Möbelstück, das wir neu und auch nicht auf Raten gekauft hatten. »Was solls,« sagte Vati. »Da klebe ich was drüber. Fürs erste legen wir Gabis schöne Decke drauf. Da kommt sie so richtig zur Geltung.«

Dann hat Vati Fotos gemacht, auch das, wo ich Jockelchen auf dem Schoß habe. Beim ersten Versuch hatte es allerdings nicht geblitzt, und ich sollte noch still sitzen bleiben. Er knipste noch ein zweites Mal. Jetzt blitzte es. »Madonna mit Kind,« sagte Tini später, als sie die Bilder sah.

MARIA PESCHEK

Die Berufung

Ich komme aus einer sehr kinderreichen Familie und am Erzählen hatte ich Freude, seit ich denken kann. Wenn wir jetzt alle so versammelt waren, meist bei den Mahlzeiten, gabs immer Wichtiges und Interessantes, das ich loswerden wollte. Bei meinem Vater rief das ein verzweifeltes: »Jetzt halt doch wenigstens beim Essen dein …« hervor.

151

Bei einem zweiten Anlauf bekam ich zu hören: »Bist du jetzt glei, oder ...« Einen dritten Versuch konnte ich noch wagen, das war aber von mir meist nur mehr ein Atemholen und von meinem Vater ein »Pscht!« Dann hatte ich das Glück, die ersten beiden Volksschulklassen eine Lehrerin zu haben, die hat diesen Beruf tatsächlich noch aus dem Grund gemacht, weil sie Kinder einfach gern gehabt hat. Diese Lehrerin habe ich sehr geliebt, und die war furchtbar fromm, und ich wollte auch unbedingt heilig werden. Als diese geliebte Lehrerin uns so gegen die Weihnachtszeit eröffnete, daß sie mit uns ein Krippenspiel einstudieren wird, da habe ich mich sehr gefreut und mir gedacht: »So fromm wie ich bin, laßt mich unser Fräulein bestimmt was ganz Heiliges spielen. Vielleicht den Engel Gabriel oder die Mutter Gottes. Vorsichtshalber übte ich zu Hause vor dem Spiegel schon mal so ganz fromme Gesichter. Meist mußte ich frühzeitig abbrechen, weil ich selber so gerührt war und weinen mußte.

Meine Enttäuschung war groß, als ich erfahren mußte, daß ich einen Hirten spielen sollte. Und noch mehr enttäuscht war ich über den Text. Das waren zwei Sätze. Die fand ich überhaupt nicht fromm, für ein Weihnachtsspiel sogar äußerst unpassend. Ich mußte sagen: »Wart, Simmerl, ich schneuz mir zuerst noch einmal.« Und der zweite Satz hieß so ähnlich: »Und von mir kriegst ein Lamperl.« Der Tag der Aufführung war da, wir spielten unser Stück in der Aula. Alle Eltern waren versammelt, meine auch. Weihnachtslieder wurden gesungen. Jetzt war ich schon so in dieser besonderen Weihnachtsstimmung, und wie mein erster Satz drankam, da hab ich mir gedacht: »So, dieses fromme Gsicht, das hast du nicht umsonst geübt.« Und so fromm wie ich nur können hab, sagte ich voller Inbrunst: »Wart, Simmerl, ich schneuz mir zuerst noch einmal!« Da hatte ich dann das entscheidende Erlebnis, daß nach meinem Satz ein kleines Päuschen war, dann bekam ich Applaus und alle Eltern lachten freundlich, wohlgefällig. Nach meinem zweiten Satz bekam ich zwar keinen Applaus mehr, aber wieder dieses wohlgefällige Lachen. Und da ist mir dann klar geworden, zumindest wenn ich mal ausreden will, ist die Bühne eine gute Möglichkeit; und niemand weiß warum, aber auf der Bühne, wenn man was erzählt, da hören einem die Leut – ganz anders zu!

KAREN DUVE

Weihnachten mit Thomas Müller

Ein Stern fiel vom Himmel, und niemand sah es außer einem Bären und einer Katze. Sie saßen auf dem Rand eines Brunnens, der vor dem Burger-King-Laden in der Hamburger Mönckebergstraße stand. Der Burger King hatte bereits geschlossen, weil Heiligabend war.

Der Bär hieß Thomas Müller und war kein richtiger Bär, bloß ein Stoffbär – noch dazu ein ziemlich ramponiertes Exemplar, das um die Ohren herum reichlich abgeliebt und abgewetzt aussah. Als er die Sternschnuppe entdeckte, wünschte er sich, daß jemand kommen und ihn holen sollte, denn er war ein verloren gegangener Bär. Er war mit der Familie Wortmann in einem Ford Kombi in die Stadt gefahren, mit Herrn Wortmann und Frau Wortmann und Marc Wortmann, der zwar erst sechs Jahre alt, aber trotzdem der Hauptverantwortliche für den Stoffbären war. Familie Wortmann kaufte immer alle Weihnachtsgeschenke auf den allerletzten Drücker. Sie mochten das, wenn es in den Geschäften richtig voll und hektisch war. Sie waren ins Spiel- und Sporthaus Karstadt gegangen. Marc Wortmann hatte Thomas Müller mit sich herumgeschleppt und irgendwann – vermutlich, als Marc Wortmann die Turnschuhe mit dem integrierten Diskolicht auf der Ferse entdeckte – hatte er ihn fallen lassen und vergessen. So etwas kommt vor. Der Bär hatte versucht, die Familie wieder einzuholen, aber er war schlecht zu Fuß, und nachdem er eine Stunde lang durch die Mönckebergstraße geirrt war, ging er zum Taxistand und stieg in ein Taxi, auf dessen Kofferraum die Forderung TODESSTRAFE FÜR TAXIMÖRDER klebte.

»Servus«, sagte Thomas Müller zu dem Taxifahrer, »wären Sie wohl so freundlich, mich nach Hanstedt zu fahren, und zwar in die Dasselstraße 32, und auch für mich zu läuten? Ich reiche nämlich nicht bis an den Klingelknopf.«

»Das is' 'ne Ferntour«, sagte der Taxifahrer, der ein Gesicht wie von einer Gemüseausstellung hatte. »Bei Ferntouren kassier' ich immer im voraus.«

»Oh«, sagte Thomas Müller, denn er hatte nicht damit gerechnet, daß er für eine Taxifahrt bezahlen müßte. Er bekam bloß zwanzig Pfennig Taschengeld im Monat, und die steckte er immer in sein Sparschwein, weil er keine Kleider trug und in seinem Fell keine Taschen waren. »Könnten Sie mich nicht ausnahmsweise umsonst fahren?«

»Was«, schrie der Taxifahrer. Du hast gar kein Geld und willst mit mir nach Hanstedt?« Er sprang aus seinem Auto und trommelte die anderen Taxifahrer, die hinter ihm gewartet hatten, zusammen. Gemeinsam zerrten sie Thomas Müller aus dem Auto und verpaßten ihm eine Abreibung. Zum Schluß gab ihm einer noch einen Tritt, daß er im hohen Bogen in den Brunnen neben dem Taxiplatz flog.

»Der macht bestimmt nie wieder Zahlungsschwierigkeiten«, sagten sie und lachten so böse, wie nur Taxifahrer böse lachen können. Der Bär konnte zum Glück schwimmen und zog sich wieder aus dem Brunnen heraus. Aber es war sehr kalt, sein Fell war naß und wurde erst filzig, und dann bildeten sich kleine Eiszapfen darin, und er fror am Brunnenrand fest. Es war ihm zu peinlich, jemanden um Hilfe zu bitten, weil alle Leute so beschäftigt und genervt aussahen, und darum saß er immer noch festgefroren auf dem Brunnenrand, als die Kaufhäuser dicht machten und die Taxis weggefahren waren und alle Leute nach Hause gegangen waren, um Spekulatius zu essen und die letzten Geschenke einzupacken, falls die nicht schon von den Verkäuferinnen von Douglas eingepackt worden waren, die das ja viel besser können. Zu allem Überfluß hatte Thomas Müller auch noch Wasser in die Ohren bekommen und hörte schlecht und hatte keine Finger, mit denen er sich hätte in den Ohren bohren können. Dann, als es richtig dunkel wurde, war diese ziemlich gefährlich aussehende Katze aufgetaucht. Es war eine Wanderkatze, und sie setzte sich einen Meter von Thomas Müller entfernt auf den Brunnenrand und starrte ihn aus phosphoreszierenden Augen an. Der Bär dachte, daß die Katze auf gar keinen Fall merken dürfte, daß er festgefroren und hilflos war, und darum schlenkerte er mit den Beinen und pfiff sich eins. Dann räusperte er sich und sagte: »Ein nettes Plätzchen hier, nicht wahr? Und so bequem.«

Die Katze antwortete nicht und starrte ihn bloß weiter an. So saßen sie wieder eine Weile schweigend, Thomas Müller pfiff ab und zu, und dann fiel der Stern vom Himmel.

»Was hast du dir gewünscht«, fragte Thomas Müller, nachdem er seinen Wunsch getan hatte. »Wenn man eine Sternschnuppe sieht, kann man sich nämlich etwas wünschen.«

»Firlefanz«, fauchte die Katze, »Was du da eben gesehen hast, war ein Meteorit, der in der Erdatmosphäre verglüht ist. Vielleicht war es auch nur ein Stück von einem Meteoriten. Jedenfalls gehen deswegen keine Wünsche in Erfüllung.«

»Ach so! Wie klug du bist«, sagte der Bär und war froh, dass die Katze endlich gesprochen hatte, und dachte: Was mag das bloß sein – Erdatmosphäre und Meteorit.

»Ich heiße übrigens Thomas Müller«, fuhr er fort, bemüht, das Gespräch nicht abbrechen zu lassen.

155

»Das paßt! Genauso siehst du aus«, sagte die Katze.

»Wie heißt du denn?«

»Mein Alltagsname oder mein Geheimname?« fragte die Wanderkatze zurück.

»Hast du denn zwei Namen?«

»Jedes Tier hat zwei Namen.«

»Ich auch?« fragte Thomas Müller.

»Selbstverständlich.«

»Und wie ist mein Geheimname?«

»Das mußt du selbst herausfinden«, sagte die Wanderkatze. Thomas Müller sah auf seine filzigen Füße mit den Eiszapfen daran. Dann sagte er: »Ich glaube, mit Geheimnamen heiße ich auch Thomas Müller.«

Sie schwiegen wieder eine Weile, bis der Bär die Katze noch einmal fragte: »Wie ist denn jetzt dein Name?«

»Nenn mich Panther. Panther, Kaiser über alle Wanderkatzen.«

»Oh, Sandra Kaiser, das ist aber ein schöner Name«, sagte Thomas Müller, der immer noch Wasser in den Ohren hatte.

Die Katze seufzte, fand es aber unter ihrer Würde, das Mißverständnis aufzuklären. »Warum sitzt du hier eigentlich«, fragte sie.

»Ich bin verlorengegangen. Aus Versehen. So etwas kann schon mal passieren. Aber bald kommt jemand, um mich zu holen. Du wirst sehen, es dauert nicht mehr lange.«

»Wie lange sitzt du denn schon hier?«

»Vier Stunden«, sagte Thomas Müller. Eine Träne lief über seine Plüschnase, blieb kurz an seiner Nase hängen und fiel auf seinen Fuß. Dann schluchzte er heftig los.

»Und außerdem – huhuhu – bin ich festgefroren«, preßte er heraus.

»Du brauchst nicht zu weinen, bloß weil deine Leute nichts mehr von dir wissen wollen«, sagte Sandra Kaiser, »du kannst mit mir kommen.«

Sie wetzte die rechte Zeigekralle am Brunnenrand, und dann sägte sie das Fell des Bären an den Stellen ab, an denen es angefroren war.

Thomas Müller sprang zu Boden. Er schnüffelte.

»Vielleicht holen sie mich morgen.«

»Niemals«, sagte Sandra Kaiser, »die sitzen jetzt vergnügt unterm Weihnachtsbaum und packen Geschenke aus und denken nicht mal an dich. Vermutlich haben sie gleich einen neuen Stoffbären gekauft, als sie gemerkt haben, daß du verlorengegangen bist. Einen mit Brummstimme und Klingel in der Pfote und ganz weichem Fell.«

»Ich will nach Hause«, schrie Thomas Müller und schluchzte immer heftiger, »hier ist es so dunkel und so kalt, und außerdem bin ich gewohnt, regelmäßig alle zwei Stunden was zu essen. Brötchen mit Schokoladenflocken zum Beispiel oder Gewürzgurken.«

»Wo wohnst du denn?« fragte die Katze. »Wenn es nicht zu weit ist, werde ich dich nach Hause bringen. Weißt du noch, aus welcher Richtung ihr gekommen seid?«

»Ich glaube, wir sind von rechts gekommen«, sagte der Bär, »aber vielleicht sind wir auch von links gekommen. Ist das wichtig?«

»Wie man's nimmt; wenn wir in die falsche Richtung gehen, dann müssen wir erst einmal rund um die Erde laufen, bevor wir zu dir nach Hause kommen.«

»Ist das weit?«

»Nicht sehr. Wenn wir bei den Chinesen sind, haben wir schon den halben Weg geschafft.«

»Das ist gut«, sagte Thomas Müller.

Sie marschierten los. Ein eisiger Wind pfiff ihnen entgegen. Als sie die Elbbrücken erreichten, fing es an zu schneien.

»Ich kann nicht mehr«, sagte Thomas Müller, »meine Pfoten sind schon ganz durchgewetzt. Gleich kommt Holzwolle raus. Ich bin völlig fertig.«

»Wer jammert, hat noch Reserven«, sagte Sandra Kaiser und ging einfach weiter.

Es schneite immer heftiger. Plötzlich tauchten zwei einsame Scheinwerfer auf und blendeten den Bär und die Katze. Ein Auto hielt neben ihnen, und ein junger Mann beugte sich aus dem Fenster und sagte:

»Wir fahren in die Stadt. Sollen wir euch mitnehmen?«

»Ja«, sagte Thomas Müller, »ich will nach Hanstedt.«

Der Mann zog seinen Kopf wieder zurück und beriet sich kurz mit der Frau, die am Steuer saß. Dann beugte er sich wieder raus und sagte:

»Da kommen wir zwar gerade her, aber wir drehen eben wieder um und fahren euch schnell hin.«

Er machte die hintere Tür auf, wo zwei Mädchen saßen, von denen das kleinere dick wie eine Made war.

Thomas Müller und Sandra Kaiser stiegen ein und bedankten sich.

»Ich bin Ulrike«, sagte die Fahrerin, »und das ist Oskar.«

»Ich bin ich«, sagte das ältere der Mädchen, »und der heißt gar nicht Oskar, sondern Olli.«

Das Madenkind schlief und sagte gar nichts.

»Dasselstraße 32«, sagte der Stoffbär, »aber ich sag's gleich, daß ich kein Geld hab'.«

Oskar und Ulrike sahen ihn erstaunt an.

»Achtet einfach nicht auf ihn«, sagte die Katze, »mein Kumpel hatte einen ziemlich schweren Tag.«

Im Wagen war es mollig warm, und sie wurden schläfrig und dösten vor sich hin, bis Ulrike sich umdrehte und sagte:

»Aufwachen, wir sind da.«

Sie bedankten sich artig und stiegen aus, und Oskar und Ulrike fuhren mit dem Madenkind und dem großen Kind wieder Richtung Stadt.

»Na gut, hier trennen sich dann also unsere Wege«, sagte Sandra Kaiser und sah sehr dünn, sehr grau und sehr einsam aus.

»Ich dachte, du kommst mit rein. Auf einen Kaffee oder so«, sagte der Bär.

»Nein, das geht nicht«, sagte die Katze, »schließlich bin ich eine Wanderkatze, schließlich bin ich Panther, der Kaiser aller Wanderkatzen. So ein Name verpflichtet.«

»Versteh' ich nicht«, sagte Thomas Müller, dem das Wasser im Ohr immer noch zu schaffen machte, »warum sollst du nicht mit hier wohnen können, bloß weil du Sandra Kaiser heißt?«

In diesem Augenblick ging die Haustür auf, und Frau Wortmann kam heraus.

»Seht nur, Thomas Müller ist wieder da«, rief sie. »Ich habe es doch gleich gewußt, als ich die Stimmen gehört habe.«

Jetzt kamen auch Herr Wortmann und Marc Wortmann angerannt und riefen: »Thomas Müller ist wieder da. Thomas Müller ist wieder da.«

»Wir haben uns solche Sorgen gemacht«, sagte Frau Wortmann, »wir haben sogar die Polizei angerufen.«

»Ich habe mir am meisten Sorgen gemacht«, sagte Marc Wortmann und nahm Thomas Müller auf den Arm, »ich wäre nie mehr froh geworden.«

»Habt ihr schon angefangen, die Geschenke auszupacken«, fragte der Stoffbär.

»Natürlich nicht«, sagte Frau Wortmann, »wir würden nie ohne dich anfangen.«

Jetzt entdeckten sie auch die Katze.

»Das ist Sandra Kaiser«, stellte der Bär vor, und alle gaben Sandra Kaiser die Hand, und dann gingen sie alle miteinander ins Haus hinein. Frau Wortmann wollte ihnen erst ein heißes Bad einlaufen lassen, aber Thomas Müller sagte, daß er sich kräftig genug fühle, um gleich mit der Bescherung anzufangen. Thomas Müller, Sandra Kaiser und Marc Wortmann mußten im Kinderzimmer warten, während Herr Wortmann im Wohnzimmer die Kerzen anzündete. Frau Wortmann schlich ihm hinterher und sagte: »Wir haben doch gar kein Geschenk für die Wanderkatze. Macht es dir etwas aus, mein Lieber, wenn du dieses Jahr ein Geschenk weniger bekommst und ich es dafür Sandra Kaiser gebe?«

»Aber überhaupt nicht«, sagte Herr Wortmann und gab seiner Frau einen Kuß, »du mußt mir nur versprechen, daß es nicht gerade die Socken sind, denn auf die Socken habe ich mich schon so gefreut.«

Als alle Kerzen brannten, läutete Frau Wortmann mit der Glocke, und der Bär, die Katze und Marc Wortmann kamen aus dem Kinderzimmer gelaufen.

»Ist das wirklich und wahrhaftig für mich«, sagte Sandra Kaiser, als Frau Wortmann ihr ein großes Geschenk in silbernem Glanzpapier in die Pfoten drückte. Dann fuhr sie die Krallen aus und fetzte das Geschenkpapier herunter.

»Pocahontas-Bettwäsche! Das habe ich mir schon immer gewünscht«, rief die Wanderkatze und zeigte allen die Bettwäsche mit dem Indianermädchen drauf. Herr Wortmann war ein bißchen bedrückt, weil auch er sehr gern die Pocahontas-Bettwäsche bekommen hätte, aber seine Frau flüsterte ihm zu, daß sie nach Weihnachten ja noch einmal in die Stadt fahren und die gleiche Bettwäsche auch für ihn kaufen könnten. Thomas Müller hatte ein Polizeiauto bekommen und ein Schnipp-Schnapp-Spiel. Marc Wortmann hatte die leuchtenden Turnschuhe bekommen und fünf Wrestling-Figuren und einen Haufen anderer Sachen. Frau Wortmann hatte einen Kaktus bekommen und einen Werkzeugkoffer, und Herr Wortmann freute sich über Socken und ein Dosenhuhn und die Pocahontas-Bettwäsche, die demnächst noch dazukommen würde. Nach dem Geschenkeauspacken setzten sich alle vor den Baum und sangen »Vom Himmel hoch«, und dann aßen sie Printen und Marzipan, bis ihnen schlecht wurde. Da gingen sie dann ins Bett. Sandra Kaiser schlief auf dem Sofa. Thomas Müller schlief mit im Bett von Marc Wortmann, weil Marc Wortmann sonst nicht einschlafen konnte. Als Marc Wortmann eingeschlafen war, stand Thomas Müller noch einmal auf und ging ins Wohnzimmer und krabbelte zu Sandra Kaiser auf das Sofa.

»Darf ich mich an dich schmiegen«, flüsterte der Bär.

»Meinetwegen«, knurrte die Wanderkatze.

Thomas Müller grub seine Nase in das Fell der Katze und schnüffelte.

»Du riechst so gut.«

»Ah so? Wonach denn?« fragte Sandra Kaiser.

»Nach Panther«, sagte Thomas Müller und schlief ein.

Fröhliche
Weihnacht – überall

Walter Benjamin

Weihnachten in Rußland

Weihnachten ist ein Fest des russischen Waldes. Es sie-
delte sich mit Tannen, Kerzen, Baumschmuck für viele
Wochen in den Straßen an. Denn die Adventszeit grie-
chisch-orthodoxer Christen überschneidet sich mit der
Weihnacht derjenigen Russen, die das Fest nach westli-
chem, das heißt nach neuem, staatlichem Kalender feiern.
Nirgends sieht man an Tannenbäumen schöneren Behang.
Schiffchen, Vögel, Fische, Häuser und Früchte drängen
sich bei den Straßenhändlern und in den Läden, und das
Kustarny-Museum für Heimatkunst hält jedes Jahr um
diese Zeit für all dies eine Art von Mustermesse. An einer
Straßenkreuzung fand ich eine Frau, die Baumschmuck
verkaufte. Die Glaskugeln, gelbe und rote, funkelten in
der Sonne; es war wie ein verzauberter Apfelkorb, wo Rot
und Gelb sich in verschiedene Früchte teilen. Tannen

durchfahren die Straßen auf niedrigen Schlitten. Die kleinen putzt man nur mit Seidenschleifen; blau, rosa, grün bezopfte Tännchen stehen an den Ecken. Den Kindern aber sagt das weihnachtliche Spielzeug auch ohne einen heiligen Nikolaus, wie es tief aus den Wäldern Rußlands herkommt. Es ist, als ob nur unter russischen Händen das Holz grünt. Grünt – und sich rötet und golden sich überzieht, himmelblau anläuft und schwärzlich erstarrt. »Rot« und »schön« ist russisch ein Wort. Gewiß sind die glühenden Scheiter im Ofen die zauberhafteste Verwandlung des russischen Waldes. Nirgends scheint der Kamin so herrlich zu glühen wie hier. Glut aber fängt sich in allen den Hölzern, an denen der Bauer schnitzelt und pinselt. Und wenn der Lack sich dann darüberlegt, ist es gefrorenes Feuer in allen Farben. Gelb und rot auf der Balalaika, schwarz und grün auf der kleinen Garnoschka für Kinder und alle abgestuften Töne in den sechsunddreißig Eiern, von denen immer eines im andern steckt. Aber auch Waldnacht wohnt in dem Holz. Da sind die schweren kleinen Kästen mit dem scharlachroten Innern: außen auf schwarzem, glänzendem Grunde ein Bild. Unter dem Zarentum stand diese Industrie vor dem Erlöschen. Jetzt kommen neben neuen Miniaturen die alten, goldverbrämten Bilder aus dem Bauerndasein wiederum zum Vorschein. Eine Troika mit den drei Rossen jagt in das Dunkel, oder ein Mädchen in meerblauem Rock steht neben dem Gebüsch, das grün aufflammt, und wartet in der Nacht auf den Geliebten. Keine Schreckensnacht ist so dunkel wie diese handfeste Lacknacht, in deren Schoß alles, was aus ihr auftaucht, geborgen ist. Ich seh einen Kasten mit einer Frau, die sitzend Zigaretten verkauft. Neben ihr steht ein Kind und will davon holen. Stockdunkle Nacht auch hier. Aber rechts ist ein Stein und links ein blätterloses Bäumchen zu erkennen. Auf der Schürze einer Frau liest man »Mosselprom«. Das ist die sowjetische »Madonna mit den Zigaretten«.

OTA FILIP

Mein Weihnachten in Prag

Die Redaktionen haben mit uns, Autoren, kein Erbarmen. Die deutsche Prager Zeitung ist in dieser Sicht keine Ausnahme. In der ersten Adventswoche wurde ich per Fax von der Redaktion der Prager Zeitung aufgefordert: ‚Schreiben Sie bis 11. 12. für uns ein frisches Feuilleton über das heutige Prag, einfach etwas Originelles, so wie Sie es eben zu schreiben verstehen.' Übers Honorar stand im Fax – wie üblich – kein Wort.

Und jetzt sitze ich vor der Schreibmaschine und versuche wieder einmal alle Tricks anzuwenden, die wir, alte und erfahrene Schreiber, auf Lager haben, damit mir etwas lesbar ‚Frisches und Originelles' über das heutige Prag einfällt. Es fällt mir allerdings nichts ein. Und wie soll es auch? Ich bin kein geborener Prager, ich bin ein Mährer ein Schlesier, ein echter ‚Schlonsack'. Prag, die Stadt meiner Jugend, in der ich nur aufgewachsen bin, ist weit, ein Vierteljahrhundert entfernt. Jetzt sitze ich in der bayerischsten Ecke von Bayern, nämlich im Pfaffenwinkel zwischen Murnau und Garmisch-Partenkirchen. Links sehe ich die steil zum Ettaler Mandl steigenden weißen Alpenwiesen, rechts das verschneite Murnauer Moos. Und überall breitet sich eine echt bayerisch-sentimental vorweihnachtliche Stimmung aus, wie auf Bestellung des Garmisch-Partenkirchener Touristenburos für zahlungskräftige Urlauber aus Preußen, aus Sachsen, aus Dänemark, aus Holland und Belgien und vor allem aus Japan organisiert, die schon ihre Koffer packen, um unseren Pfaffenwinkel, amtlich Werdenfelser Land genannt, in der Weihnachtszeit zu überschwemmen. Die Zeit der ‚stillen und heiligen' Nacht ist auch bei uns längst vorbei.

Ich verstricke mich immer tiefer in bayerische Geschichten, die den Leser der Prager Zeitung wahrschein-

164

lich überhaupt nicht interessieren, und ich weiß nicht, wie ich jetzt zurück nach Prag und zum Prager Thema kommen soll.

Ich versuche es über Weihnachten.

Weihnachten ist auch in der Literatur immer gut, wenn es um süßlich nostalgische Erinnerungen an die Jugend geht, um die Rückkehr in die halb oder ganz vergessene Zeit, als unsere kindlichen Augen vor dem väterlichen Weihnachtsbaum glänzten. Im Advent werden wir, Dichter nicht ausgenommen, von der vorweihnachtlichen Stimmung auf eine seltsam sanft-erpressische Art und Weise gezwungen, über die alten, guten Zeiten auch dann sentimental zu quatschen, wenn uns die oft strapazierten alt-guten Zeiten mit Gewalt, Betrug und Verrat unsere Jugendträume rücksichtslos zerstört haben.

Ich wage zu sagen: Ich werde nie mehr im Leben Weihnachten in Prag feiern. Ich hasse Weihnachten in Prag.

Die Weihnachten in Prag hatten es auf mich, soweit ich mich erinnern kann, in der für andere schönsten Zeit der Jugend abgesehen gehabt. Einen Tag vor dem Heiligen Abend 1948, ich bin achtzehn gewesen, wurde mein Vater, wie es damals hieß ein bourgeois-staatsfeindliches, dem Sozialismus feindlich gesinntes Element, von der Prager Stasi verhaftet. Der elektrische Strom wurde von der Stasi in unserer Wohnung abgeschaltet, das Telefon beschlagnahmt, die Hausdurchsuchung dauerte vierundzwanzig Stunden. Am Heiligen Abend 1948 saßen wir mit meiner Mutter in der kalten, verwüsteten Wohnung und heulten gedemütigt und hilflos vor Angst um den Vater.

Sonst aber war alles, wie es am Heiligen Abend sein soll: Draußen in der Sepánská-Gasse fiel Schnee, und die Prager Glocken läuteten feierlich. Seit jenem Heiligen Abend kann ich das weihnachtliche Glockengeläute nicht ausstehen.

Ein Jahr später, am 24. 12. 1949, genau um 15 Uhr – ich

165

kann diesen Tag und die Stunde nicht vergessen –, wartete ich an der Ecke unter den Fenstern des Cafés Slavia vor dem Nationaltheater auf Marie Holecova, eine junge Dame aus Kosíre, natürlich auch ein bourgeoises Element, die wohl einzige, die es im damaligen proletarischen Prag noch wagte, einen Hut mit einem Schleier zu tragen. Ich war in Fräulein Holocova verliebt und wollte ihr mein Weihnachtsgeschenk übergeben: ein Heft mit fünfzehn, in meiner schönsten Schrift geschriebenen, höchstpersönlich gedichteten Liebesversen.

Marie kam zum fest vereinbarten Rendezvous nicht.

Um fünf Uhr, es fiel, wie es sich gehört, Schnee, gab ich auf und schlenderte zur Straßenbahnhaltestelle in der Národni vor dem Nationaltheater. Und als ich erniedrigt und verzweifelt am ersten Fenster des Cafés Slavia vorbeiging, sah ich hinter dem Glas meine verschleierte Geliebte: Ein älterer Herr küsste ihre Hand, und Marie lachte. Mein Traum von der großen Liebe zu Maria brach zusammen. Ich beherrschte mich jedoch, betrat das Café Slavia, gab der Dame an der Garderobe fünf Kronen, für mich damals ein kleines Vermögen, und bat sie, mein Heft mit meiner Lyrik der verschleierten Dame am ersten Fenster links zu übergeben. Am Abend rief ich Marie aus der Telefonzelle vor unserem Haus an. ‚Ich habe deine Lyrik in der Straßenbahn gelesen', sagte sie, ‚es ist ein dritter Absud von Walt Whitman. Ein Dichter bist du ja nicht, finde dich damit ab.' Meine Welt lag bereits in Trümmern, ich konnte nichts mehr zerschlagen, so holte ich Luft und schrie Marie an: ‚Was war das für ein alter Knacker im Café Slavia?' Marie schwieg, und erst nach einer Weile sagte sie mit einer traurigen, dennoch entschlossenen Stimme: ‚Ota, ich muß an meine Zukunft denken. Der Herr im Café Slavia war Ivan, Kulturattaché in Paris. Wir werden heiraten, und ich fahre mit ihm nach Paris, für immer fort aus diesem verdammten Prag! Verzeihe mir und lebe wohl!'

Marie hängte auf. Ich sah sie nie wieder.

Als ich die Telephonzelle verließ, läuteten die Prager Weihnachtsglocken, am lautesten die Glocke der St.-Stephanus-Kirche gleich gegenüber. Und es fing an zu schneien. Jesus Christus, unser Retter und Herr, wurde wieder einmal geboren und ich wurde zum ersten Mal verraten.

Drei Jahre später, 1952, einen Tag vor dem Heiligen Abend, kam unerwartet und um drei Jahre früher Vater aus dem Gefängnis, eigentlich aus dem Straflager in den Uranbergwerken von Joachimsthal, nach Hause zurück. Er saß gebückt, grün im Gesicht in der Küche und wiederholte immer wieder: ‚Schön, daß ich zu Hause bin.'

Am nächsten Tag fiel er gegen Mittag wie vom Schlag getroffen im Vorzimmer um. Um 18 Uhr, es war Heiliger Abend, starb Vater. ‚Schwere Sache', sagte der Arzt im Krankenhaus, Ihr Vater war durch und durch radioaktiv verseucht, man schickte ihn nach Hause, damit er nicht im Straflager stirbt. Als Todesursache muß ich aber Herzinfarkt schreiben.'

Als ich mit der Straßenbahn aus dem Krankenhaus nach Hause fuhr, fiel wieder Schnee, und alle Prager Glocken läuteten. Am Kreuzherrnplatz ging es nicht weiter. Stromausfall. Ich schlenderte durch die Altstadt nach Hause. Vor mir gab es im Neuschnee keine Spuren; über meinem Kopf dröhnten die Glocken von St. Salvator, St. Jakob und von der Teynkirche. Die Luft roch nach Frost, nach Zimt, nach panierten Karpfen und nach Tod.

Siebenunddreißig Jahre später, nach der Prager sanften Revolution im Spätherbst 1989, kam ich kurz vor Weihnachten nach zwanzig Jahren im Exil nach Prag zurück. Am Heiligen Abend wollte ich an Vaters und Mutters Grab am Friedhof Olsany zwei Kerzen anzünden.

Ich habe das Grab meiner Eltern bis in die Dämmerung gesucht und nicht gefunden. Traurig, verzweifelt und beschämt fuhr ich ins Hotel und habe meine Tante, Vaters jüngste Schwester, 1989 schon über achtzig, angerufen.

›Weißt du, Ota‹, sagte Tante Zdena, ›wir haben gar nicht ahnen können, daß du einmal aus dem Exil zurückkommst, so haben wir ins Grab zu deinen Eltern auch die Verwandtschaft meines Mannes bestattet. Einen neuen, größeren Grabstein aus rotem Granit haben wir aufgestellt, es hat uns ein Vermögen gekostet, das kannst du mir glauben. Tja, und dabei passierte es, dass wir die Namen deines Vaters und deiner Mutter vergessen haben.‹ – ›Man könnte jetzt nachträglich ihre Namen in den Granit meißeln‹, sagte ich, und es gelang mir, meine Wut zu beherrschen. Tante Zdena atmete schwer und sagte: ›Wenn du mir und meinem Mann zwei Tausender zahlst, natürlich in D-Mark, dann bringen wir die Sache mit dem Namen deiner Eltern in Ordnung. Komm doch heute mit deiner Frau zum Abendessen, es gibt Kartoffelsalat, wie ihn deine Mutter gemacht hat, und Karpfen in schwarzer Soße, wie sie dein Vater liebte. Es ist schließlich Heiligabend, und die Familie gehört zusammen. Und nimm gleich die zweitausend D-Mark mit…‹

Ich hängte auf.

Und es war zum Verzweifeln: Es fing an zu schneien. Die Glocke der St.-Jakobs-Kirche – aus dem Hotelzimmer sah ich den verschneiten Turm – läutete als erste in ganz Prag Christi Geburt ein.

Ich konnte es in Prag nicht mehr aushalten.

Wir haben mit meiner Frau die Koffer gepackt, bezahlten das Hotel, setzten uns ins Auto und flüchteten in der stillen und heiligen Nacht durch halb Böhmen nach Hause, nach Bayern.

EBERHARD HORST

Fast eine Weihnachtsgeschichte

Als acht Tage vorüber waren,
wurde ihm der Name Jesus gegeben.
So hatte ihn der Engel schon genannt,
bevor er im Mutterschoße empfangen war.
Lukas 2,21

Der erste nasskalte Schnee lag auf der Wiese vor unserem Haus und lastete schwer auf den Zweigen der Fichten. Es war kalt und grau, als ich in der Morgendämmerung das Haus verließ, und der Taxifahrer, der mich abholte und zum Flughafen fuhr, schimpfte über den verfrühten Wintereinbruch. Ich reiste nach Santo Domingo, nicht zum Vergnügen, aber doch im Bewußtsein, daß mich auf der Insel in der Karibik ein besseres, ein sommerliches Klima erwartete. Nur waren die begehrten Urlaubsstrände an der Südost- und Nordostküste nicht Ziel meiner Reise. Die Veranstalter der Internationalen Buchmesse in der Hauptstadt der dominikanischen Republik hatten mich eingeladen, meine Bücher vorzustellen und an einem Leseabend eine ins Spanische übersetzte Erzählung zu lesen.

Während des langen Fluges über den Atlantik blätterte ich in Reiseführern, suchte ich nach einem Bild dessen, was sich mir bieten würde. Es blieb eine vage Vorstellung. Zuletzt, es war schon Nachmittag, überkam mich eine Art Halbschlaf, aus dem ich erst aufwachte, als wir uns der Insel näherten und bald über grünes Land flogen.

Das also war die Insel, die Kolumbus entdeckte, die er Hispaniola nannte. Anders als der Seefahrer Kolumbus, erblickte ich aus der Vogelperspektive, den Augen wohltuend, weitgedehnte Bananen- und Zuckerrohrplantagen, grüne buschige Tropenwälder und die Strohdächer versteckt liegender Siedlungen. Vergessen war der heimatliche frühe Schneewinter. Als ich im Wagen, der mich vor dem Aeropuerto erwartete, nach Santo Domingo fuhr, in halbstündiger Fahrt auf der von hohen Palmen gesäumten Uferstraße, überstrahlte die nachmittägliche Sonne die in allen Farben schimmernde Karibik.

Am nächsten Tag, nach der Siesta, suchte ich im Volksgedränge der Feria del Libro an der Plaza de la Cultura mühsam den Weg zum Bücherstand von Alemania. Es war keine Buchmesse nach deutschem Muster, sondern ein bunter, äußerst lebhafter und vielbesuchter Jahrmarkt, der nicht nur Bücherfreunde anlockte. Am deutschen Bücherstand erwarteten mich der Pressesprecher der deutschen Botschaft und zwei deutschsprechende Helfer, die dunkelhäutige Xiomara und ein einheimischer Student. Einige Besucher blätterten in meinen ausgelegten Büchern. Andere standen bei einer bunt informierten Blaskapelle, die herzergreifend und laut aufspielte.

Eine junge Mulattin, Reporterin mit umgehängtem Tonbandgerät, hielt mich auf, befragte mich lächelnd, aber doch mit rabiater Direktheit nach den Neonazis in Alemania. Unversehens geriet ich zum Auftakt in die Rolle des Verteidigers meines Landes und seiner demokratischen Verfassung. Ähnliches wiederholte sich am nächsten Tag, als ich nach meiner Lesung in der Biblioteca Nacional am Ende der literarischen Diskussion wiederum mit dem arg beschädigten Deutschlandbild konfrontiert wurde. Versammelt war ein gemischter Zuhörerkreis, Angehörige der deutschen Kolonie, deutsch lernende Studentinnen und Studenten des Humboldt-Instituts, an den Verhältnissen in der Bundesrepublik interessierte Leute. Meiner so beflissen vorbereiteten, in das Spanischlesen eingeübten Erzählstunde folgte erneut und heftiger als von der Reporterin herausgefordert eine Wendung in die deutsche politische Aktualität. Da allerdings, angesicht der verschärften Fragestunde, bedurfte ich der Hilfe meiner Dolmetscherin.

Aber nicht dies ist Gegenstand meiner Erzählung. Ich will auch nicht oder nur andeutungsweise sprechen von einer Tertulia, der Gesprächsrunde zu Ehren des deutschen Gastes, zu der fünfzehn einheimische Dichterinnen und Dichter gekommen waren. Eine spätabendliche Runde bei immer noch dreißig Grad Celsius im schattigen Garten des Gastgebers, während – unser Debattieren missachtend – ein kleiner braun gefiederter Hahn, gefolgt vom Huhn und drei winzigen Küken, mit unbeirrbarem Stolz vor unseren Füßen paradierte. Ich erinnere mich an den schweigsam auf seiner Gartenbank sitzenden schnurrbärtigen Lyriker Pedro Mir, der als einziger in unserer leicht gekleideten Gesellschaft ein helles Jackett und eine bunte Seidenkrawatte trug. Das blieb mir vor Augen. Noch weniger kann ich vergessen, wie er in einem seiner Gedichte sein Inselland charakterisiert als »geboren aus Nacht«, *oriundo de la noche*, und »absonderlichen Archipel von Zucker und Alkohol«.

Mitteilenswerte Episoden, gewiß. Doch eine bewegt mich mehr als alles andere mir in Santo Domingo Widerfahrene. Fast eine Weihnachtsgeschichte.

Der Expräsident Juan Bosch, Literat, Schriftsteller, der verehrte große alte Mann der einstigen Republik, hatte mich zu einem Abendbesuch eingeladen. Der über Achtzigjährige empfing mich an der Tür seines Hauses in der Calle César Nicolás Penson, und es wurde ein unvergeßlicher Abend in Boschs, seiner Doña Carmen und ihrer Tochter Bárbara Gesellschaft, ergänzt durch den hilfreich dolmetschenden Vermittler dieses Abendbesuchs.

Einen Augenblick lang drängte mich der Wunsch, wie bei meinem eigenen ersten Interview auf der Buchmesse, in Umkehrung sozusagen, den Politiker nach der dominikanischen politischen Realität zu befragen. Es lag mir auf der Zunge, Juan Bosch nach seiner Meinung zu einem umstrittenen Politikum, einer Machtdemonstration des regierenden dominikanischen Präsidenten zu fragen, dem zum fünfhundertsten Jahrestag der Entdeckung Amerikas neu errichteten Faro de Colón, dem monströsen Kolumbusdenkmal jenseits des Rio Ozama. Ein Denkmal, von dem aus Abend für Abend Laserstrahlen am Himmelsgewölbe ein überdimensionales Lichtkreuz zeichneten. Aber ich kannte ja Boschs und der Mehrzahl der Dominicanos Protest gegen das maßlos geldverschlingende Monstrum des mit weißem Marmor verkleideten kreuzförmgen Betonblocks bei so viel verzweifelter Armut auf der Insel.

Offenbar verspürte auch mein Gastgeber wenig Lust nach politischen Fragen. Unsere Gespräche galten der Literatur und dem Leben eines Autors in Lateinamerika oder in Alemania. Er fragte, was mich anregt, motiviert zum Schreiben meiner Biographien und Erzählungen. Er selbst erzählte von seiner Biographie über den biblischen David, einem seiner Lieblingsbücher, das er in der Zeit seines Exils in Puerto Rico geschrieben habe.

Bewegung kam in unsere kleine Tischgesellschaft, als eine dunkelhäutige Amme ein Kind hereintrug, ein Mulattenbaby mit heiter glänzenden braunen Augen, mit festen rundlichen Ärmchen und Beinchen. Das Kind wurde herumgereicht, gestreichelt, geküßt, mit liebevollen familiären Gute-Nacht-Wünschen bedacht. Mich musterte das Kind mit neugierigen, gar nicht ängstlichen Augen, die erkennen ließen, daß sie über den Besucher am Tisch, der nicht zur Familie gehörte, gern mehr erfahren hätten. Wo kommst du her?, was tust du hier in unserer, in meiner Familie?, schien das Mulattenkind in seinem allein durch die Augen, schönen strahlenden Augen, belebten Köpfchen zu denken.

Offensichtlich fühlte der erfahrene Hausherr oder sah er meinem Erstaunen an, daß er mir eine Erklärung schulde. Er sagte, mich, der ich neben ihm saß, mit seinem gutmütig verschmitzten Lächeln von der Seite anblickend, mit verblüffender Direktheit, seine Tochter Barbara habe das Kind auf der Straße entdeckt. An einer dunklen Ecke, nicht weit vom Haus, habe sie das ausgesetzte winzige und zum Skelett abgemagerte Wesen gefunden. Ein von groben Tüchern umwickeltes Bündel, über das man leicht hätte stolpern können. Das ist nichts besonderes zur Nacht in Santo Domingo, sagte er schnell, meiner verwirrten Nachfrage zuvorkommend. Eines der kleinen, meist unbeachteten oder doch bald vergessenen Ereignisse in der nächtlichen Dunkelheit, vielleicht von irgendwem anonym der Behörde gemeldet. Aber denken Sie an unsere Verhältnisse. Falls die Präfektur reagiert, mitunter anderntags, ist es zu spät für das hilflos allein gelassene Menschenkind.

Bárbara hob ihren Fund, das leichte Bündel, auf und brachte ihn zum Schrecken unserer Criade und der anderen Dienstleute ins Haus. Ein *regalo*, ein Geschenk, sagte sie einfach, jedem Einwand zuvorkommend. Keinen Hinweis auf den Geburtstag des Kindes, keinen Zettel mit seinem Rufnamen, wie sonst gelegentlich, fanden wir. Da wir aber dem Findelkind einen Namen geben mußten, wählte unsere Tochter mit unser aller Einverständnis den Namen Jesús de la Encarnación. Was ja nahelag, fügte Bosch hinzu, meinem Erstaunen wiederum durch sein unwiderstehliches Lächeln begegnend. Am Tag vor dem in Ihrem Land so freudig gefeierten Weihnachtsfest, dem Fest der Geburt Christi, hatte Barbara das armselige Findelkind in unser Haus gebracht.

Kein anderer Name als der mit Encarnación, mit »Menschwerdung« verbundene konnte zutreffender das Kind benennen, dessen schon aufgegebenes Menschenleben noch einmal begann. Für alle im Haus war es ein Wunder, wie schnell sich der fast schon aus der menschlichen Gemeinschaft ausgestoßene Findling Jesús erholt und gesund entwickelt habe. Juan Bosch sagte dies, ohne in der Aufnahme des Kindes etwas Besonderes oder gar eine karitative Heldentat zu sehen. Das kleine Mulattenbaby Jesús de la Encarnación gehörte von nun an zur Familie wie jedes eigene Kind. Basta! Sie haben gesehen, was aus dem aufgehobenen Bündel geworden ist.

Als ich mich verabschiedete, gab mir Juan Bosch sein zuletzt erschienenes Buch, seine David-Biographie, in die Hand, nahm es jedoch noch einmal zurück, um es mit seinen schreibgewohnten, klaren, die innere Titelseite rasch füllenden Schriftzügen mir zu widmen, *con cordialidad*. Hatte er nicht schon in unserem temperamentgeladenen Abendgespräch erzählt vom Kampf zwischen dem Kind (wie er durch eine Handbewegung betont hatte) und dem Giganten, vom *combate entre el niño David y el gigante Goliat?* Einen Augenblick stutzte ich. Es gibt dieses Kind, diesen jungen David mit der Schleuder in der Hand, und es gibt das am nächtlichen Straßenrand ausgesetzte Findelkind Jesus. Mich überwältigte, wie die beiden Bilder zusammentrafen, dieser Hauch von Übereinstimmung. Alles hatte seine *eine* unleugbare Wahrheit, stand in geheimer oder schon offener, jedenfalls wahrnehmbarer Beziehung in dieser so mitteilsamen dominikanischen Nacht.

Der alte Mann Juan Bosch holte mich zurück in die Gegenwart. Als ich mich verabschiedete, schaute er mich an, etwas zögernd, sagte dann, es sei nicht ungefährlich, in der Nacht zu Fuß durch die lichtlosen und menschenleeren Straßen von Santo Domingo zu gehen. Nicht nur Findelkinder würden auf einen ahnungslosen Fremden, einen unbegleiteten Passanten warten. Er führte mich hinaus, hob seinen weißhaarigen Kopf in die nur am Haus beleuchtete, aber doch von Millionen Sternen beschirmte Nacht, und ließ mich in seinem Wagen zurückfahren in mein Hotel an der Uferpromenade.

Meine Tage danach standen unter dem Eindruck des im Haus an der Calle César Nicolás Penson Erlebten. Aber täglich erschien ich zur verabredeten Zeit am deutschen Bücherstand der Feria del Libro. Die von den Veranstaltern erstmalig gewünschte Anwesenheit eines Schriftstellers aus Alemania hatte sich herumgesprochen, war durch die einheimische Presse, durch Werbeblätter der deutschen Botschaft bekannt geworden. Am Bücherstand erwarteten mich die üblichen Autogrammwünsche. Wie bei meiner Lesung im Saal der Nationalbibliothek sah ich verwundert, wie groß der Anteil deutscher oder deutschsprechender Einwohner in der Zweimillionenstadt Santo Domingo war. Deutschen Touristen begegnete ich nicht, weder auf der Buchmesse noch oder ganz selten bei meinen Gängen durch die Straßen der historischen Altstadt. Keine deutschen Besucher sah ich, als ich hinausgefahren war zur Gedächtnisstätte des Kolumbus und die breite langgedehnte Rampe zum Faro de Colón emporging.

Marinesoldaten bewachten den Eingang. Geduldig unter der vormittäglichen Sonne standen einheimische Besucher in der Reihe, warteten auf den Einlaß. Scharen von dunkelhäutigen Schülern, begleitet von Lehrerinnen, waren hergekommen. Nicht wenige der Jungen umdrängten mich lachend und gestikulierend. Eines Tages, dachte ich spontan, in sechs oder sieben Jahren, wird der Schüler Jesús de la Encarnación mit seiner Klasse heraufkommen und durch die geöffneten schweren Portale gehen. Ein erfreuendes, mir lieberes Bild als die Erinnerung an die ernüchternd kahlen Betonwände im Innern des Monuments, an die von Soldaten in weißer Paradeuniform und glänzenden Helmen bewachte Nische mit der Urne, in der angeblich die Asche des Entdeckers Kolumbus ruht.

Meine Tage in Santo Domingo waren gezählt. Der Abschied vollzog sich in überraschender Schnelligkeit. In detailgenauer Umkehrung der Herfahrt, nur unvergleichlich nach allem mir Widerfahrenen, saß ich im Wagen des deutschen Botschafters und fuhr stadtauswärts zum Flughafen.

Ob ich zufrieden sei mit meinem zu Ende gehenden Aufenthalt, fragte der mir vertraute Botschaftssekretär. Ich hätte ihm eine lange Geschichte erzählen müssen, blieb aber bei meiner vielleicht zu floskelhaften knappen Bestätigung der erlebnisreichen Ereignisse am Bücherstand der Feria del Libro und bei meinen Gängen durch die Stadt. Wichtiger war mir, als wir die Wohngebiete zurückließen und über die lange Palmenallee zum Aeropuerto fuhren, der Abschiedsblick auf das Meer. Unverändert die an die Uferfelsen schlagenden Wellen, noch einmal der Blick auf die im Sonnenlicht schillernde Karibik.

Bei der Zwischenlandung auf dem Flughafen nahe La Romana an der Südostküste nahm unser Flugzeug deutsche Touristen auf, braungebrannte überlaute Frauen und Männer, die erst allmählich beim Weiterflug über dem Atlantik zur Ruhe kamen.

Nach einiger Zeit verteilte die Stewardess schwarze Augenklappen. Auch ohne das Hilfsmittel wäre ich übermüdet in meinen traumlosen Schlaf versunken. Ich weiß nicht, wie lange ich die Augen geschlossen hielt. Als ich aufwachte, wurden Getränke und ein üppiges Bordessen verteilt. Danach las ich wie auf dem Hinflug in einem Reiseführer vom Sonnenland, das ich zurückgelassen hatte. Die Umkehr war perfekt. Nach der Landung im heimatlichen Flughafen erwartete mich ein frostig kalter Wintertag.

KETO V. WABERER

Sprengsatz zum Weihnachtsfest

»Basta ... ich kann nicht mehr. Weihnachten macht alle
Leute so gräßlich«, sagt Emilio, der ansonsten höflichste
und geduldigste aller Kellner, und stellt einen Teller Gno-
cchi mit so kühnem Schwung vor mir ab, daß ich zusam-
menfahre. Wir schreiben den 21. Dezember und fürwahr,
um mich herum im Lokal sitzen lauter grämliche, nervöse
Leute und starren aggressiv auf ihre Teller. »Du fährst
doch sicher heim«, frage ich, ängstlich bemüht, Emilios
Laune zu heben. Ich habe Erfolg, seine verkniffene Miene
erhellt sich, und er ruft: »Natürlich – am 23. fahr' ich los
und brettere durch bis Sizilien – ich habe heute in Milazzo
angerufen ...« Er blickt um sich und flüstert: »Mama hat
schon angefangen zu kochen!« Damit eilt er weiter und
lässt mich etwas betäubt vor meinem Teller sitzen. Jawohl,
ich fühle Neid – an den Tisch in Milazzo würde ich mich
gerne auch setzen.

Wie kommt es nur, daß ich mir ein Weihnachten bei einer fremden italienischen Familie genüßlicher vorstelle als
das Fest im Kreise meiner Lieben?

Ich kenne in Deutschland nur wenige Leute, die zu
Weihnachten so gerne nach Hause reisen wie Emilio. Ich
weiß nicht genau, woran das liegt, vielleicht am psycholo-
gischen Druck, mit dem das Fest einhergeht. Zu Weih-
nachten muss man nach Hause! Harmonie, Geselligkeit,
Dankbarkeit, Kinderseligkeit, alles das soll sich an diesem
Abend wie auf Kommando einstellen – und dann die
weihnachtlichen Festessen, ohne die es einfach nicht geht!
Alle glücklich zusammen unterm Lichterbaum! Guter
Gott, da führt kein Weg dran vorbei.

Natürlich fällt einem dabei sofort die fatale Weih-
nachtshysterie ein, die Bölls Bürgersfamilie in der Geschichte »Nicht nur zur Weihnachtszeit« befällt, in der die

177

von einem Bombenangriff aus dem Konzept gebrachte Mutter nur mit einem allabendlichen Weihnachtsfamilienfest beruhigt werden kann – und das jeden Abend, jahrelang.

Bei uns zu Hause warf das Fest in meiner Kindheit schon wochenlang seine Schatten voraus, nicht nur die lästige Schenkerei, die Frage, wer kommt, wer nicht, die Frage Krippe ja oder nein (eine Krippe, die das halbe Zimmer einnahm). Der kitzeligste Punkt war der stille Kampf der Veranstalter um das Liebesmahl. Drei klassische Vorstellungen prallten aufeinander. Großmutter: Karpfen. Mutter: Gans. Vater: Truthahn.

Jeder hatte eine Strategie im Durchsetzen seines bevorzugten Gerichts. Mein Vater schwärmte von seiner Kindheit, mit umflortem Blick, und wenn nötig, mit bebender Stimme. Oma – »Karpfen, bis die Zähne schnarpfen …« war ihr Kampfruf – führte ihre empfindliche Pankreas ins Feld. Meine Mutter kämpfte verbissen mit der Verschleppungsmethode. »Bitte jetzt nicht!«, sagte sie am Familientisch, wenn das Thema Weihnachtsessen angeschnitten wurde. »Ich kann mich jetzt nicht verrückt machen lassen mit einer Streiterei, morgen vielleicht«, und sie legte die Hand über die Augen.

Uns Kindern war es ziemlich egal, was es geben sollte, und bis heute ist mir schleierhaft, wieso es ausgerechnet an diesem Abend jedem so wichtig zu sein schien, seine Vorstellung vom Weihnachtsessen zu verwirklichen.

Leimerans allerdings, von nebenan, bei denen es immer heiße Würstchen mit Kartoffelsalat gab, verachteten wir insgeheim, und auch die neureiche Familie Posch, die im Kerzenschein immer Fleischfondue aß, schien uns unwürdig und nicht traditionsbewußt. Selbstverständlich rief Tante Berta an und plädierte für Sauerbraten. Sie wurde abgeschmettert. Meist setzte sich Omas Karpfen durch, denn sie, als lachende Dritte, bot die Kompromißlösung im verhärteten ehelichen Machtkampf.

Nun war es aber so: Im Vorfeld des Geschehens wurden bereits solche Massen an Energie verpulvert, daß die Hausgemeinde am Heiligen Abend flach atmend in den Seilen hing. Nur die zugereisten Verwandten hatten noch die Kraft, eine festliche Konversation aufrechtzuerhalten und Erste Hilfe zu leisten, zum Beispiel, als der Herd ausfiel (die Gans halb gar im Rohr und keine Sicherung zu finden) oder als der Karpfen zu Brei zerfallen war, oder als Tante Clea nach dem ersten Mund voll Preiselbeersauce diese fürchterliche Allergie bekam und ihre Augen zu Spardosenschlitzen zuschwollen.

Irgendwie, mit übermenschlicher Anstrengung und nicht ganz ohne Opfer, gelang es aber doch stets, den Abend in die für ihn vorgesehene goldene Form zu pressen, und nach dem letzten Schnaps, bei niedergebrannten Kerzen (Oma saß neben einem Eimer mit Sand), versicherte man sich mit Rührung in der Stimme, dass noch nie, noch nie, ein Weihnachtsfest so schön gewesen sei.

Damals, so scheint es mir heute, lag immer Schnee, und wenn man hinaustrat in die kalte klare Luft, den neuen Schal um den Hals gewickelt, atmete man erleichtert auf.

Heutzutage sind die Dezember oft sonnig und lau. Man selbst ist mit einem Hausstand behaftet und hat sich vorgenommen, die Sache ganz locker anzugehen. Man hat Weihnachtsmenüs in etlichen Gazetten studiert, die Schenkerei, schon vorher, durch einen Rundruf auf ein Minimum beschränkt, den Champagner bestellt und glaubt nun, diesmal ohne Streß durch den 24. zu kommen. Weit gefehlt!

Der alte Weihnachtsdruck holt einen ein, und ich gebe Emilio recht, dieses Fest macht aus Menschen keine Engel.

Einsame Freunde fordern plötzlich gebieterisch, eingeladen zu werden, aber davon will der inzwischen verwitwete alte Vater nichts hören, er trägt schon schwer genug daran, daß es keinen Baum mehr geben soll. Leute rufen einen an und fragen, was sie dem oder jenem schenken sollen, andere zetern über den Aufwand, den die Stadt mit ihren Lichtergirlanden treibt, schicken einem Pamphlete mit hungernden Kindern, drängen einen, das Fest zu boykottieren. Freiberufler und Ladeninhaber, Kollegen und Familienhüter taumeln auf den endgültigen Kollaps zu und lassen einen dies deutlich fühlen. Jugendliche geben kurz vor dem Fest bekannt, sie kämen diesmal nicht, diese Feierei hinge ihnen zum Halse raus (ist das zu glauben?). Tante Clea ißt nur noch vegetarisch, aber wo soll sie anders hin, die Gute, seit Jahrzehnten ist sie es gewohnt, zu Weihnachten ihre Kräutersäcke hier bei ihren Lieben abzustellen.

Aber weiß Gott, ich habe noch Glück. Meine Freundin Ireia muß jedes Julfest ihre zänkische Mutter, ihren depressiven, geschiedenen Ehemann (Vater ihres Sohnes) und ihren jeweiligen Freund unter einen Baum kriegen. Der Liebste, je nachdem wie vertraut er schon mit familiären Weihnachten ist, verschwindet womöglich auf Nimmerwiedersehen, noch ehe der Baum entzündet wird.

Seit mein Freund Klaus die Frau mit dem Adelstick geheiratet hat, sitzen ganze Heerscharen verarmter Nobelleute um seinen Festtisch. Sie bestehen auf Stil und gehobener Garderobe und sind trinkfester als das Gastgeberehepaar.

Adelheid, die Gutmütige, lud zum Heiligabend zwei entlassene Strafgefangene zu sich, die wohnen jetzt bei ihr in der kleinen Wohnung. Die Katze mußte sie aufgeben.

Holger feiert diesmal nur mit seiner Familie, seit dem letzten Fest sprechen die beiden Familien nicht mehr miteinander, dafür rufen sie alle oft bei Holger an, meist gerade, wenn das erste Lied gesungen wird – zweistimmig diesmal.

Aus der Statistik weiß man, daß zu Weihnachten die Rate der abhanden gekommenen Männer steigt, mittlerweile auch die der Frauen. Das wundert mich nicht.

Außerdem, so liest man mit flauem Gefühl im Magen, steigen die Polizeieinsätze in bürgerlichen Haushalten. Nein, nicht um brennende Bäume zu löschen, sondern, weil Mama mit dem Tranchierbesteck auf Papa losgegangen ist, weil Papa dem Verlobten seiner Tochter eine Sektflasche über den Kopf gehauen hat und weil Oma vom Enkel an den Rollstuhl gefesselt wurde, als sie ihn daran hindern wollte, heimlich alle Heidesandplätzchen auf einmal wegzumampfen.

Schon wahr, das hat's früher alles auch gegeben, nur damals trachtete man danach, es nicht an die Öffentlichkeit dringen zu lassen. Meine Mutter hätte auch nie vor Außenstehenden zugegeben, daß der Gänsebraten zäh war wie Leder und daß Onkel Bertold nach zuviel Weihnachtswhisky mit einer Lebenkuchendose nach seiner Cousine zielte, damit Vetter Egon traf und von dem ein blaues Auge verpaßt kriegte.

Zurück zum modernen Christfest unserer Tage, dem Fest der Fressereien. Nicht alle Leute kochen noch so wie Emilios Mutter und meine gute Mama seinerzeit. Wer am Heiligabend vormittags entsetzlicherweise einkaufen gehen muss – Lachs, Kaviar, Gänseleberpastete und so. Sie verstehen? – findet sich in der Gesellschaft wuchernder, gehetzter Menschen am Rande des Nervenzusammenbruchs. Es überkommt einen ein seltsames Gefühl von Weltuntergang. Diese Leute kaufen so verzweifelt ein, als wäre schon morgen eine Hungersnot zu erwarten, die Sintflut – was weiß ich. Das sind die, die nicht kochen, sondern es »kalt und fein« wollen unter den Tannenzweigen. Man stelle sich vor, es wäre plötzlich keine geräucherte Gänsebrust mehr zu kriegen oder die französischen Käse wären schon alle. Das würde die Sternenstimmung am Gabentisch empfindlich stören.

Beim Friseur letztes Jahr, am 23.12., hockten lauter Damen, die sich erzählten, was sie noch kaufen müßten. Es ging immer nur um's Essen. Die Hand meiner Friseuse zitterte beim Schneiden meines Ponys. »Die ganze Familie von meinem Kuno kommt«, sagte sie, »und letztes Jahr hab ich doch das Kalbsgulasch versalzen, jetzt gibt's griechisch – kalt … aber mir selber schmeckt das gar nicht, ich mach's nur wegen ihm.« Es hätte nicht viel gefehlt, und sie hätte sich verschnippelt.

Harmonie, die sich unter Druck entfalten soll, ist flüchtig. Der despotische Wunsch nach Frieden, am Fest des Friedens, erweist sich als Sprengsatz. Also gut, Weihnachten ist eine emotionale und kulinarische Hürde, die sozusagen als dickes Ende dem vergangenen Jahr folgt. Seltsam. Noch nie habe ich so viel Aufhebens um Silvester erlebt.

Es ist wahr, daß ich, so wie der Sohn in Bölls Geschichte, zu diesem Anlaß jahrelang in ein tropisches Land entwichen bin, das sich dadurch auszeichnet, daß es dort keine Tannenbäume gibt.

Wer nun glaubt, ich hätte am Heiligabend mit einem Cuba libre am Strand gelegen, täuscht sich. Die alten Muster sitzen teuflisch fest.

Was tat ich? Ich stand Kopf, um einen geeigneten Baum aufzutreiben, ich riß mir ein Bein aus, um Kerzen beizubringen, Schmuck und Plätzchen. Ich fuhr tagelang über Land, um in irgend einem Kaff einer Gans habhaft zu werden, und wenn's mir irgendwie möglich gewesen wäre, hätte ich falschen Schnee gekauft, für die Fensterbretter.

Mit meinem frischgebackenen mexikanischen Ehemann hatte ich an so einem heiligen Übersee-Abend den ersten handfesten Krach. Ich warf den selbstgebackenen Stollen nach ihm – der, weil er hart wie Beton war und schwer wie Blei, gab ein verletzendes Wurfgeschoß ab – über die Ursachen und die Folgen will ich nicht weiter sprechen. Fest steht, die goldene deutsche Weihnacht im Familienkreis, sie verfolgt den Menschen bis ans Ende der Welt.

FELICITAS HOPPE

Wunsch nach Girlanden

Eine Weihnachtsreise nach Indien

DER ANFANG im Flugzeug ist einfach und leicht wie zu Hause die Luft. Ein Mann mit Turban fragt nach Bestimmung, ich sage Neudelhi, der sagt: YOU WILL MAKE IT! Am Flughafen der Ambassador, ein weißes Taxi rund wie ein Käfer, der Straßenrand ist mit Kühen verziert. Abgase, mäßige Wärme, eiskalt das Hotel und wieder ein Turban. Zimmer 1308. Das Fenster ist eine Balkontür zum Himmel, nur ohne Balkon, und ich falle todmüde drei Stockwerke tiefer ins Paradies der verschobenen Zeit.

Ein Hotelgarten, den ich im Halbschlaf verließ, weil an den Zäunen Kinder und Krüppel hängen, die Gärten sind nicht für Leser gemacht. Zum Frühstück Bedienung, immer Bedienung, die nächsten neun Wochen nichts als Bedienung und immerzu Trinkgeld, schweißnass meine Scheine, aber Geben macht groß, und ich wachse nach links und schrumpfe nach rechts. Nicht aufgeregt bin ich, ich bin nur gefangen. Blau kann der Himmel hier nicht mehr werden. Was dieses Land umbringt, gefällt mir am meisten: VERKEHRSMITTEL aller Größen und Sorten, die meiste Zeit geht mit Fahren dahin, halb Fahren, halb Stehen, kein Gehen. Die Platzangst sitzt ganz vorne im Kopf, gleich hinter den Augen, die schmerzen vor lauter Hinschauen auf Menschen, auf Menschen aus Bussen in Busse springend, von Rikscha zu Rikscha, und Menschen, die Pyramiden bilden nach oben zum Himmel, weil unten schon längst kein Platz mehr ist: ein Fahrrad, ein Moped, ein Mann, drei Frauen, acht Kinder, helmlose Schatten, doch durch und durch wirklich. MEIN LEBEN AUF DER VERKEHRSINSEL, wo abends die Männer die Ruder auspacken und leicht in das Wasser der Straße tauchen, um mühelos die Ufer zu wechseln, bis alles sehens-

würdig verschwimmt, JANTAR MANTAR und INDIA
GATE, wo mich ein Affe fotografiert, und Humayuns
Grab, flankiert von den Schatten der ewigen Gärtner,
schmale und selbst ernannte Führer, die wissen, wohin
man den Fuß nicht setzt und wieviel man zahlt für den
Blick auf den Grabstein. Ich zahle barfuß für alles. Für
Hanuman, den Affenkönig, alt und aus Stein und verläss-
lich wie die Idee eines Nationalmuseums. Hier ist es still
zwischen Göttern und Wärtern und Waffen und unver-
mutet windig und kühl, denn Weihnachten steht auch hier
vor der Tür: Lufthansatanne, Dominosteine, Lieder und
Stollen und feuchte Augen der Kolonialisten. INDIEN ist
süß, doch die Heimat schmeckt süßer.

KALKUTTA: HINDUSTAN INTERNATIONAL,
Zimmer 515. Kein Zweifel, die schönste Stadt Gottes, erbaut zur Strafe der Kolonialisten, der Literaten und aller
Touristen. Das schönste und jüngste Gericht. Und in der
Zeitung jene Geschichte von einem Wärter, der im Zoo
von Kalkutta, das seit gestern plötzlich Kolkatta heißt,
weil die Götter das wünschten, in die Fänge eines Tigers
geriet. Ist Weihnachten nicht das Fest aller Tiere, die den
Schlaf von Kindern in Krippen bewachen? Doch was sind
die Fänge des Indischen Tigers gegen den Willen des hefti-
gen Menschen, erst sinnlos zu trinken, danach sich aber
sinnlos zu opfern? Denn dies war der Fall, die Fänge des
Tigers dagegen nur schärfere Instrumente des Zufalls. Wie
unsere Geschichten aus fernen Ländern, die immer nur
jene Geschichten sind, die andere von uns hören wollen,
nie sind es die eigenen, nie ist es das, was wir sagen wollen.
Der Tag, erzählt mir der fremde Student, halb deutsch und
halb englisch, war lieblich und staubig, wie Wintertage
Kalkuttas so sind. Auch hier stand Weihnachten vor der
Tür, und in der geöffneten Tür zum Abend stand der
junge Wärter und sah voller Sehnsucht zum Tiger hin. Die
Dunkelheit drängt den Menschen zur Tat. Doch warum
muss es ein Tiger sein? Warum hatte der Wärter diesen er-

Vishnu. Westliches Indien, Ende 19. Jahrhundert, Hinterglasbild

wählt anstelle des friedlichen Elefanten, des weitaus gnädigeren unter den Göttern? Mag sein, er fürchtete dessen Gedächtnis. Doch was reizt ihn am Tiger? Denn nicht, dass der Tiger ihn suchte und wollte, nichts rührt und berührte den Tiger am Wärter, er blickte nicht einmal zu ihm hin. Doch siehe, der Wärter, er singt und er winkt, er muss zum Tiger hinüber. Die einen sagen, so auch der Student, er war ja betrunken, die anderen sagen, er war nicht betrunken, er war nur besessen, er hatte die herrliche Absicht, zu schmücken, den Tiger zu krönen, denn das ist an diesem Tag oft üblich in diesem seltsamen Land, da wird im Menschen ganz unerwartet auf einmal der Wunsch nach Girlanden wach. Er will dekorieren, verschönern, den Eifer in die Gestaltung legen. Und siehe, da hält es den Wärter nicht länger, er muss unumstößlich zum Tiger hinüber, er steigt einem Ritter von Schiller gleich hinab in den schmutzigen Wassergraben, er reißt sich das Hemd noch schwimmend vom Leib. DAS ANDERE UFER! Mein Gott, ja, das andere Ufer! Kaum drüben, begreift er mit süßem Entsetzen, er hat über der Tat die Girlande vergessen. Was tun? Er selber muss jetzt Girlande werden, den Tiger umarmen, ergreifen, umfassen, und wie es nun unvermeidlich ist, muss die Natur des Tigers erwachen. Auch er greift jetzt zu und erfasst in Gänze die Kreatur, den ganzen Mann, seinen eigenen, seinen einzigen Wärter, mit Sinn und Tatze und Pranke! Hat der dies gewollt? Er hat, so sagt der fremde Student, halb deutsch und halb englisch, er hat es gewollt, und mehr noch, er lässt es geschehen, kurz: wird jetzt gefressen, verzehrt auf den Grund mit Haut und Haar. Das ist, was mir in KOLKATTA geschah!

Zum Jahreswechsel

FELICITAS HOPPE

Wunsch nach Girlanden

Silvester in Indien

Silvester. Puri. Zimmer 222. Stadt der Pilger und Köche. Vom Bibliotheksdach aus ein Blick auf BAEDEKERS größte Küche der Welt im Tempel von gegenüber, auf Rauch, auf Löffel und Töpfe. Hinein darf ich nicht, doch man liest, dort herrscht ein GESCHÄFTIGES TREI-BEN, ein BUNTES GEWIMMEL, ein FEST DER SINNE, nur ob sie womöglich Mützen tragen, kann ich von hier aus nicht erkennen. Denn alles ist, wie das Bier am Abend, nur gegen leise Bestechung zu haben. Nur be-stechliche Menschen sind gute Menschen, genau wie der schwankende Nachmittagsführer, der mich vom Dach hinunter geleitet, um mich einmal ganz um den Tempel zu führen: Erstes Tor, Löwentor, zweites Tor, Pferdetor, drit-tes Tor, Affentor, viertes Tor, Elefantentor, Geld von der Hand in die Hand, dann bleibe ich endlich allein. Die El-lenbogen gespitzt und den Rücken mit dem unmöglichen

Rucksack gepanzert, weiche ich Hunden und Kühen aus und Bettlern, vor denen der BAEDEKER warnt, weil sie mit Nachdruck die Knöchel umfassen. Das Jahr geht zu Ende, rufe ich laut und gleichfalls mit Nachdruck. Am Abend, verzweifelt wie eitel, der folgende Eintrag: »Dies Buch schreibe ich aus reinster und schönster Einsamkeit. Denn ich bin in die Fremde geraten, und die Fremde, wie wir wissen sollten, ist nicht das, was uns fremd ist, sondern das, was uns fremd macht, was uns trennt von uns selbst. NACKTER MANN IM HEMDE, WAS SUCHST DU IN DER FREMDE?« Auch der Manager hier ist ein nackter Mann. Er trägt Hemden aus Delhi und steht am Strand wie ein Sträfling, die Hand gekränkt über den Augen mit Blick auf das Meer, das selbst ernannte Bademeister bewirtschaften: NICE PEOPLE HERE, sagt er, BUT VERY SIMPLE. Der Fahrer dagegen kennt sich gut aus und fragt mich zum Abschied, ob man in Deutschland Waren in Kilos wiegt. Später zahle ich dreihundert Rupies für ein leuchtendes gelbes SINGLE-Ticket für das, was man hier für Silvester hält: DANCE FLOOR; GAMES AND COMPETITION, BUFFETT und MANY ATTRACTIVE PRIZES! Vor mir auf dem Rasenplatz vier freundlich alternde Chinesen, die immer wieder versuchen, sich vier Papphütchen auf die Köpfe zu setzen. Sind die Köpfe zu eckig? Die Hüte zu klein? Dass sie immer von den Köpfen fallen. Ich fliehe ins Zimmer. Ich trinke nie Bier, habe nie Bier getrunken, doch heute, ich spüre es, ist mein Tag. Und so decke ich hier meinen Tisch auf dem Fernseher, der, weil es Winter ist, nichts als Schnee produziert in der Fremde am Strand: Obenauf, letztes Proviant meiner Reise, ein Apfel, daneben das bestochene Bier, die Begrüßungsblumen des Managers und die selbst gebastelte kleine Gottheit aus leuchtender hinduistischer Knete, Erinnerung und Geschenk aus der Heimat, aus der wieder verschobenen Zeit. Sollte ich jetzt zum Telefon greifen, wird niemand am anderen Ende sprechen, denn alle sind längst unterwegs zu Freunden und Festen. Ich schreite zur Tat. 23.56: Mit Hilfe des tröstlichen Schweizer Messers die erste und einzige Flasche geöffnet. 23.57: Den ersten Schluck eingegossen. Den Schaum betrachtet, die Krone des Meeres. Hinter dem Fenster das Feuerwerk, genau wie zu Hause immer zu früh. 23.59: Der erste Schluck ist immer der beste, schöner wird Indien sicher nicht werden. Betrachte mich im Sylvesterspiegel, werde langsam ein Mönch, feierlich und im weißen Hemd, frisch gebügelt, der Blick sehr ernst und geschult am Verhältnis zur Welt und zur Fremde. Das VOLK jedenfalls feiert woanders, in Kalkutta, PARK STREET, oder unten am Strand, wo sich immer noch das Kirmesrad dreht und hin und wieder und unbewacht ein leichtsinnig Zugereister zwischen den Jahren und Kühen und Dichtern für eine Minute ertrinkt.

DAGMAR LEUPOLD

Da capo

Die Straßen sind belebt wie an Wochentagen. Die weißen Atemwolken, die jeder ausstößt, geben dem Gedränge etwas Festliches, und ich fühle mich mit meinem Haß auf Neujahrs- und Silvesterabendseligkeit allein gelassen und verstoßen. Frierend denke ich an fremde Kalender, die den Jahreswechsel entweder in heiße Monate verlegen oder ein zyklisches Zeitverständnis pflegen, das Fortschrittsjauchzer alle zwölf Monate zu kleinlautem Verstummen bringt.

»Angela!«

In der Stimme liegt soviel kaum mehr zu bändigender Jubel, daß ich mich umwende, obwohl ich gar nicht Angela heiße. Ein Mann steht mir gegenüber und greift mich, kaum ist die Drehung vollendet, bei den Schultern. Auf

189

Armeslänge Abstand nimmt er mich staunend in Augenschein.

»Wieviel Jahre sind vergangen?« fragt er und antwortet sofort selbst: »Man sieht sie dir nicht an.«

»Heiner?«

Er nickt. »Komm, das müssen wir feiern.« Er hakt sich bei mir ein, weist auf das Gebäude schräg gegenüber – dort wohne er – und zieht mich bei Rot über den Fußgängerüberweg.

Auf dem Wohnungsschild steht *S. Grün*. Heiner lacht mich an. Durch einen schmalen, dunklen Flur schiebt er mich in das Wohnzimmer. »Damals«, sagt er, »hast du anders gerochen.«

Wir streifen die Schuhe von den Füßen und lassen uns, einander zugewandt, auf ein in sich versunkenes Sofa nieder. Heiner nimmt eine gerahmte Fotografie und zeigt inmitten einer Gruppe von Menschen auf eine junge Frau im Hintergrund: »Da bist du, und da bin ich.« Der Mann kniet vor der Frau, sein lachendes Gesicht dem Fotografen zugewandt, als wolle er sein Glück nicht ungesehen vergehen lassen. Das Paar gefällt mir.

»Straßburg«, sage ich und greife nach dem Sektglas, das Heiner mir reicht, »der Wein, der Käse, die sanft geschwungenen Straßen, die Juniluft – «

Unter dem Gewitter der Böllerschüsse lagen wir einander ab 0.12 Uhr – Heiners digitaler Wecker war ein aufrechter Chronist – in den Armen und erfanden das Elsaß.

190

Michael Schnitzler, Neujahrs-Glückwunsch, 1839.
Federzeichnung

RENATE JUST

Capo d'anno

Altes Jahr

Loiperding, nach Loiperding hätte man fahren sollen,
statt jetzt hier die Inntalautobahn Richtung Brenner lang-
zuschrammen. Warum haben wir uns breitschlagen lassen
zu so einem mittelitalienischen Landhaus-Silvester, reichen uns denn die Erfahrungen mit diesen oft schrecklich
entlegenen Retiros und den dort zusammengezwängten
Münchner Sause-Gesellschaften noch nicht? Weißt du
noch, diese innen blutigen, außen nicht richtig gerupften
Perlhühner in »Le Colline«, aus der kahlen Urigkeits-Ma-
celleria in Chianella, dieser ganze zelebrierte Cucina-Zau-
ber des guten K.., und dann diese schiere Ungenießbarkeit

191

am unvermeidlichen Refektoriumstisch? Erinnerst du dich an den dito superoriginalen, mäßigen Landwein, statt Korken mit einer Öllache versiegelt, den man immer respektvoll über die Macchia-Weglein herbeibalancieren mußte? Und das klamme Eisenbett mit der augenverdrehenden Heiligendarstellung zuhäupten, die mitgenommenen Kinder mit ihren pausenlos quäkenden Walt-Disney-Videos? Das vom Dauer-Malt-Konsum schon völlig dehydrierte britische Werbe-Paar im Nachbarhäuschen? Ganz zu schweigen von der wein-induziert sich entfaltenden kriegerischen Gruppendynamik in solchen italienischen Winterlagern: Paar-Fights untereinander, Paar-Fights über Kreuz, Freundinnenkräche, *Du*-schon-wieder, *Du*-wie-immer, Haltet-*Ihr*-euch raus... Sündenbock-Rollenzuweisungen, Zusammenrottungen und Delegationsbildungen, bitter-mißverstandene Einsamkeitsmärsche durch bereifte Olivenhaine, vorzeitig gepackte Taschen auf den Terracotta-Fliesen und »Wer schafft mich morgen aus diesem Grottenloch zum Frühzug nach Siena?«

Und jetzt wieder durch Tirol für einen Jahreswechsel a l'italianità. Noch nicht mal an der komisch orthodoxen Kirche von Volders, an den »Swarowski-Kristallwelten« von Wattens vorbei, würde man am liebsten nach Loiperding beidrehen, das Chiemgau-Bauernhaus in Freundeshand, wo sich die letzten Stunden eines jeweiligen Jahres zwar auch nicht immer ganz unentgleist und absturzfrei, aber grosso modo harmonisch und lustig zubringen ließen. Naja, sagt der Fahrer, die rotweißen Fensterläden von Schloß Amras bleiben unterhalb der Autobahn zurück, zur Silvesterharmonie dort hast *du* nicht unbedingt beigetragen, als du vor ein paar Jahren deinen nicht endenden Alle-Architekten-sind-Schwerverbrecher-Rundschlag gelandet hast, waren ja genügend Baukünstler da, denen du auf den Schlips getreten bist. Und du?, wehrt sich die Beifahrerin, erlaube mal, *wer* hat sich denn dort im Morgengrauen ins falsche Zimmer, ins falsche Bett geplatscht und war dann noch sauer, daß da schon jemand lag? Aber trotzdem, seufz, in Loiperding wären wir jetzt schon längst, und vielleicht hätten wir ja wieder das Fremdenzimmer im Nachbarhof, wo die Bäuerin vom Neujahrsgottesdienst kam, als wir uns gerade rotäugig und breischädelig an den Thermoskaffee quälten und sagte: *Oans* muaß ja in die Kirch'. Trasporto latte da vorne, die schwärzlich-desolate Brennerpaß-Unbehaustheit im Dauerregen eines zu warmen dreißigsten Dezember, jetzt gibt's eh kein vertretbares Zurück mehr. In die Marken reisen wir diesmal, *wohin*, hat man uns erstaunt gefragt, was, kennt ihr nicht, Le Marche, noch totale Geheimtipgegend hinter der Adria, den dumont-Führer zu der Gegend hat der Obergeschmäckler Roger Willemsen geschrieben, landschaftsmäßig intakt, nix Toscana-Fraktion, da kriegt man die rustici noch nachgeschmissen: alles nachgebetete Auskünfte jener Freunde, die dort unlängst ein Häuserl erworben hatten. Freunde, nun ja. Eher eine sehr wenig entspannte alte Paarbekanntschaft, etwas heuchlerisch und latent voller Vorbehalte, nochmal vertrackter durch die vormalige unselig eheliche Verbandelung zweier Beteiligter. Wir wollten da eigentlich nicht besonders gern hin, womöglich zu Auld-Lang-Syne-und-Auguri-Grölen und Zwölf-Uhr-Läuten-Küßchen ... mit »der Ex« wie man ja heute wohl sagt. Kommt doch immer wieder zu Zoff und Grant, kennen wir doch längstens, und dafür diese endlose Autostrada-Gurkerei ... Ihr müßt, ihr müßt aber, unser *eigenes* Ferienhaus begucken, jetzt, wo wir's gewagt haben ...

Dösen durch den langen, faden, immergleichen Etschtal-Schlauch. Die Beifahrerin kann diese stereotype Durchrutsch-Strecke nach Süden nicht leiden und generell nicht diese zwanghafte münchnerische Italien-Anbindung. Erholungsmäßig ist sie eher ein Anhänger des ferneren Frankreich und seiner leeren weiten Landschaften und kann sich inzwischen den allfälligen Italo-Jubel über den ersten nativen Steh-Espresso mit den großen Chrom-Zuckerdosen auf dem Bartresen verkneifen. Daß man im Winter da runter fährt, gilt natürlich sowieso als edlere, kennerischere Variante von Stiefelreise – das so wundervoll elegische Venedig-im-Winternebel ist ja nun schon reichlich abgenudelt, aber für Silvester in schier nicht heizbaren Bruchsteinkaten und zugigen, hallenden Poderes scheint sich der Ruch des Aparten, Eigenwilligen zäh zu halten.

Silvester, wär' er bloß schon geschafft, der blöde Übergang. Anno wann war denn dieses Trübe-Tassen-Fest in der Friedrichstraße, fragt der Fahrer auf der Höhe von Rovereto, wo's die übriggebliebene Weihnachtsgans schließlich nachts um zwei gab? Davor ist sie dem hackevollen Gastgeber doch noch aus der Reine über den Küchenboden geschlittert, tagelang hatte ich Gänseschmalz an den Schuhsohlen. Und krieg' du bloß nicht wieder einen deiner Heulenden-Elend-Anfälle, ich weiß noch, wie wir dich in Niederbayern von einer ewig entfernten Schafweide holen mußten, mit Taschenlampen, wo du demonstrativ solistisch vor dich hingebrütet hast, halb erfroren und mit herumschusserndem Aldi-Schampus-Blick. Mir wird's übrigens schon jetzt schlecht, wenn ich wieder an diesen Spratzelwasser-Zwang denke, ich kann das Zeug nicht ab, wurscht welche Qualität, und ach Gott Italien, das heißt doch bestimmt Prosecco in Schwällen, da krieg ich bloß vom Drandenken das Daueraufstoßen. Immer noch besser als die vier Flaschen Amselfelder für die ganze Neujahrsnacht damals bei deinem Ex-Kommilitonen in dieser Bamberger Spießer-Siedlung, sagt die Beifahrerin, wo haben wir denn damals eigentlich geschlafen, in den Stockbetten der Kinder, in Bärchen-Bettwäsche? Und wundervoll locker war doch auch dieses Tiroler Jahresende auf der Privathütte hoch überm Dorf, wo sich unter der Freundesrunde jene einschichtige Esoterikerin und

Psychogruppen-Gläubige befand, die ständig jungianisch-bedeutungsvoll selbsterfundene Märchen erzählen wollte und zu jeder Tag- und Nachtzeit im Schneetreiben tief runter ins Dorf chauffiert werden mußte, um von der Telefonzelle mit ihrem Seelenguru Rücksprache zu nehmen?

Silvester war eben nicht nur für sie Stress. Früher, jung, war's ja ganz schlimm mit dem sozialen Druck: ist man auf dem richtigen, rauschenden Remmidemmi eingeladen? Wo *feiern* sie nur alle, an diesem oppressiven Gute-Laune- und Geselligkeitstermin, haben sie einen womöglich übersehen, während sich anderswo die Einladungen stapeln? Dieses krampfhafte »Sich-Unterbringen-Müssen«, zu Silvester, diese vorsichtigen Rundfragen davor: habt ihr schon was geplant? Den Fasching kann man zum Glück schon lange sorglos komplett schwänzen, aber an Silvester daheim, womöglich allein zu bleiben, nicht irgendwo sektlaunig mit anderen zusammenzuglucken, kann immer noch was Kainsmalartiges haben. Auch Leute, bei denen das Scheppernlassen sonst durchaus nicht zum Lebensrepertoire gehört, sehen sich da unter Party-Nötigung, durch welchen Umstand zum Jahresausklang öfters sonderbar gemischte Last-Minute-Zufallsrunden zusammenfinden, in denen man sich nicht besonders kennt und das Anstoßen, äh, auch Ihnen (wie war doch gleich der Name?) zu Neujahr alles Gute … , entsprechend steifleinen vor sich geht.

Könnte da unten heuer tendenziell auch passieren. Tolle Leute würden anreisen, hat die Neu-Rustico-Eignerin geschwärmt, »witzige«, man kennt die stets übertriebenen Gäste-Anpreisungen dieser obsessiven maitresse de plaisir, und kann sich mulmig vorstellen, wie man selber anderwärts feilgehalten wird. Geduzt wird sich wohl werden , wenn da »Rockmusiker« und, ach Gott, »Entenhausen-Kenner« anrücken, aber vielleicht erspart uns die Zeremonienmeisterin dieses Jahr ihre höchsteigene Keith-

Richards-Personifizierung, anläßlich derer es schon mal Wutgeschrei gab, weil jemand Obstinater sie nicht als Rolling Stone zu identifizieren vermochte. Nein, gefeiert würde nicht bei ihnen, sondern ein Stück höher im Apennin, in einem Riesenhaus weit, weit vom Schuß, was einem bekannt vorkommt und verdammt nach Falle klingt. Da wird einem sowieso wieder das einzig Angenehme an Neujahr entgehen, sagt die Beifahrerin wehmütig, nämlich der wunderbare Fernsehsumpf im Bett, an keinem Tag ist mir die Glotze teurer als mit dem schwimmenden Katerschädel des 1. Januar, jedes Jahr das Neujahrskonzert mit den Wiener Sängerknaben, die die Tritsch-Tratsch-Polka zwitschern, und dann alles was kommt, Bilderbuch Deutschland oder »Regina auf den Stufen«, chilenische Weinkultur und »Traumfrau mit Hindernissen«, Skispringen und Helmuth Lotti, Jumanji oder die Fastnachtsbeichte. Nix davon, spazieren wird man müssen, steil in Terrassenhängen, weiter wird's gehen mit regionalen Weinen statt mit kannenweise Ovomaltine. Und mit Prosecco, ergänzt der Fahrer düster.

Draußen rauscht jetzt das Veneto vorbei, das herrliche, Unmengen von Industrie und High Tech, Keramikfabriken und Möbelcentern, dunkel ist es geworden und eiskalt, und in Paduas Außenbezirken herrscht ein dermaßen fetziger Stoßzeitverkehr, daß die Italienreisenden auch diesmal beschließen, die Giotto-Kapelle zu verschieben und in den Eugenäischen Hügeln zu übernachten. Auch sehr nett hier, um Abano und Montegrotto Terme, Kastenhotel an Kastenhotel mit viel Buon Natale-Neonschmuck und jedes schüttere Bäumchen voller Glühketten. Im kältestarren, menschenleeren Städtchen Monselice dann, wo ein zerfranster Mond über dem Eiskanal steht, läßt es sich dann aushalten, die letzte Nacht vorm Jahresendspurt.

Und in Ferrara möchte man bleiben tagsdrauf, in diesen braunroten, alltäglich belebten Gassenschluchten, hätte

so gerne Zeit für die Fresken des Palazzo Schifanoia und
einen ausgedehnten Giorgio-Bassani-Rundgang, aber gerade langt's für den quietschbunten Markt vorm Dom, wo
man für die kleine Gastgebertochter einen monströsen
Kunstspitzenstrumpf voller Plastikspielkram und grellem
Zuckerzeug erwirbt, dann die Romagna-Autostradas,
Faenza, Forli und der Rubikon. Heute finden die Reisen-
den alles klasse, Ferrara und den Kitschstrumpf, die kalte
Sonne über den auch von Ferne sichtlich winterschlafen-
den Adria-Badestädten. Die Fahrerin muß kichern, weil
ihr der Massenwaschraum eines Rimini-Campingplatzes
ihrer Kindheit einfällt. Dort befanden sich auch ein paar
Bidets, an welche das Management, erfahren mit deutschen Bräuchen und Ignoranzen, Zettel geheftet hatte:
»KAINE SCHAISE!« stand da drauf. Und richtig erfreu-
lich schließlich das Hinaufkurbeln in die Marche-Hügel,
von Senigallia westwärts, eine sanfte, scheckige Kuppel-
und Muldenlandschaft in dezemberlichen Pastelltönen,
und macht ja nichts, daß das Städtchen Corinaldo für keinen Piero oder Signorelli berühmt ist, sondern bloß für
Maria Goretti, eine Geißel des katholischen Religions-
unterrichts. Hier liegt sie begraben, jene jugendliche Mär-
tyrerin der Keuschheit, die sich lieber umbringen ließ als
sich einem Manne hinzugeben, was katholischen Klein-
kindern schon zu einer Lebenszeit als vorbildlich einge-
hämmert wurde, zu der sie weder eine Ahnung hatten,
was »keusch«, noch was »hingeben« heißt. Komm, hier
läßt sich's doch aushalten, war eigentlich doch eine prima
Idee, und da wackeln ja schon unsere Gastgeber um ihre
Kate herum, bißchen winzig, oder? Aber phantastischer
Weitblick, und da knarzt die Eingangstür und da ist ein
Espresso, und da ist der erste Prosecco …

Neues Jahr
Zwanzig Stunden später, und ein Jahr weiter im Kalender,
hocken die beiden Italienreisenden im Kies des entvölker-

ten Strandes von Pesaro, vor einer endlosen Kette verrammelter Hotels, heben unentschlossen Muschelschalen und Seesterne auf und versuchen, das vermutlich gräßlichste Silvester zu verdauen, das ihnen je zustieß. Ging doch alles ganz gutgelaunt los, sagt sie, wie hat sich bloß dieser ganze Furor hochgeschaukelt? Nee, nee, da war schon Überdruck im Kessel, als wir ankamen, weiß der heute etwas graugesichtige Gefährte, unsere Betriebsnudel L. ist nicht der Typ fürs bescheidene Landleben bloß mit Mann und Kind, und das schon die ganzen Weihnachtsfeiertage, und das in dieser, sind wir doch mal ehrlich, unfertigen Hütte, und die lesbische Malerin mit ihrem interessanten Zirkel war auch nicht auf ihrer Domäne zugange, da kamen wir gerade recht zum Ventilieren der angestauten Langeweile. Und dann waren wir einfach nicht begeistert genug über die Bude, obwohl wir uns doch Mühe gegeben haben, aber »das *wird* bestimmt alles sehr behaglich« reicht halt nicht, nicht ihr. – Beide sind still, beide sind müde bis in die Knochen. Das Meer kommt graumetallisch und wild angerollt, und das grelle Licht über den Wogen brennt zwar in den Augen, fühlt sich aber als Gottesgeschenk an nach dem tumultuösen Dunkel der vergangenen Nacht.

Der Platz, an dem man sich zum Jahresabgesang versammelt hatte, nach endlosen Serpentinenfahrten im Finsteren, immer noch höher, immer noch ferner, sind wir nicht schon im umbrischen Appenin?, war ein massiges, hallendes Bauwerk, ähnlich einem aufgelassenen Schulhaus, in kompletter Bergeinsamkeit, bewohnt von einer merklich überforderten bayerischen Familie mit mehreren Kindern, die den ganzen Abend mit der ausfallenden Heizung kämpfte. Die kriechende Kälte, die schlecht beleuchteten hohen Räume, das weitläufig verplattete Jugendherbergs-Treppenhaus, das schlafsaalartige Quartier für die Gäste: alles hatte etwas Abweisendes, Durchgangslagerhaftes, Dauerfrösteln vorprogammiert. Na gut, nimmt man's halt mit Humor, auch den Umstand, daß alle Gäste etwas miteinander fremdelten und sich die Festlaune bis Mitternacht nicht recht über ein gewisses laues Goodwill-Level emporschwingen wollte. Die paar Raketen, die um Mitternacht auf eisiger Anhöhe gezündet wurden, müssen die einzigen für Meilen Wildnis im Umkreis gewesen sein, und störten wahrscheinlich höchstens einige Bären auf. Also dann, noch ein, zwei Gläser und möglichst schnell ab ins Bettenquartier, wo man sich in den Neujahrstag, Capo d'anno, den Kopf des Jahres, bibbern wird. Glücklich jene, denen das gelang. Auf die übriggebliebenen alten Freunde am Refektoriumstisch ging das Gewitter der vom allzu ruhigen Abendverlauf bitterlich frustrierten L. hernieder: Wehe, ihr geht jetzt auch ins Bett, dann könnt ihr gleich abhauen, ihr Langweiler, ihr Landpomeranzen, kein Temperament, keine Lebensart, los, jetzt wird die Musik nochmal aufgedreht, ihr öden Säcke, dageblieben! Da hat man sich dann doch gewehrt, für viele ähnlichgelagerte Abende rückwirkend gleich mit: Herrgottnochmal, wie kommst du eigentlich zu der Anmaßung, du könntest alles erzwingen, dieser unerträgliche, aufgesetzte Stimmungsterror, deine verbissene Gaudiwut etcetera p.p ... Es wurden dann noch viele Gläser, und sie wurden in einer desaströsen kreischenden Streiterei gekippt, in der so ziemlich alles auf den funzelbeleuchteten Tisch geknallt wurde, was ein gewisses Maß an Zivilisiertheit bislang noch im Aggressions-Arsenal verrammelt hatte. Die Gäste teilten auch aus, aber was sie einsteckten, war derart hanebüchen unter der Gürtellinie, daß sie noch im wütend-ausgelaugten Auseinanderwanken wußten: das war's mit dieser sogenannten Freundschaft, das ist final.

Das Paar hat dann noch für zwei Stunden zu schlafen versucht, auf dem gletscherkalten Fliesenboden der Küche in seine Mäntel gewickelt, eine Rauhnacht der bösen Geister, wahrhaftig – und sich beim allerersten Morgengrauen fluchtartig davongemacht, als man im matten rosa-grauen Frühschein immerhin die Eisplatten auf den krummen Bergsträßchen erkennen konnte, die Abstürze an den Kanten, die Schlaglöcher und den rutschigen Schneegriesel, viel zu schnell, klappernd und ratternd gehetzt, bloß weg, weg. Und siehe da, irgendwo bei Cagli oder Pergola, bei der Fahrt durch ein steiles, feiertäglich schlafendes Bergdorf, löst sich der Spuk der vergangenen Nacht, ach, eigentlich der Spuk von Jahren, im zarten, winterfrischen Frühlicht auf. *Felice capo d'anno!* Neues Jahr, neuer Kopf, neue Augen: sieh nur, diese dunstige Ferne, dahinten das Meer! Kaine Schaise mehr, nie wieder diese aufgeladenen Abende voller latenter Angriffslust, dieser notige Frohsinn, diese hysterische Streitsucht, dieser Druck! Wenn das kein Befreiungsschlag war! Und jetzt bleiben wir hier noch ein bißchen am Strand sitzen, wir sind ja auf einmal völlig unabhängig, dann schauen wir uns in aller Ruhe Urbino an, und vielleicht noch Ravenna, und dann suchen wir uns ein gutgeheiztes, wunderbar anonymes Hotel, warum nicht gleich?

Die verstrittenen Paare haben sich seit jenem Capo d'-anno, Jahre vor der Jahrtausendwende, nie mehr gesehen, sehr zum Aufatmen des einen, und mutmaßlich auch zur Erleichterung des anderen Paares. Ein italienisches Silvester hat es seitdem auch nicht mehr gegeben, bloß Loiperding. Und den Pressionen der Milleniumsfeiern ist unser Paar entgangen, indem es in unausgesprochener Einhelligkeit erkrankte, einer am Magen, einer am Kiefer. Und so, in Wolldecken gehüllt in den entmotteten Gartenstühlchen am eigenen Schneehang sitzend, die »Pummerin« aus Wien im Transistorradio das neue Jahrtausend einläuten hören konnte. Und am Neujahrsmorgen das Neujahrskonzert der Wiener Philharmoniker, untermalt von Walzern in kitschigen Kostümen, ganz wie es sich gehört.

Zwischen den Jahren

ULRIKE DRAESNER

Rauhnächte

In der Mitte steckte immer eine, die man überstehen mußte. Doch da es bei 13 Nächten keine Mitte gab, war die achte also die ...? Es ging nicht auf, weder mit den Nächten noch mit den Personen. Die achte Nacht war eine Naht; darüber mußte man hinweg. Schon vor Jahren hatte es Carola davor gegraust, wie das Jahrtausend wechseln würde, es war dann aber eine eher enttäuschende achte Nacht gewesen. Zwischen Weihnachten und Dreikönig 13mal schlafen, 13mal wach sein; und diesmal in der Silvestermitte auf eine Berghütte fahren. Sollte sie Raketen kaufen? Nein, sie war zu müde dazu, hatte keine Lust, seit Andreas fort war, keine Lust – so als Einzelperson, die sie seit neuestem wieder war. Das sagte sie lieber als Single: Einzelperson.

Es ging nicht auf und die Naht mitten durch sie hindurch. Die Stichworte gab sie sich selbst. Carola saß an der alten Nähmaschine ihrer Großmutter, Erbstück, und reparierte den Reißverschluß ihres Schlafsackes. Vielleicht hätte sie doch Schneiderin werden sollen. Da hatte man wenigstens etwas in der Hand und sah, am Stoff, wie man vorankam. Schneiden, zustechen, klammern. Stattdessen war sie Sachbearbeiterin bei einer Lebensversicherung. Dabei hatte sie immer gern genäht. Deswegen hatte ihr die Großmutter ja auch die Maschine geschenkt, da war Carola erst elf oder zwölf gewesen. Kreuzstich, hatte die Großmutter gesagt, ist einfach kompliziert. Hält bestens, verknotet sich von selbst und bleibt trotzdem auflösbar.

Das Jahresende hakte. So aufgerauht fühlte Carola sich, daß selbst die einfachen Bewegungen langsam gingen. Innen bewegte sich eine dritte Hand mit. Fuchtelte, zuckte hin und her, grub hierhin, dorthin, stach. Von manchen Gedanken kam Carola nicht los; manchmal glaubte sie, mit Andreas noch zusammenzusein.

Die Zählung der Tage zwischen Weihnachten und Dreikönig steckte schief im Kalender. Während man das ganze Jahr über die Tage zählte, galten in dieser Zeit die Nächte. Carola preßte die Zähne zusammen. Sonnwendriten, Kindsmord, Bischofsklamauk, Königsexotik – zu Jul und Jux gemischt, zu Raketen und Küssen. *Kinder, morgen wird's was geben* hieß dieser Schichtkuchen. Die Nächte waren das Weiche daran, dazwischen die Feiertage als Einlagerungen, Kristallstücke mit scharfen Kanten. Nachts galoppierte etwas mit Carola eine glänzende metallische Bahn entlang, es war glatt und schnell. Sie hatte, in einem plötzlichen Beschluß, auf die Trennung von Andreas gedrungen, war sich sicher gewesen, wie es weitergehen würde. Doch jetzt fiel es ihr schwer.

Carola drehte den alten Schlafsack in der Hand: Wünsche darin, ausgeträumte und unausgelebte; Nächte, Nächte. Sie legte den Stoff auf den Tisch, den Kopf auf den Stoff. Der Sack war weich, seine Wattefüllung gab nach. Klumpte an ein paar Stellen, aber wärmte noch. Der Reißverschlußschieber fraß mehrere Krampen gierig auf einmal in sich hinein. Wo es glatt sein sollte, saß plötzlich ein Wulst.

Für die achte Nacht und schräge Mitte auf eine Hütte zu fahren war üblich, wahrscheinlich mochte sie es deswegen nicht. Auf jeden Fall hatte sie ihn noch nie so verbracht, den »Jahresendabend« – sie drehte das Wort hin und her. Eingesackt, höhnte sie über sich selbst. Das Wort steckte auf einem Spieß; er drehte sich in ihrem Mund und hielt von ihr fern, was der Abend schon jetzt zu werden drohte. Die letzten drei Silvester hatte sie schließlich mit Andreas verbracht. Der Reißverschluß riß, als sie den Wulst glättete, an einer Seite aus. Ein paar Krampen gingen mit. Sie schnitt den ganzen Verschluß heraus.

Ein verflixtes, wie zugenähtes Jahr. Mit Andreas war es ständig auf- und abgegangen. Er wollte Nähe, schrak aber sofort zurück, kaum ließ sie sich darauf ein. Das Ende war dann auf merkwürdige Weise passiert, eher stolpernd als klar. Carola war Teil davon, entschied und trieb offensichtlich das Geschehen voran. Dennoch fand sie, nicht wirklich gehandelt zu haben – eigentlich hatte sie Andreas nur ein paar Fragen gestellt. In ihrer Reaktion auf seine Antworten sah sie, sie hatte sich selbst nicht gekannt. Jetzt gab es Augenblicke, in denen sie sich fühlte, als habe man ihr den Mund zugenäht. Als wäre, in einem anderen Sack, alles schon geschehen und immer wieder geschehen, das Tuch um sie geschlagen bis zum Hals hinauf.

Nähmaschine *Veritas*. So alt, daß sie ihrem Namen entsprechend nähte. Was die mal im Griff gehabt hatte, hielt. Carola saß, vorgerückt auf dem Rand des Hockers, an der Maschine und suchte mit dem Fuß im Dunkel unter dem Tisch das Pedal. Zu siebt würden sie auf die Hütte fahren. Das konnte nicht aufgehen, denn die 13 Nächte mußte man paarweise verbringen. Niemand sagte das; es war eine Regel, die jeder befolgte, ohne darüber zu reden. Sie saß ihr im Blut oder dort, wo sie sich ihren inneren Carola-Menschen hielt.

Sie sahen sich gleich bei der Ankunft, noch eingewickelt in Anoraks, Mützen und Schals, die Hütte von innen und außen an. Der Schnee knirschte unter ihren Stiefeln, und als erstes wurde der Weg zum Klo freigeschaufelt, das in einem kleinen Häuschen weiter unten am Berg hing. Carola kannte nur Sabine, die Arbeitskollegin, die sie eingeladen hatte. Die mitgebrachten Schlafsäcke waren schmaler oder breiter, blau und rot. Wie Adern lagen sie in dem Zimmer, in dem fünf von ihnen schlafen würden.

An Carolas Sack leuchtete der neue Reißverschluß und schluckte die Metallklammern in sich hinein, daß es nur so zippte. So beweglich, so wendig – es war ihr fast peinlich. Zuhause stand die Nähmaschine noch auf dem Tisch. Um 15.00 Uhr wurde es dämmrig, Schnee wirbelte hoch.

Der zweite Raum der Hütte, zum Reden und Essen, war dunkel und kalt. Sie machten die Tür zu, hockten um den Tisch neben dem Ofen, sangen, tranken und sahen sich heimlich an. Auch die anderen kannten sich nur flüchtig. Den ganzen Abend über standen kleine Schalen mit Oliven auf dem Tisch. Carola drehte einen Kern nach dem anderen im Mund, sprach wenig.

Die Nacht zuvor hatte sie geträumt, wie sie auf einem kleinen Wagen eine lange Schienenbahn herauf- und herunterraste. Was sie trieb, wußte sie nicht. Hinter ihr hing alles zusammen, vor ihr lag, was auseinanderstrebte, obwohl es zusammengehörte.

Der schmale Ofen fraß Holz in Schüben von 15 Minuten. Rote Farbe floß heraus, wenn die Klappe aufging. Ein schwarzes gieriges Maul. Es bekam, was es wollte, wenigstens für diese Nacht. Die nassen schweren Bergschuhe standen zum Trocknen davor. Le rouge et le noir, scherzte einer, als er die Farben sah. Er hieß Robert. Die Ofenklappe schlug scheppernd zu.

Weil es von Anfang an nicht aufgehen konnte, gingen die Münder umso eifriger auf und zu. Im Hüttendach fing sich der Bergwind, jagte sich selbst nach, erwischte den eigenen Schwanz, entdeckte den Abzug, sprang in den Raum. Carola hatte Glück, sie war nicht das siebte Rad am Wagen, denn es gab mehr Männer als Frauen. Die dritte Frau galt also nicht als die, die sich übriggeblieben fühlen mußte. Von den sieben waren vier sowieso gleich zu zweit angereist; Sabine gehörte dazu. Die anderen waren Carola und zwei Männer, Robert und Frank.

Die zweite Frau, die zu einem Paar gehörte, trug einen Bernsteinanhänger an einer goldenen Kette um den Hals. Den Abend lang schaukelte auf der Brust der Stein. An der Kette schwankte eine Wolke durch die Hütte. Carola schaute in den honigfarbenen Fleck. Was darin eingeschlossen war, dichter als der Stein und dunkler, sah aus wie ein dünner Flügel. Wenn etwas Hartes in etwas Weiches fällt, dachte sie, wird das Weiche härter als das Harte und umschließt es. Im Kamin stieg und fiel der Wind und draußen stieg, stieg er ununterbrochen an den Bergen. Sie nannten sich Krampen und trugen Hüte aus Schnee.

Am Ende lag Carola im obersten Bett in dem kalten Zimmer. Zwei breite Betten standen am Boden. Das schmale, für sie, aufgestockt. Nicht einmal sitzen konnte sie darin, so dicht hing es unter der Decke. Ein Liegen allein, aber keines ohne einander. Zum Atmen nah waren die anderen.

Die Verschlüsse schnurrten. Bei den Paaren um die Körper herum, bei ihr um den einen Körper. Die Krampen standen unbeweglich draußen, milchigwiderscheinender, hochaufgeschichteter Fels. Bei den Paaren gingen die Gedanken hinter den Händen her, in den Schlafsack hinein. Bei Carola ragten die Gedanken aus dem Körper heraus, in das andere Zimmer hinüber. Dort lagen die beiden ungepaarten Männer auf Liegen nebeneinander.

In die Hütte seien sie eingefallen, hatte Sabine gescherzt, wie ein Schwarm. 0.00 war erstaunlich leise gewesen, wenig Schießen, eher ein Hallen, das vorbeiging, ein bißchen rutschte, von den Bergen noch einmal zurückkam, versackte. Lauter als das Echo hörte Carola ein Hallen aus den vergangenen Jahren. Sie starrte, als alle anstießen, auf die Gipfel gegenüber. Der Schatten des Wortes »Schwarm« lag auf ihnen wie der Flügel im Bernstein auf der Brust der anderen Frau. Carola hörte den Wind, wie er sich dicht über ihr drehte, als sie sich ins Bett drückte, den Stoff über sich zusammenzog.

Eine Nacht hatte also in eine Nacht gegriffen, das Jahr gewechselt, doch der Zeitpunkt war kein Schnitt, obwohl man das Fest feierte, als gäbe es eine Zäsur. Aber von einer Sekunde auf die andere sprang nichts um. So wenig wie sich so schnell ein Bein um ein anderes schlingt, so wenig wie sich zum Kauen ein Zahn genau auf den anderen setzt. Es mußte sich zacken. Das Beißen ineinander war eine Voraussetzung.

Aus dem Ofenzimmer strahlte die Hüttenhitze dorthin, wo Carola mit ihren Krampengedanken lag. Daß sie sich im Bett hin- und herdrehte, bis sie einschlief, weil die Decke so niedrig über ihr gleich begann, weil aus dem anderen Zimmer mit der Hitze noch etwas anderes herstrahlte, weil sie das schon kannte an sich. Ein Männerkörper war nichts, bis sie anfing, ihn mit der richtigen Idee anzusehen. Da war es nicht der Körper, der sie auf die Idee, sondern ihr Kopf, der den Körper darauf brachte. Carola, »kleines Fleisch«. Die ineinanderfassenden Metallausstülpungen am Reißverschluß sahen wie Zähne aus.

Carola stützte sich auf und wartete, bis ihre Augen sich an die Dunkelheit gewöhnten. Sabine hatte dicke rotgeblümte Vorhänge an die Fenster gehängt, sie waren zugezogen, als schlösse es die Kälte schon aus, wenn man den Schnee nur nicht mehr sah. Doch der Wind sauste um die Hütte, das Holz knackte, und man spürte von innen, wie außen der Schnee gegen die Wände lehnte. Carola fand sich selbst ziemlich verrannt, ziemlich zugenäht, gleichzeitig aber äußerst hingebungsvoll. Es ging tatsächlich auf keine Kuhhaut, nicht einmal dort auf der Hütte, wie sie war. Das Reißverschlußmaul ihres Schlafsackes spuckte die Krampen wieder aus. Es stieß sich herauf und herunter, mitten durch Carola hindurch, fraß sich gierig an der Sehnsucht entlang. Vorsichtig stieg Carola die Leiter hinunter aus ihrem Bett.

Noch vor zwei Wochen hatte sie nicht gewußt, daß man aus so vielen Falten und Umbruchkanten bestand, an denen man spürte, wie etwas fehlte. Und wieviele Nähte es brauchte, bis ein Kleidungsstück paßte. Aber jetzt hatte sie einen Arm im Kopf – und nicht mehr den von Andreas. Es war ein Umnähwerk, das sie an sich versuchte. Neue Stiche, den Schnitt verändern. Wie sie mit ihren Gedanken an den Arm heranreichen konnte, versuchte sie in der Nacht. Die Hand, die an diesem Arm hing, war geübt und schnell; wie ihre Finger sich über die Löcher der Klarinette gelegt hatten und wieder in die Höhe geschnellt waren. Geschmeidigkeit hatte das Metall mit der Luft vernäht, in Carolas Ohr hinein, den ganzen Abend lang. Wie sie diesem Arm über die Haut fuhr mit der Spitze ihres Fingers, dachte sie nun. Der Arm schlief. Am Arm hing ein Mann, der schlief wie der Arm.

Sie saß in ihrem Nachthemd, das im Dunkeln leuchtete wie dreckiger Schnee, neben der Liege am Ofen. In Carolas Fingerspitzen saß etwas von Carolas Kopf, als sie Roberts Arm hinab- und hinauffuhr an der weichen Innenseite, dort, wo keine Haare sind. Robert bemerkte es, durchaus, in seinem Schlaf. Sie sah wenig von ihm. Er schien etwas für sie übrig zu haben, doch wie gut gefiel er ihr? Sie malte ihm langsam ein paar Buchstaben auf den Arm und legte ihr Ohr auf seine Brust.

Als sie aufwachte, dämmerte es. Was draußen war, sah durch den Vorhangschlitz so hell aus wie Haut unter Reißverschlußzacken. Die im Bett unter Carola schliefen noch, es war das Paar, zu dem Sabine gehörte. Bei dem zweiten weiter hinten im Raum wurde aus dem Schlaf gerade ein Geflüster. Carola blinzelte, schloß die Augen wieder. Das Geflüster war eine Gelegenheit. Je länger das Reden unter Carola ging, umso spitzer wuchsen ihr die Ohren. Das Geflüster war eine Hülle, die sie nicht mehr kannte. Sie sah, wie es sich in den beiden Körpern verhakte, sie vernähte. Lag er oben oder sie? Ihre eigenen Brustwarzen fühlten sich an wie heiße Kieselsteine. Von unten, sie roch es, sie spürte es mit den Haaren, kam es weich und heiß, cremig und schlierig, ein unterdrücktes Gurgeln, irrwitzig weich, gedämpft, doch voller Bewegung, sie konnte sich denken, fühlen, zwischen ihren Beinen, wie der Mann in die Frau drang. Carolas Rücken wölbte sich hoch, etwas zerrte an ihr, warf sie nach hinten, jede Bewegung stach in die alten Einstiche hinein, zog Schmerzen hinterher. Nein, halt: Carola lag da, erstarrt, wieder ganz ruhig, wie der Flügel im Bernstein lag sie im Sack, atmete tief, hörte nichts mehr, nicht einmal den eigenen Puls. Sie vergrub den Kopf in den Armen. Wenn etwas Hartes in etwas Weiches fällt, wird das Weiche hart.

Eine halbe Stunde später waren alle wach. Carola hörte das Schnappen von Haken und Löchern. Sie schaute auf die Berge hinter dem Schnee; wie Zähne ragten sie in den Himmel, die gierig geöffnete, untere Hälfte eines Mundes. Hinter dem Schnee sah man nichts. Carola hatte keine Angst davor, eingeschneit zu werden.

Robert saß inzwischen dort, wo Sabine mit ihrem Freund gelegen hatte. Seine Hand betastete die Klarinette, an der seine Lippen sich stülpten. Acht Finger streckten sich in die Luft und nähten zu Carola hinauf. Ihre Ohren waren mitten im Ton, ihr ganzer Körper im Ohr, doch Robert spielte für alle. Es war virtuos. Es war eine Erinnerung, wie er seinen Mund bewegte und der Arm sich spannte, senkte und hob.

Der Wind schoß mit der Nacht aus der Hütte hinaus. Über dem Bernstein trug die Frau schon den Mantel, so daß man keine Wolke mehr sah. Sie waren nicht eingeschneit. Sabine schloß die Hütte ab hinter dem Schwarm.

Sie fuhren zurück. Schwärme hatten es an sich auseinanderzugehen.

Zuhause probierte Carola den Reißverschluß noch einmal. Der Schieber glitt lautlos über die beiden Metallbahnen. Spuckte sie vernäht, glatt, fest wieder aus. Ein gieriger Mund schleckte über einen Hintern, griff hinein. Nach vorn und hinten gebissen. Nur so konnte etwas aufgehen in ihr. Sie packte die Nähmaschine weg.

Von den 13 Nächten fehlten noch fünf. Die Schneehaufen in der Stadt waren nicht nur gelb an den Rändern, sondern auch übersät von Luftschlangenfetzen, Handstückchen von Raketen, ausgebrannten Knallerhülsen und Glassplittern. In den Schaufenstern glimmerte Festtagsdeko. Das auffälligste an Carola war der Mund. Malte sie ihn an, wurde er so groß, daß er aus dem Gesicht in den Spiegel sprang. Ihre Backenknochen waren von selbst sehr schön. Doch unter den Augen saß etwas, was nicht hingehörte – ein Festhalten, das kleine Taschen bildete. Innen aber schob sie heftig an sich, und in ihrem Gesicht war ein Zug aufgetaucht, der weit über das hinauszüngelte, was zu dem Mann in der Hütte gepaßt hätte. Oder zu irgendeinem anderen.

Jetzt ging mit jeder Nacht das Jahr ein Stück voran und sie eines zurück. Ihr Kopf setzte etwas zusammen, sie sich mit sich selbst auseinander. Sie mußte sich bewegen, wie der Reißverschluß, vor und zurück. Was man innen hat, kommt bald auch von außen an einen heran.

Aus der Hüttennacht sickerte etwas nach, das Carola belebte. Sie zog die Beine an den Körper, in jeder der Nächte nach der achten, machte sich eng. Doch da war nur ihr eigener Atem. In ihm stach die Vergangenheit. Der Atem ging in die Klarinette. Machte einmal einen Ton, einmal keinen. Sie fuhr sich mit den Fingern über den Scheitel, griff sich die Stellen ab, wo sie zusammengewachsen war.

Andreas kam, sie – mit Arm, mit Hand – besuchen. Sie waren auseinander, ja, doch, aber schliefen noch miteinander – bedeutungsloses Ficken, vertraut und kostenlos. Man konnte sich abreagieren, vielleicht war es auch nur ein Nachklapp zu den letzten Streits, es blieb schnell und verbindungslos. Andreas hatte dunkle Augen, wie Kerne, und vielleicht keine Phantasie. Carolas Leben wand sich in Ecken, die sie nicht vorhergesehen hatte.

Wer sie war, zeigte sich ihr allmählich. Sie wollte einen, der ihr wieder etwas zusammensetzte. Etwa wie Robert die Hände auf der Klarinette gehabt hatte und Kurven malte mit seinem Mund? Sie lud ihn ein. Das Nähwerk saß in ihrem Kopf. Wenn es sich bewegte, bewegte es ihre Finger und ihre Finger bewegten Roberts Haut. Er kam, unterhielt sich mit ihr, lachte laut. Sein Kinn kam ihr zu eckig vor. Sie zeigte ihm das Gästezimmer und war froh darüber, die ganze Nacht nichts von ihm zu hören.

Der nächste hatte blonde Haare. Ob er ein Instrument spielte, wußte sie nicht. Sie kannte ihn seit ein paar Monaten. Er paßte in ein Muster, das sie nun zu sehen begann. Also war er wahrscheinlich eine reine Erfindung.

Sie hatte ihn schon nach der Hüttennacht angerufen; als wäre nun der Reißverschluß weit genug. Ob auf oder zu konnte sie nicht sagen. Wie bei Gläsern, halbvoll oder halbleer. So war es mit ihr.

Sie spürte ihren Hintern sich runden, wenn sie die Beine anzog im Bett. Also rief sie an. Wer weiß, was sie trieb. Sie wußte es schon.

Er hieß Jorgos, Mutter Griechin. Man sah es ihm nicht an. Das war schlecht. Dafür war er groß. Er wollte sie treffen, klar, und sprechen wollte er mit ihr. Seine Schultern, sein Lachen gefielen ihr. Sie schlug ihm ein griechisches Lokal vor. Der Kellner erkannte Carola wieder und schaute auf ihren Begleiter. Den wollte sie griechisch sprechen hören, das tat er auch. Sie trug ein enges, dunkelrotes

Kleid, die Abnäher an der Brust in orangen kleinen Falten nach außen genäht.

Im Lächeln an Jorgos hin standen ihre Zähne weiß heraus. Dahinter die Zunge sah er sowenig, wie er hinter dem Abend im Restaurant die Hüttennacht sehen konnte oder das, was Weihnachten geschehen war. Sie drehte den Olivenkern im Mund und dachte an zwei Geschichten zugleich. Eine erfand sie, vor Jorgos, die andere nicht.

Etwa, woher sie das Restaurant kannte. Im November war sie mit Gellner einmal hierhergekommen. Sie hatte mit ihm zusammen für die Versicherung eine Studie über die Wirkung von Akupunktur durchgeführt. Manche hielten es für Magie oder Psychopomp. Carola konnte sich vorstellen, dass Akupunktur wirkte. Gellners Einladung war ein Dank für die gute Zusammenarbeit, nichts weiter. In die Geschichte, die wirklich geschah in dieser Andreas-Endzeit, hätte Gellner nicht hineingehört, hätte er ihr damals nicht dieses Lokal gezeigt, hätte nicht in diesem Paroslokal ein Kellner bedient, und wäre der nicht so ein auffälliges Stück gewesen.

Wenn er den richtigen Punkt im Ohr treffe, erklärte Gellner, berühre er die Nervenenden mehrerer Organe auf einmal und genau in der notwendigen Kombination. Dabei war der Punkt, auf den es ankam, so klein, daß es ganz unvorstellbar schien, wie das menschliche Auge ihn erkennen und dann auch noch von der umgebenden Menge völlig gleich aussehender Hautpunkte unterscheiden konnte. Die Nadeln wurden unterschiedlich tief eingestochen. Manchmal quoll ein kleiner Blutstropfen nach, wenn man sie herauszog. An der Stichstelle blieb eine unsichtbare Hautöffnung, für ein paar Tage.

Gellner kräuselte die Stirn, wenn er etwas betonte: solange die Haut offen ist, wirkt der Stich.

Carola hatte den Kopf zur Seite gedreht. Vielleicht konnte Gellner sofort auch an ihrem Ohr etwas erkennen. Zudem konnte sie so unauffällig nach dem Kellner schauen. Das Griechische an ihm – eine Einlagerung in ihr, die sie lächelnd und durchaus mochte. Blauschwarze Haare, adriablaue Augen, ein Körper im Muskelshirt. Statuengleich, hatte sie gedacht, über sich selbst amüsiert. Es war kitschig, genauso sollte es sein.

Es hatte damals im November nicht lange gedauert – jedenfalls viel kürzer als diesmal –, bis der Kellner, die bestellten Speisen elegant balancierend, auf sie zugekommen war, so daß Carola an seinem Gehen sah, wie er etwas wog und doch leicht war. Sie fühlte seine angenehme Schwere, als er sich von schräg hinten über sie beugte, und lächelte, ohne daß sie es gewollt hätte. Gleich schoß ihr dieser Ton in die Stimme. Aber dabei war es geblieben. Er verstand sie schon. So wenig, wie sie wieder in das Restaurant ging, vergaß sie es. Es war nicht dringend. Sie erinnerte sich daran und ließ jede weitere Einordnung sein.

Mit Jorgos steuerte es jetzt erneut darauf zu. Der zweite Anlauf war immer klüger. Carolas innerer Mensch aber rechnete inzwischen anders als früher. Gellner hätte es Erfahrung genannt. Bei ihr war es, vielleicht weil die 13 Nächte vorüber waren, eine Übung im Ausmalen und Nachtnähen. Da überlistete etwas, das tief in ihr steckte, sie selbst.

Carola saß mit dem blonden Jorgos in dem griechischen Restaurant und lernte, wie der eine Mann mit dem anderen kommt, wie man sie aneinanderhängen muß. Dabei profitierten die Männer voneinander. Bei Jorgos funktionierte es in bezug auf sie wahrscheinlich nicht anders. So berührt sah er durchaus aus, mit seinem griechischen Namen und den aufmerksamen Augen. Sie lächelte zurück und drehte den Kopf vor Jorgos zur Seite – ihr Profil lohnte sich. Der Kellner bemerkte bald, wie sie ihn ansah. Sie war sich nicht sicher, ob er sie wiedererkannte. Mit einem Ruck drehte sie sich zu Jorgos zurück:

– Die Kreuzfahrt damals war ein Riesenerfolg!

Obwohl die Großmutter erst kurz davor gestorben war,

hatten die Eltern den Urlaub auf Kreta damals nicht abgesagt. Carolas Haut war zum ersten Mal richtig braun geworden, saftig und straff. Drei Tage hin, drei zurück, dazwischen sieben Nächte auf der Insel, die sie noch immer riechen konnte. Nicht wegen der Sterne, des hellen Mondes, des lauen Abendwindes, nicht der Melonen wegen, die es auch in der achten Nacht auf der Hütte gegeben hatte und die sie inzwischen nicht mehr mochte. Damals hatte sie die Kerne nicht bemerkt.

Der Kellner, der sie auf Kreta im Hotelspeisesaal bediente, war vielleicht 15 Jahre alt gewesen. Ein Knabe – Knaben kannte Carola natürlich längst, doch da: etwas Neues, Unerhörtes stand am Tisch! Das Jahr war in seiner Mitte angelangt, doch eben dort steckte ein Übergang, der ihr in den Scheitel fuhr und von dort nach unten stach. Als wären alle Nerven auf einmal berührt. Sie war 12. Weder zu früh noch zu spät für die erste Blutung, die in die gelbe Bikinihose ging, Carolas Mutter sagte: herzlichen Glückwunsch, jetzt bist du eine Frau. Im Melonenfleisch spürte sie damals, wie Ober- und Unterkiefer sich durchbissen, aufeinandertrafen.

Lange her, lachte Carola Jorgos zu und schob sich eine Olive in den Mund. Sie dachte daran, wie alles ineinandergebunden war; wie es von Anfang an aus ihr gekommen war. Aber das sagte sie nicht.

In der Woche auf der Insel, sie spuckte den Olivenkern aus, hatte sie eine Menge gelernt – aufgeschnappt. Der natürlich schwarzlockige Kellner war zwar älter als sie, aber nicht erfahrener. Sie kamen sich nie näher, das gehörte nicht dazu.

Tagsüber saß sie am Strand. Strich einer funkelnden Katze übers Fell. Die Katze konnte sie nicht mitnehmen. Der Vater sagte, die Behörden würden es nicht erlauben. Wenn die Katze nicht da war, hörte Carola auf das Meer. Der Wind blies auf ihm: Kommen und Gehen, Kommen und Gehen. Dasselbe sang das Knistern aus dem Fell der

Katze. Sand klebte an Carolas Haut, unter der Brust hielt er sich fest. Sie spürte, wie sich etwas über der Hüfte einbog und bei den Brüsten heraus.

Sie konnte damals plötzlich gehen wie der Kellner. Das flog ihr nur so zu in dem Speisesaal. Es überraschte sie nicht, daß ihre Menstruation dort anfing, und dann, zuhause, noch einmal ein halbes Jahr brauchte, bis sie wirklich kam. Die Katze schnurrte und bog den Rücken auf.

Vielleicht doch besser Schneiderin geworden, dachte Carola, während sie Jorgos von der Kreuzfahrt erzählte. Kreuzstich: einfach kompliziert. Und jetzt also erneut ein Flirt. Sie hatte dieses Lächeln seit damals; sie hatte den eigenen Hintergrund im Mund. Was sie Jorgos erzählte, war, als hätte sie sich ihm in einem schulterfreien Kleid gegenübergesetzt. Vielleicht sah er es, vielleicht nicht.

Was leuchtet aus Gesichtern heraus, was sie aus?

Normalerweise verkauften immer nur Männer Rosen in Restaurants. Jetzt blinzelte eine alte Frau im Eingang und blickte sich unsicher um. Zerschlissenes Kleid, faltiger Mund. Zielstrebig kam sie zu Carola, als erkenne sie sie, und streckte ihr wortlos die Blumen entgegen. Sie hätten ihr eine Rose abkaufen können, doch das war zu plakativ. Von den Stielen waren die Dornen abgeschlagen worden, das fiel Carola gleich auf.

Ihre Zähne leuchteten über dem dunkelroten Kleid, als sie hungrig in ihr Lamm biß. Die Frau stand noch immer da, hatte den Kopf gesenkt. Carola wußte, daß sie ihretwegen nicht wegging. Unbeweglich hielt die Zwischenhändlerin, die jetzt, im Kerzenlicht des Restaurants, für Sekunden ganz jung aussah, den Bund Rosen in der Hand. Dunkelrote, schwarzrandige Knospen, zusammengeflogene Steine oder Kiesel, dachte Carola, ein Schwarm. Endlich wandte die Alte sich ab, schweigend, wie sie gekommen war. Carola sah, dass sie für das Winterwetter völlig ungeeignete silberne Riemchenschuhe mit einem

214

hohen, in drei kleine Säulchen geteilten Absatz trug. Was für eine stöckelnde Pythia, sagte Jorgos amüsiert.

Oder ein verspäteter Weihnachtsengel hat sich verirrt.

Sollen wir ihr eine Suppe kaufen?

An Carola stöberte das Kleid nieder wie ein langer, undurchdringlich roter Schnee, als sie der Frau noch einmal hinterherblickte.

In Delphi waren wir damals nicht.

Mach dir nichts draus, ist sowieso immer zu heiß. Und zu sehen gibt es auch nur das Loch, über dem sie angeblich gesessen sein soll.

Es war klar, wie der Abend sich fortsetzen wollte. In ein paar Stunden würde Carola in einem Zimmer stehen. Es war klar, wo sie dann hinsehen sollte. Nach dem Restaurant würde das Kleid einen Reißverschluß haben. Bis sich der gierige Schieber schnurrend und stiebend über die Metallbahnen fraß und der Mund aufging am Kleid. Darunter würde sich ihre Haut spannen und runden unter einer Hand, die an den Nähten schob.

Der Lammknochen schmeckte nach Thymian. Auf dem Teller vor Carola lagen einige Olivenkerne. Es war etwas aus den Augen der Frau, was aufging in ihr. Außen, wo man sah, tropfte nur Wachs von einer weißen Kerze. Carola schob Jorgos etwas von ihrem Essen hin und schaute sich verstohlen noch einmal um.

Die Zwischenhändlerin saß auf einem Stuhl neben der Tür und wartete. Ihre Schuhe schimmerten. Carola sah, wie um sie herum etwas im Speiseraum umherirrte wie eine menschliche Substanz. Viele kleine Vögel auf einmal, die so klein waren und sich so schnell bewegten, dass sie unsichtbar blieben. Die Frau erwiderte Carolas Blick, gab aber kein weiteres Zeichen. Carola war sich sicher, all dies deutlich gesehen zu haben; von Jorgos wußte sie nicht, was er entdeckte, und sie fragte ihn auch nicht danach.

Bald stand ein anderer Kellner (der erste schien schon Feierabend zu haben) neben ihnen; sie zahlten. Vor der

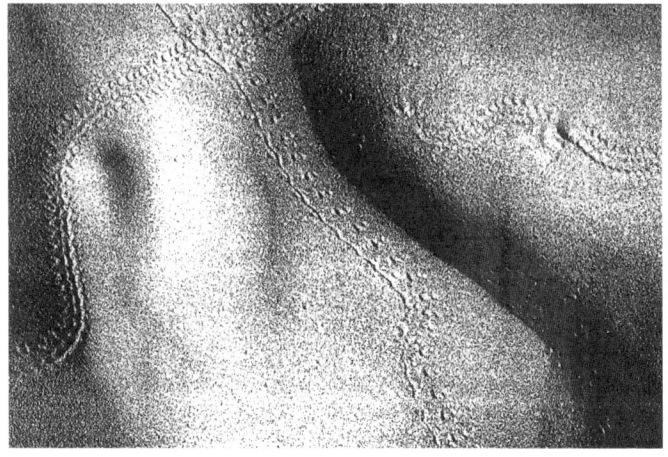

Brigitta Rambeck, Naht-Spur, Foto-Metamorphose

Tür streckte Carola Jorgos die Hand hin und ging in das Lokal zurück.

Als sie am Morgen erwachte, mit einem Riesenkopfweh, saß Andreas an ihrem Bett. Er besaß noch einen Schlüssel zu ihrer Wohnung, hatte einen Strauß roter Rosen mitgebracht. Daß die Dornen von den Stielen geschlagen waren, fiel Carola natürlich gleich auf. Andreas sagte: Happy New Year! Vorm Fenster stob Schnee herab. Carola richtete sich auf und schaute sich vorsichtig in ihrem Zimmer um. Alles wie immer. Dennoch fühlte sie sich benommen, wie nach zwei Flaschen Wein. Andreas schaute sie zweifelnd an und brachte ihr ein Aspirin. Sie trank, langsam, und sagte: es gibt keinen Weg zurück.

Die Rauhnächte waren vorbei.

Engel

Es gab Tage, da glaubte sie nicht an seine Existenz. Tage, mit denen sie VORHER umgehen konnte, die sich nicht eindrückten, die zu überstehen sie eigentlich gelernt hatte in den vierzehn Jahren, seit sie allein lebte, als Single sozusagen, wie es der junge Dichter bei einer Podiumsdiskussion ausgedrückt hätte, mindestens fünfundvierzig Mal hatte er SOZUSAGEN gesagt, und in ihrem Kopf hatte sich das Wort festgekrallt und vertausendfacht, sie wurde es nicht mehr los und musste es sozusagen pausenlos wiederholen, das war nicht einfach, während des Denkvorgangs sofort dieses ihr ungewohnte Wort an einen logischen Platz zu setzen, bis sie auf die Idee kam, ihre Gedanken als sozusagendes Selbstgespräch laut zu formulieren, und dabei fügte es sich dann sozusagen von selbst ein; Tage, die meist mit Nieselwetter begannen, jedenfalls ohne Sonne, in gleichmäßigem Beige, zeitlos, wie die älteren Frauen in ihren Regenmänteln.

Seit ein paar Jahren notierte sie an solchen Tagen kurze Texte, in denen sie Wörter ausprobierte, über die sie gestolpert war und die sie sich schreibend einzuverleiben versuchte. Manche Wörter passten auf Anhieb, wie maßgeschneidert sozusagen, doch viele legte sie, wenn sie in einem Satzgefüge untergebracht waren, rasch wieder ab. Den Ordner, in dem sie die Blätter sammelte, hatte sie WORTSCHÄTZE genannt. Mit Erstaunen bemerkte sie, dass sie sich plötzlich in einer Situation befand, die sie nicht angemessen beschreiben konnte. Wie nennt man zum Beispiel den Zustand von angespannter Erwartung eines Klingelzeichens, eines verhaltenen Knatterns, das mit dem entschiedenen RATSCH einer abgeschnittenen Seite endet, und wie nennt man den Menschen, der diese ersehnten Geräusche in Gang setzt? Müsste man nicht zusätzlich zu jeder neuen Erfindung ein Lexikon mit passenden Vokabeln für die sich daraus entwickelnden Situationen, jenseits aller technischen Handbücher, herausgeben?

Seit sich ihre Welt in VORHER und NACHHER aufgespalten hatte durch den Erwerb eines Faxgeräts, war sie sich überraschenderweise des Ortes, an dem sie sich gerade befand, nicht mehr sicher. An schlechten Tagen schien ihr die ganze Geschichte sozusagen aus der Luft gegriffen, denn sie wusste praktisch nichts über den Verfasser der Faxe, die sie seit Anfang Dezember erhielt. Immerhin war sie inzwischen im Besitz einiger Dinge, die er ihr ganz konventionell mit der Post geschickt hatte, Devotionalien dachte sie, stand auf und ging zum Bücherregal, um im Fremdwörterlexikon nachzuschauen, denn sie war nicht von hier, also nicht katholisch, also mit einer nur vagen Vorstellung von dem, was Devotionalien waren, und während sie blätterte, erschien auf ihrem inneren Bildschirm ein Laubhaufen, der nach einem kräftigen Windstoß eine devote Vagina preisgab, das war ihr geläufig, dieses rasche Zappen zwischen Wörtern und Bildern, es passierte ihr sozusagen unwillkürlich, schon damals, als es bei drei Fernsehprogrammen noch nicht viel zu zappen gab. DER ANDACHT DIENENDE GEGENSTÄNDE, ja genau, dachte sie, der kleine Kleeblatt-Anhänger, die Steine, die Räucherstäbchen, das hatte alles eine besondere Bedeutung, auch wenn sie es noch nicht zuordnen konnte. Und natürlich seine Faxe, die musste sie unbedingt kopieren, bevor sie auf dcm Thermopapier verblassten – keinen Punkt davon wollte sie missen, dachte sie und fand ihre Wortwahl ziemlich antiquiert. Manchmal baute sie die Dinge zu einem kleinen Altar auf, und, umnebelt von Räucherschwaden, beschwor sie vor ihrem inneren Auge gemeinsame Abende mit IHM, bei Raffaele, dem gemütlichen Italiener, der so köstliche Antipasti machte.

Dass es keine gewöhnliche Beziehung werden würde,

wusste sie von vornherein, obwohl sie, was die praktische Seite von Beziehungen betraf, etwas aus der Übung war. Manchmal gerieten ihr mit den gefaxten Wörtern Bruchteile von Bildern vor Augen, die nicht dem realen Leben entstammten. Diese Geschichte schien in einer anderen Zeit, gar auf einem anderen Stern zu spielen, und es kamen ihr Zweifel, ob es ihn wirklich gab. Wann hatte sie überhaupt die Idee, ihn sozusagen für eine himmlische Erscheinung zu halten: schon gleich mit den ersten Faxen, als seine Zeilen aus dem Nichts bei ihr eintrafen und er in ihrer Vorstellung keinerlei Gestalt besaß, oder erst später, als die Texte immer rascher aufeinander folgten, bis sie – Kette und Schuss – ein dichtes Gewebe bildeten, das sie einhüllte, wärmte, erstickte, und aus dem sie sich wieder entwickelte, leichter, schwebender, mit viel Abstand zwischen den Zellen, so dass sie sich wie ein Luftballon fühlte? Nur gut, dass etwas sie noch festhielt an dem Faden, der an ihren Nabel geknüpft war, sonst wäre sie abgehoben.

Mit einem Ruck schreckte sie hoch. Das Empfinden, weit fort von ihrem Appartement unterwegs gewesen zu sein, stellte sich immer häufiger ein; gleichzeitig verblasste daneben die Überlegung, wie sie nach dem Ende der Ferien den gewohnten Arbeitsrhythmus wieder aufnehmen konnte. Eine Verlängerung des alten Lebens erschien ihr zu banal, um sich Gedanken darüber zu machen. Seit sie ihm den inneren Platz eingeräumt hatte, kam sie sich selbst ganz neu vor, größer, strahlend, das war auch anderen schon aufgefallen.

Am Tag der Wintersonnenwende wurde es schlagartig dunkel. Er faxte, sie solle jetzt nicht mit weiteren Botschaften rechnen, er habe in den nächsten Tagen viel zu tun. Ihr erstes Bild dazu: dass er als notorisch Unentschlossener im letzten Moment Weihnachtsgeschenke besorgen musste, löschte sie sofort, es schien ihr nicht zu passen. Nun sah sie ihn in einem weißen Gewand durch die belebten Straßen schweben, eine elektrische Eisenbahn in das Asylbewerberheim bringen, eine Kiste Rotwein bei den Obdachlosen unter der Brücke abstellen, doch dann, am Ende seiner Runde, zog er plötzlich das lange Hemd aus – darunter trug er schwarz! – warf sich eine Lederjacke über und landete direkt vor dem einzigen Bordell der Stadt, wo er mit offener Tür erwartet wurde.

Wie konnte sie auch nur einen Augenblick glauben, dass er wirklich sie meinte mit seinen Faxen! Wahrscheinlich hatte er eine junge, blonde Traumfrau nachts in einer der angesagten Bars kennengelernt und dann auf dem Zettel mit ihrer schnell hingekritzelten Telefonnummer eine Zahl falsch entziffert. Sie selbst telefonierte nicht gerne, besonders, wenn sie ihren Gesprächspartner nicht kannte, also hatte sie ihm, als er sich nicht abwimmeln ließ, mit verstecktem Stolz auf das neue Gerät vorgeschlagen, man könne sich gelegentlich ein Fax schicken. Wie rasch wurde aus dem GELEGENTLICH ein TÄGLICH, ja manchmal STÜNDLICH. Es war unvorstellbar: sie verstanden sich, als wären sie aus einem Ei geschlüpft. Worüber sie auch schrieben, es bedurfte keiner Erklärung. Sie überboten sich bald mit Kombinationen von mehreren Sprachen, lateinischen Zitaten, verrückten Wortspielen, erfundenen Namen, und manchmal hätte sie kaum sagen können, welcher Text von wem stammte, so ähnlich war der Klang. Es hätte ewig weitergehen können, fand sie, doch er fragte immer eindringlicher, wann man sich endlich treffen könnte. Sie zweifelte, ob sie sich darüber freuen sollte, immerhin war sie nicht mehr die Jüngste, und im Schutz der optischen Anonymität hatte sie sich vielleicht zu weit vorgewagt; wer weiß, was er sich unter ihr vorstellte, dachte sie und hatte sofort die junge Blondine vor Augen. Unsicher zögerte sie ein Treffen wieder und wieder hinaus.

Nun also, kurz vor dem Fest, kam seine Absage, denn nichts anderes konnte mit diesem Fax gemeint sein, er wollte bestimmt reinen Tisch machen, das neue Jahr nicht mit solchen Altlasten wie ihr beginnen. Hätte er nicht wenigstens bis Dreikönig warten können, dachte sie, eingesponnen in ihre Illusionen, damit sie den unvergesslichen Jahrtausendwechsel in leuchtenden Farben erinnern konnte anstatt in dem vertrauten, verhassten Beige? Schließlich wusste er um die Bedeutung der zwölf Rauhnächte, in denen die Träume vorgaben, was man von den nächsten zwölf Monaten zu erwarten hatte. Wie konnte ein Engel ihr so etwas antun?

Die Feiertage ließ sie in völliger Apathie an sich vorbeiziehen. Sie schien unter einer Glocke zu leben, in die nichts von außen eindrang, kein Klingeln, keine Faxe, dumpf, bewegungslos verharrte sie, während Schreckensvisionen sie heimsuchten. Wo eigentlich lauerten die Dämonen, Werwölfe und entsetzlichen Fratzen, waren das noch Träume? Unwiderstehlich fühlte sie sich angezogen von einer Höhle, an deren Eingang ein Zerberus wachte; ihn kannte sie schon seit ihrer Kindheit und wusste, wie er sich ablenken ließ, damit sie rasch vorbeihuschen konnte. Die Höhle war in dunkelrotes Licht getaucht. Als sich ihre Augen an die Beleuchtung gewöhnt hatten, sah sie an der Wand gegenüber Reisigbesen hängen, der Größe nach geordnet. Was sie zunächst für Lametta hielt, das zwischen den Reisern funkelte, entpuppte sich bei genauem Hinsehen als Stacheldrahtspitzen. Gerade als sich ein furchterregender Schatten auf sie zu bewegte, sprang ihr Faxgerät an: Können wir uns heute Abend treffen, um 9 Uhr bei Raffaele, es ist dringend, el – er unterschrieb immer mit el, klein, ohne Punkt. Es war der sechste Januar, das Fest der Heiligen Drei Könige, das Ende der Rauhnächte. Sollte alles, was sie seit Weihnachten erlebt hatte, nur ein Spuk gewesen sein? Ok., faxte sie überrumpelt zurück, bis nachher.

Mit einem Schlag fühlte sie sich lebendig, das Blut raste durch ihren Körper, die Gedanken schossen durcheinan-

der wie Lottokugeln, sie wollte, sie musste den Hauptgewinn haben! Wo war die Tube mit dem glitzernden Make
up, nein, erst nochmal duschen, dann die Haare, oder
sollte sie ausnahmsweise zum Friseur, vielleicht blonde
Strähnchen, quatsch, sie lachte kurz auf, was konnte denn
so dringend sein, bleib cool, du bist schließlich erwachsen, wahrscheinlich haben sie ihm im Bordell das Geld
geklaut und er will sich jetzt welches leihen, geschieht
ihm recht, Engel haben dort nichts verloren, und sie
beschloss, auch das Make up wegzulassen, denn war
sie nicht gerade schon tot gewesen, vergessen von IHM,
seit Tagen regungslos im Sessel hockend, und waren nicht
die falschen Bilder in ihrem Kopf, die keine Verbindung
zur Weihnachtsgeschichte hatten, Beweis genug dafür,
dass sie sich längst auf einem anderen Stern befand, sozusagen?

Als sie kurz nach neun in der Pizzeria steht, werden ihr
die Knie weich. Laute, fröhliche Stimmen, alle Tische
scheinen besetzt, wie sollen sie sich überhaupt finden, sie
haben ja ganz vergessen, ein Zeichen auszumachen. Da
kommt Raffaele auf sie zu und führt sie quer durch das
Lokal zu einem leeren, für zwei Personen gedeckten
Tischchen, und bevor sie ihn etwas fragen kann, ist er wieder verschwunden. Hier sieht der Engel mich nie, denkt
sie, als es überraschend dunkel wird und drei ausgewach-
sene Könige mit Kerzen in den Händen und goldenen
Kronen auf dem Kopf zu singen beginnen. Sie ist verwirrt:
soll sie sich ärgern über diese kindischen Italiener, ob ihr
Engel wenigstens einen Heiligenschein trägt, damit sie ihn
erkennt, ob er überhaupt kommt, wie bestellt und nicht
abgeholt sitzt sie dort in der hintersten Ecke, in solchen
Momenten fallen ihr nur Sprechblasen ein. Doch der Gesang fängt an, sie zu verzaubern. Sie schaut sich die Könige genauer an und erkennt neben dem Wirt Gianni, seinen Koch, und der dritte, das scheint ein echter Farbiger
zu sein, wem sonst konnte eine so warme Bassstimme ge-

hören? Viel zu rasch beenden die Drei ihre Vorstellung, und unter dem begeisterten Applaus der Gäste verteilen sie auf allen Tischen goldene Schokoladenstücke: Münzen, Herzen, Kleeblätter. Aus dem Dämmerlicht taucht jetzt der dunkle Sänger vor ihr auf und entzündet an der Kerze auf ihrem Tisch ein Räucherstäbchen. Der Duft kommt ihr bekannt vor, ist das nicht – darf ich mich setzen, unterbricht er ihre Gedanken und legt ein Schokoladenkleeblatt vor sie hin, ich habe nur noch das eine – erwartungsvoll schaut er sie an und kann zum Glück nicht sehen, was gerade durch ihren Kopf rattert: wenn jetzt der Engel käme und sähe sie dort sitzen, zu zweit, mit diesem Schwarzen, oder ist seine Farbe gar nicht echt, und sie öffnet den Mund, doch es kommt kein Ton heraus, und nach unendlichen Momenten fügen sich die inneren Bruchstücke zusammen und sie weiß: DAS IST ER, und nickt.

Brigitta Rambeck

C+M+B
Sternsinger im bayerischen Alpenvorland

Es war ein recht kläglicher Mohrenkönig, der da bei der Kathi im Pfarrheim ankam, als sie wie jedes Jahr die Sternsinger zu ihrer Runde durch die Dörfer aussenden sollte. Schwarz war er, der Mohr, sehr schwarz und eigentlich wunderschön mit seinem weißseidenen Turban über der Schwärze – und ganz obenauf strahlte ein silberner Halbmond. Auch die blitzblauen Augen, die aus dem Dunkel herausleuchteten, machten sich prächtig, aber daß daraus plötzlich zwei Bäche hervortraten, die rasch auf beiden Wangen schlierige Schneisen in das samtene Schwarz der Schminke zogen und heftig schmutzend auf das goldene Cape abtropften, das beeinträchtigte die königliche Erscheinung doch erheblich.

Er kam auch ein wenig verspätet, seine Sternsinger-Kollegen waren bereits versammelt bei der jungen Pfarrhelferin und wurden von ihr gerade mit Weisung und Instrumentarium versehen. Auch die zwei Blasengel waren schon da, die heuer mitgehen sollten, um den Gesang der Könige auf ihren Blockflöten zu begleiten. Das waren die Ministrantinnen Gerti und Sandra – der Ministrantenmangel hatte inzwischen sogar im Alpenvorland die Geschlechtergrenzen aufgeweicht. Daß die Mädchen jetzt allerdings auch gern noch die Heiligen Könige gespielt hätten – das ging zu weit. Darum die Engel.

Die Sammelbüchse für wohltätige Spenden hatte die Kathi schon dem Melchior, alias Tischler Hias, anvertraut; der machte heuer zum dritten Mal mit und kannte sich aus. Sie war gerade dabei, dem Mohrenkönig die Weihrauchampel auszuhändigen, als der Martin zur Tür herein kam. Ein zweiter Mohr – das war nicht vorgesehen!

»Herrschaft Seiten, wie gibt's denn das? Wir haben doch schon einen Kaspar«, stöhnte die Kathi und schaute genervt auf die Uhr – da flossen auch schon die Mohrentränen. Denn daß jetzt auch noch die Kathi auf ihm herumhackte, das konnte der Martin nicht mehr verkraften. Ihm reichte der unerwartete Zusammenstoß mit dem Pfarrer. Zusammengestaucht hatte ihn der mitten im Dorf, daß ihm Hören und Sehen verging und der Mesner vor Schreck die Straßenseite wechselte.

Ja, da höre sich doch alles auf, schimpfte der Pfarrer Meindl – und er wurde dabei rot im Gesicht und ungewöhnlich laut. Was sich der Martin denn dabei denke – als Ministrant und Katholik und noch dazu in der Weihnachtszeit? Warum er sich selbst gar so wichtig nehme statt auch einmal an andere zu denken, grad jetzt in der Heiligen Jahreszeit? Man habe doch gestern ausführlich darüber geredet, sei sich auch einig gewesen zuletzt. Und jetzt komme er daher, als habe man keine Abmachung getroffen, schwarz wie die Nacht, und spiele den Kaspar, was ihm gar nicht zustünde. Das solle er sich abschminken – im wahrsten Sinne des Wortes, und zwar sofort.

Seit 15 Jahren hatten die vier Huber Buben nacheinander bei den Sternsingern mitgemacht und immer den schwarzen Kaspar gestellt, schon weil sie das pfundige Kostüm hatten. Heuer war endlich der Martin an der Reihe. Und da kommt doch der Pfarrer auf die Idee, also wirklich im letzten Augenblick, den Mohren neu zu besetzen. Der Einfall war ihm gekommen, als er den Weihnachtsbericht für den anstehenden Pfarrgemeindebrief formulierte. Heuer gab es ja wirklich etwas zu erzählen. Eine Geschichte hatte sich in der Gemeinde ereignet, als habe das Christkind persönlich die Hand im Spiel gehabt. Auch die lokale Presse hatte darüber berichtet. Überschrift: »Ein Weihnachtsmärchen – live«.

Vor rund zwei Jahrzehnten hatte die Gemeinde die Patenschaft für ein afrikanisches Dorf übernommen. Seitdem gab es Spendenaktionen zugunsten der bedürftigen Partner. Als besonders ergiebig erwies sich das alljährliche deutsch-afrikanische Sommerfest mit Bierzelt, Musik und Tombola auf der Pfarrwiese. Über die Jahre hinweg waren persönliche Kontakte geknüpft worden, man hatte in wechselnden Grüppchen die afrikanischen Freunde besucht, sie auch nach Bayern eingeladen – am zahlreichsten zur Zeit des Sommerfests. Die Gäste revanchierten sich mit Musik- und Tanzdarbietungen und einem Stand mit exotischen Speisen, die dem bayerischen Haxn- und Schweinswürstlangebot regelmäßig den Rang abliefen.

Natürlich war das nicht das Wesentliche dieser Patenschaft, aber doch das allgemein Sichtbare. Weniger spektakulär, aber ungleich wichtiger waren die Erfolge, die man in der medizinischen und missionarischen Betreuung des Partnerdorfs vor Ort erzielt hatte. Mithilfe von Spenden hatte man sogar einem jungen Afrikaner das Priesterstudium in Deutschland ermöglicht – die Primiz wurde in der dörflichen Pfarrkirche gefeiert. Derzeit war er in seiner Heimat tätig und spielte auch eine wichtige Rolle als Botschafter zwischen den beiden Gemeinden.

Es hatte sich eingebürgert, in den Sommermonaten bedürftige, oft unternährte Kinder und Jugendliche nach Bayern einzuladen und im Pfarrheim oder in Gastfamilien ein wenig aufzupäppeln. Unter diesen Kindern war vor einigen Jahren auch der kleine Noe gewesen. Sechs Jahre alt war er damals. Ein zartes Kind, körperlich stark verwahrlost, aber zutraulich und überdurchschnittlich sprachbegabt. Nach wenigen Wochen konnte er sich mit den Leuten im Dorf verständigen. Niemand, der ihn nicht leiden konnte. Man hatte ihn bei Franz und Ida Maiser untergebracht, einem noch jüngeren, kinderlosen Ehepaar. Als die Zeit der Heimreise herankam, gab es Tränen. Nicht nur auf Seiten des Kindes. Auch Maisers waren untröstlich. Sie bemühten sich um eine Verlängerung. Das Kind sei doch noch sehr erholungsbedürftig. Der Pfarrer erkundigte sich nach den Eltern. Man erfuhr, daß Noe seit einem Jahr Halbwaise war. Neun Kinder waren es, als die Mutter starb.

Noes Aufenthalt in Bayern wurde verlängert. Sein Deutsch war bald kaum mehr von dem seiner dörflichen Altersgenossen zu unterscheiden. Er wurde eingeschult. Proteste aus der afrikanischen Heimat gab es nicht. Nach einem Jahr erkundigte man sich, ob man das Kind adoptieren dürfe. Die Verhandlungen zogen sich hin. Noe war inzwischen in der dritten Klasse, sprach astreines Bayerisch und Hochdeutsch und sagte Mama und Papa zu Franz und Ida Maiser. Zu seinem 9. Geburtstag bekam er auch den Hund, den er sich schon so lange wünschte. Man glaubte, es wagen zu können. Die Ausstellung der Urkunde stand bevor. Kurz darauf kam der Bescheid: Adoption abgelehnt. Die afrikanischen Großeltern wollten das Kind zurückhaben.

Sie mußten Noe heimschicken – »ausliefern«, nannte man das im Dorf. Die ganze Klasse weinte. Hatte bislang vielleicht noch mancher den Kopf über das artfremde Küken im bayerischen Nest geschüttelt, so stand man jetzt geschlossen trauernd hinter den Maisers. Selten hatte man ein Elternpaar so leiden sehen. Von Noe selbst ganz zu schweigen. Nicht einmal den Hund durfte er in sein Heimatland mitnehmen.

Zwei Jahre gingen ins Land. Man gab die Verhandlungen nicht auf, aber die Hoffnung war gering. Die Briefe, die an Noe gingen, kamen ungeöffnet zurück. Zweimal fuhren Maisers nach Afrika, um ihn zu besuchen. Man versteckte ihn vor ihnen.

Und dann, im letzten November, die Nachricht: Noe sei schwer erkrankt. Der junge Priester besuchte ihn im örtlichen Krankenhaus, richtete Grüße nach Bayern aus, vor allem an Franz und Ida Maiser. Als sich der Zustand des Kindes verschlechterte, bat er den Hiensdorfer Pfarrer um eine Spende, um Noe in ein besser ausgerüstetes Krankenhaus in der Hauptstadt verlegen lassen zu können.

Maisers verständigte man jetzt nicht mehr. Man wollte ihnen unnötigen Kummer ersparen. Noch zwei Wochen vor Weihnachten waren die Berichte aus dem Krankenhaus entmutigend. Noe schrammte nur knapp am Tod vorbei.

Dann ging alles sehr schnell. Durch den Einsatz des jungen Pfarrers traten die Verhandlungen in eine neue Phase. Man konnte sich jetzt darauf einigen, daß ein lebendes Kind in der Ferne besser sei als ein totes im eigenen Lande. Die Familie erklärte sich bereit, Noe zur endgültigen Genesung nach Deutschland zu schicken. Auch einer Unterschrift zur Adoption stand nichts mehr im Wege, vorausgesetzt die deutsche Familie hatte ihren Entschluß nicht geändert.

Schon Tage vor dem Heiligen Abend herrschte Unruhe im Pfarrhaus. Selbst Pfarrer Meindl war ungewohnt nervös. Am Morgen des 24. Dezembers verließ Kathi mit dem Auto des Pfarrers das Dorf. Man wunderte sich.

Gegen acht Uhr abends klopfte es bei Maisers an der Haustür. Draußen standen der Pfarrer und seine Pfarrhelferin – und neben ihnen das leibhaftige Christkindl: Noe. Groß war er geworden, und schmal war er jetzt wieder, aber sein Bayerisch hatte noch keinerlei Einbußen erlitten.

Die ganze Gemeinde freute sich, auch der Martin natürlich, und alle hatten inzwischen den Maisers, den *drei* Maisers, die Hand geschüttelt und gratuliert.

Trotzdem: war es wirklich notwendig gewesen, den Noe gleich mitgehen zu lassen zum Sternsingen als einen »leibhaftigen König aus dem Morgenlande«? Martin fand das unnötig, geschmacklos direkt.

Aber der Pfarrer konnte sich nicht mehr bremsen, so großartig fand er seine Idee. Sammelten doch die Sternsinger Spenden für die Kinder der Dritten Welt! Wie schön ließ sich darüber im Gemeindebrief berichten! Auch Pfarrer sind Menschen.

Zunächst gab es noch keinen nennenswerten Widerstand. Der Schwenninger Fredi, der heuer zum drittenmal der Balthasar sein sollte, schied sofort freiwillig aus, gar nicht ungern sogar, er war sowieso nicht scharf auf kalte Füße und einen rauhen Hals. Blieb nur noch, den Martin vom Kaspar auf den Balthasar umzupolen. Das war nun allerdings längst nicht so einfach, wie sich der Pfarrer Meindl das vorgestellt hatte. Wo doch die Huber-Buben seit 15 Jahren auf den schwarzen Kaspar abonniert waren. Es kostete den geistlichen Herrn einige Überredungskraft.

Wutgebeutelt lief der Martin schließlich nach Hause. Nur seinem Bruder Bertl hat er davon erzählt, und der hat ihn dann rasch wieder getröstet: die seien doch allesamt schwarz gewesen, hat er gemeint, diese drei Weisen aus dem »Mohrenlande«.

In aller Herrgottsfrüh ließ sich der Martin von der Mutter ausstaffieren. Sie hatte schon alles hergerichtet: Umhang, Turban, Sternenstab und die schwarze »Stiefelwichs«. »Du bist sicher der allerschönste«, sagte sie beim Abschied und gab ihm noch das Schminktöpferl mit – »zum Ausbessern, wenn's grad notwendig wird«.

Fröhlich war der Martin aufgebrochen in Richtung Pfarrheim. Und dann mußte ihm doch der Pfarrer akkurat jetzt über den Weg laufen und ihn mit seinem schwarzen Gesicht in flagranti erwischen!

Als ihm dann auch noch die Kathi so unfreundlich kam, war das Maß voll. »Ich geh heim!« stieß er heraus und ging entschlossen auf die Tür zu. »Halt«, sagte die Kathi, »da wird nix draus. Wir brauchen drei Könige und keine zwei. Das ist ja Fahnenflucht. Und wennst jetzt net glei zum Flennen aufhörst, werd i grantig.« Martin schluckte. »Jetzt gehst naus in den Waschraum und putzt dir die Nase und den Mantel ab! Und dann restaurierst du noch ein bissl dein Schwarz im G'sicht, damitst net so räudig ausschaust.« So die Kathi.

»Muß ich's denn nicht abwaschen?« fragte er. Es wär ihm jetzt schon wurscht gewesen. »Nein«, meinte sie, »dazu haben wir keine Zeit mehr. Es pressiert.«

Martin verschwand im Clo. Als er zurückkam, hörte er die Kathi kichern. Sie war mit Noe beschäftigt, der ihm gerade den Rücken zukehrte. Wie er sich zu ihm umdrehte, verschluckte sich der Martin vor Überraschung. Schlohweiß war der Noe jetzt im Gesicht, fast zum Fürchten weiß. Die Kathi hatte eine halbe Dose Penatencreme an ihn verschwendet. Jetzt grinste er. Das rote Zahnfleisch und die schwarzen Augen glänzten. Die Engel glucksten vor Lachen.

Jetzt übergab die Kathi dem neu ernannten Balthasar die Schachtel mit den Kreiden und einen Schwamm. Es mußten ja die alten Inschriften von den Stubentüren gewischt und das C+M+B mit dem neuen Datum, 2001, wieder hingeschrieben werden. Diese Aufgabe bekam Noe übertragen, weil jetzt der Martin der Kaspar war und die Weihrauchampel bekam, um die bösen Geister aus den Häusern zu räuchern.

So zogen sie mit ihren Sternenstäben durch die Dörfer der Gemeinde, von Haus zu Haus, der schwarze, der braune und der weiße König, und wie jedes Jahr erschreckten sich ein paar kleinere Kinder vor ihnen – diesmal allerdings nicht so sehr vor dem ganz schwarzen als vor dem ganz weißen König. Ein weißer Schwarzer ist halt fast noch ungewohnter als ein schwarzer Weißer.

Autoren, Bild-
und Quellennachweis

Walter Benjamin. 1892 in Berlin geboren, nahm sich 1940 auf der Flucht vor der Gestapo das Leben. Hauptwerke: *Goethes Wahlver-wandschaften, Ursprünge des deutschen Trauerspiels, Das Kunstwerk im Zeitalter seiner technischen Reproduzierbarkeit, Einbahnstraße, Berliner Kindheit um Neunzehnhundert* (in *Schriften:* zweibändig, Suhrkamp Verlag 1955)

Bele Bachem. 1916 in Düsseldorf geboren, lebt seit 1947 in München. Berühmt geworden durch zahlreiche Buch-Illustrationen, Bühnen- und Filmausstattungen sowie Entwürfe im Bereich Tapeten-, Stoff- und Porzellandesign. Seit 1960 ausschließlich als Malerin tätig. Seerosen-Pr. der Stadt München 1966. »München leuchtet« 1987, Verdienstkreuz am Bande 1997.
Weihnachten, ca. 1954, Tempera, aus: Bele Bachem, Werkverzeichnis 1935-1986, Hrsg. U. C. Gärtner, Verlag Galerie Wolfgang Ketterer, München 1986. *Fische XIX,* Zeichnung, koloriert, 1981 aus: *Fische. Ein Zyklus,* Verlag der Neuen Münchner Galerie 1986. *Der brennende Christbaum,* Federzeichnung, ohne Datum, Privatbesitz

Gabriele Bondy. Geboren 1947 in Weimar. Seit Kindheit in West-deutschland. Theaterarbeit in Bremen und München. Psychologin, Therapeutin, Regisseurin, Rundfunkpublizistin, Autorin mit Themen-schwerpunkten »Psychologie« und »Deutschland nach der Wende«.
Weihnachten West, Erstveröffentlichung

Barbara Bronnen. 1938 in Berlin geboren, Tochter des Schriftstellers Arnolt Bronnen, seit über 40 Jahren in München. Publizistin, freie Schriftstellerin. Romane, u.a: *Die Tochter* (1980), *Die Überzählige* (1984), *Das Monokel* (2000). Schreibt auch Biographien sowie themen-bezogene Prosa, z.B. *Die Stadt der Tagebücher* (1996). Preise u.a.: Tu-kan-Pr. 1981, Ernst-Hoferichter-Pr. 1990.
Das erste Weihnachtsgeschenk, Erstveröffentlichung

Rostan Buczkowski. 1967 in München geboren, wohnt in München.
Nordlichter, Acryl

Doris Dörrie. 1955 in Hannover geboren, Wahlmünchnerin. Filmema-cherin (u.a. *Männer* 1986), Prosa-Autorin: *Liebe, Schmerz und das ganze verdammte Zeug* (1987), *Samsara* (1996), *Bin ich schön?* (1994, dazu der Film 1998), *Was machen wir jetzt?* (2000, dazu der Film: *Erleuchtung garantiert*). Ernst Hoferichter-Pr. 1995, Bettina-von-Arnim-Pr. 1996.
Zimmer 645, aus: Lufthansamagazin, Dez. 2000

Ulrike Draesner. 1962 in München geboren, lebt als freie Autorin in Berlin. Bekannt geworden als Lyrikerin (u.a. für *die nacht geheuerte zellen*, 2001), veröffentlichte auch Erzählungen (z.b. *Reisen unter den Augenlidern*, 1999) und Übersetzungen (*»The first Reader« von Gertrude Stein*, 2001). Bayer. Staatsförderpreis für Lit. 1997, Hölderlin-Förderpr. 2000.
Rauhnächte, Erstveröffentlichung

Karen Duve. 1961 in Hamburg geboren, lebt dort heute als freischaffende Schriftstellerin. Erzählungen, u.a.: *Im tiefen Schnee ein stilles Heim* (1995). *Der Regenroman* (1999). Preis für junge Prosa, »Open-Mike« der literatur-WERKstatt berlin, Bettina-von-Arnim-Preis 1995, Gratwanderpr. des Playboy und Heinrich-Heine-Stipendium 1997.
Weihnachten mit Thomas Müller, aus: Weihnachten und andere Katastrophen, Ullstein Verlag, Berlin 1998

Feldpost. Feldpost-Archiv.de, Berlin

Ota Filip. 1930 in Ostrava geboren, in Prag aufgewachsen, 1974 ausgebürgert, lebt in Murnau. Publizist und freier Schriftsteller, Werke, u.a.: *Das Café an der Straße zum Friedhof* (1968), *Zweikämpfe* (1975), Café Slavia (1985). Adalbert-von-Chamisso-Pr. 1986, Andreas-Gryphius-Pr. 1991, 1. Münchner Großstadtpr. 1991.
Mein Weihnachten in Prag, 1995, Rechte beim Autor

Gertrud Fussenegger. 1912 in Pilsen geboren, lebt als freie Schriftstellerin in Leonding (Österr.). Romane, Erzählungen, Theater, Essays, Lyrik. Werkauswahl: *Die Brüder von Lasawa* (1948), *Das Haus der dunklen Krüge* (1951*), Ein Spiegelbild mit Feuersäule* (Autobiogr. 1979), historische Biographien (z.B. *Herrscherinnen,* 1991). Adalbert-Stifter-Pr. 1951 u. 63, Joh.-Peter-Hebel-Pr. 1969, Pr. der Goethe-Stiftung Basel 1979, Jean-Paul-Pr. 1993.
Sag mir wie dein Christbaum aussieht – und ich sag dir wer du bist. Rechte bei der Autorin

Robert Gernhardt. 1937 in Reval geboren, Maler und Schriftsteller. Lebt seit 1966 in Frankfurt a. M. Satirische Gedichte (*Körper in Cafés,* 1987), Prosahumoresken (*Es gibt kein richtiges Leben im valschen*, 1987), Roman, Schauspiel, *Bildergeschichten* (1983) und *Bildergedichte* (1985), Kinderbücher. Deutscher Kinderbuchpr. 1983, Kasseler Lit.-Pr. für grotesken Humor 1991.
Was uns die Weihnachtsgeschichte eigentlich sagen will – eine Predigt, aus: Es ist ein Has´ entsprungen, Haffmans Verlag, Zürich 1999. Illustration vom Autor

Günther Grass. 1927 bei Danzig geboren, lebt in Lübeck. Bildhauer, Graphiker, Autor. Lyrik, Theater, politische Schriften, Romane, u.a.: *Die Blechtrommel* (1959, 1979 verfilmt), *Der Butt* (1977), *Die Rättin* (1986), *Das weite Feld* (1995). Zahlreiche Preise, vom Pr. der Gruppe 47

(1958) über den Georg-Büchner-Preis (1965) bis zum Nobelpreis (1999)
Advent, aus: Ausgefragt, Gedichte und Zeichnungen, Luchterhand
1967

Peter Grassinger. 1926 in München geboren, zunächst Leiter des Münchner Marionettentheaters, dann Redakteur, Regisseur, Produktionsleiter beim Bayer. Fernsehen. Themenschwerpunkte: *Puppenspiel und Weltliteratur, Münchner Feste des vergangenen Jahrhunderts* (dazu Buchveröff. 1990), seit 1990 erster Vorsitzender des Münchner Künstlerhausvereins. Poetentaler 1996, Pr. Der Bayer. Volksstiftung 1999.
Der leibhaftige Münchner Nikolaus, Erstveröffentlichung

Axel Hacke. Gebürtiger Braunschweiger (1956), wohnhaft in München. Seit 1981 bei der SZ als Reporter, Redakteur, Streiflicht-Autor, Kolumnist des SZ-Magazins. Freier Schriftsteller. *Nächte mit Bosch* (1991), *Der kleine Erziehungsberater* (1992), *Ich hab's euch immer schon gesagt* (1998), *Auf mich hört ja keiner* (1999). Joseph-Roth-Pr. 1987, Kisch-Pr. 1987 u. 90, Theodor-Wolff-Pr. 1990, Ernst-Hoferichter-Pr. 1997.
Im Elektrokaufhaus, SZ Magazin, Weihnachten 2000, Rechte beim Autor

Ludwig Harig. 1927 in Sulzbach geboren, Volksschullehrer, seit 1974 freier Schriftsteller in seiner Geburtsstadt. Lyrik, Hörspiele, Theater, Romane. *Das Fußballspiel* (1962*), Sprechstunden für die deutsch-französische Verständigung... (*1971), Rousseau – der Roman vom Ursprung der Natur im Gehirn (1978). Preise u.a.: Kunstpr. des Saarlandes (1966), Marburger Literaturpreis (1982), Hsp.-Pr. der Kriegsblinden (1987), Heinrich-Böll-Pr. (1987).
Der Gott aus der Maschine, aus: Ordnung ist das ganze Leben, Carl Hanser Verlag 1986

Heartfield. (Helmut Herzfelde, 1891–1968). Maler, Grafiker (Gruppe »der Sturm«), Illustrator, Begründer der Fotomontage pol.-soz. Inhalts, Bühnenbildner.
O Tannenbaum im deutschen Raum, wie krumm sind deine Äste, aus: John Heartfield: Krieg im Frieden. Fotomontagen zur Zeit 1930–1938, München 1972

Günter Herburger. 1932 in Isny geboren, lebt in München. Hörspiele, Filme, Gedichte, Theater, Romane, Erzählungen, u.a. *Die Messe* (1969), *Jesus in Osaka* (1970), die *Thuja-Trilogie* (1977, 83, 91), die *Birne*-Bücher für Kinder und Erwachsene. Th.-Fontane-Pr. d. jung. Generation (1965), Peter-Huchel-Pr. (1992), Lit.-Pr. der LHD München (1997).
Weihnachtslied, aus: Makadam, Luchterhand Verlag 1982

Margret Hölle. Geboren 1927 in Neumarkt/Oberpfalz. Schauspielerin, Sprecherin, Autorin, lebt in München. Schwerpunkt Mundart-Lyrik. *A wenig wos is aa vüi* (1976), *Unterwegs* (1988), *Wurzelherz* (1991), *Blööiht a Dornbusch* (1997). Kulturpr. der Stadt Neumarkt (1990), Fried

rich-Baur-Pr. der Bayer. Ak. der Schönen Künste (1996), Nordgaupreis (1998).
Schau ich meine Bilder, Erstveröffentlichung

Marianne Hofmann. 1938 in Niederbayern geboren, Tätigkeiten im Schul- und Sozialbereich. Mehrjähriger Aufenthalt in Berlin und Liverpool, wo sie zu schreiben begann. Lebt seit 1985 in München. Erzählungen in Zeitungen und Zeitschriften. *Es glühen die Menschen, die Pferde, das Heu* (1997, Roman). Arbeitet auch im bildnerischen Bereich.
Daß sich heute Abend alles erfüllen wird, Rechte bei der Autorin

Felicitas Hoppe. 1960 in Hameln geboren, Literaturwissenschaftlerin, Journalistin, freie Autorin, lebt in Berlin. Bücher: *Unglückselige Begebenheiten* (1991), *Picknick der Friseure* (1996), *Pigafetta* (1999). CD: *Pigafettas Köche* (1999). Zahlreiche Stipendien und Preise, u.a. Foglio-Pr. f. junge Literatur (1995), Aspekte-Lit.-Pr. (1996), Ernst-Willner-Pr. im Bachmann- Lit.-Wettbewerb (1996).
Wunsch nach Girlanden: Eine Weihnachtsreise nach Indien; Silvester in Indien, Erstveröffentlichung.

Eberhard Horst. Geb. 1924 in Düsseldorf, lebt seit 1958 bei München. Publizist, Essayist, schreibt vor allem erzählende Prosa mit Schwerpunkt auf historischen Biographien, u.a.: *Julius Caesar* (1980), *Konstantin der Große* (1984), *Geliebte Theophanou* (1995), *Hildegard von Bingen* (2000).
Fast eine Weihnachtsgeschichte, Erstveröffentlichung

Renate Just. 1948 in Erlangen geboren, Journalistin, Autorin, lebt auf einem Bauernhof in Ostbayern. Bücher: *Einpersonentisch mit Aussicht – Beruf Reporterin* (1995), *Katzen*, in der Reihe »Kleine Philosophie der Passionen« (1997), *Krumme Touren – Reisen in die Nähe* (2001). Ernst-Hoferichter-Pr. 1998.
Capo d´anno. Altes Jahr, Erstveröffentlichung

Tanja Kinkel. 1969 in Bamberg geboren, lebt in München. Erzählungen, Romane mit Schwerpunkt auf historischen Romanporträts. Auswahl: *Die Löwin von Aquitanien* (1991), *Die Puppenspieler* (1993), *Mondlaub* (1995), *Unter dem Zwillingsstern* (1998), *Die Söhne der Wölfin* (2001). Bayer. Staatsförder-Pr. 1992. Stipendien in Rom und L.A.
Weihnachtsgespräche, Rechte bei der Autorin

Hertha von der Knesebeck. *Der Weihnachtsbaum im Lichterschein*, aus: Weihnachten, Gerhard Stalling Verlag, Oldenburg 1932, mit einer Zeichnung von Else Wenz-Vietor

Angela Krauß. 1950 in Chemnitz geboren. Zunächst Redakteurin, lebt seit 1981 als freie Autorin in Leipzig. Hörspiele, Film- und Fernsehszenarien, erzählende Prosa, u.a. *Das Vergnügen* (1984), *Glashaus* (1988),

Der Dienst (1990), *Die Überfliegerin* (1995). Preise, u.a.: Hans-March-witza-Pr. 1986, Ingeborg-Bachmann-Pr. 1988.
Dezember mit meiner Großmutter, aus: Begrenzt glücklich, Hitzeroth Verlag 1992

Reiner Kunze. 1933 in Oelsnitz (Erzgebirge) geboren, Lyriker, Prosa-autor.»*Die wunderbaren Jahre*« (1976) führt zu Berufsverbot und Aus-reise. Lebt seit 1977 bei Passau. U.a.: *Brief mit blauem Siegel* (1973), *Deckname Lyrik* (1990), *Wo Freiheit ist … (1994), ein tag auf dieser erde* (1998). Georg-Trakl-Pr. 1977, Georg-Büchner-Pr. 1977, Geschwister-Scholl-Pr. 1981.
Weihnachten, aus: Die wunderbaren Jahre, S. Fischer Verlag 1976

Ernst Maria Lang. 1916 in Oberammergau geboren, Architekt, lang-jähriger Leiter der Bayer. Architektenkammer. Berühmt geworden durch seine politischen Karikaturen in der SZ, Bücher, u.a.: *Immer auf die Großen* (1996), *Das wars. Wars das?* (2000, Autobiographie). Ernst-Hoferichter-Pr. 2000.
Ein Knoten aus Heimweh und Sehnsucht, aus: Das wars. Wars das?, Pi-per Verlag 2000.

Alma Larsen. 1945 in Kyritz geboren, aufgewachsen in Berlin, lebt seit 1967 in München. Studium der Politikwissenschaften. Seit 1980 frei-schaffende Fotografin und Autorin. Lyrik, Kurzprosa, Essays. Stip. Münchner Literaturjahr 1989. 2000: *Kunst am Bein*; *Des Kaisers neue Kleider* (Gedichte).
Engel, Erstveröffentlichung

Dagmar Leupold. 1955 in Niederlahnstein geboren, Literaturwissen-schaftlerin, Übersetzerin, freischaffende Autorin, lebt bei München. Lyrik (*Wie Treibholz*, 1988; *Die Lust der Frauen auf Seite 13*, 1994), Kurzprosa (*Destillate*, 1996), Romane (*Edmond*, 1992, *Federgewicht*, 1995, *Ende der Saison*, 1999). Aspekte Lit.-Pr. 1992, Montblanc Lit.-Pr., Förderpr. der Bayer. Ak. der Schönen Künste 1995.
Da capo, aus: Destillate, S. Fischer Verlag 1996

Erik Liebermann. 1942 in München geboren, Industrie-Designer, Fotograf und Aquarellist. 1969 erste Cartoon-Veröffentlichungen. Zeichnet für Zeitungen, Zeitschriften, Buch-Verlage, Behörden, Be-triebe, Werbung. Zahlreiche Einzelausstellungen. Bücher u.a.: in der Reihe»Fröhliches Wörterbuch«: *Architektur, Management, Marathon*. *Ausländer raus!*, Cartoon; *Weihnachtsüberraschung*, Cartoon

Johannes Mayrhofer. 1942 in Immenstadt geboren, lebt bei München. Studium an der Akademie der bildenden Künste München, einige Jahre als Kunstpädagoge, dann projektbezogen als Kulturpädagoge tätig, heute Kulturdirektor der LHS München. Freie künstlerische Arbeiten sowie Veröffentlichungen im Bereich Ästhetische Erziehung.
Der galante Nikolaus, Federzeichnung

Thomas Meinecke. 1955 in Hamburg geboren, lebt als Radio-DJ (Zündfunk), Musiker (Band »FSK«) und freier Schriftsteller bei München. Zeitschrift *Mode und Verzweiflung* (1978), *Mit der Kirche ums Dorf* (1986), *Holz* (1988*), the Church of John F. Kennedy* (1996), *Tomboy* (1998). Heimito von Doderer-Förderpr. 1997.
Fünfmal werden wir noch wach, aus: Mit der Kirche ums Dorf, 1986

Curt Meyer-Clason. 1910 in Ludwigsburg geboren, lebt in München. Ab 1937 in Brasilien, 1955 Rückkehr nach Deutschland. Lektor. 1969-76 Leiter des Goethe-Instituts in Lissabon. Erzählung, Roman, Übersetzung: *Portugiesische Tagebücher* (1979), *Äquator* (1986), *Ilha Grande* (1990).
Der Weihnachtsmann im Ersten Weltkrieg, abgeänderter Ausschnitt aus: Äquator, Lübbe Verlag, 1986, Rechte beim Autor

Isabella Nadolny. 1917 in München geboren, Übersetzerin, Autorin, lebt in Chieming. Romane, Erzählungen. *Ein Baum wächst übers Dach* (1959), *Seehamer Tagebuch* (1962), *Vergangen wie ein Rauch* (1964*), Der schönste Tag* (1980), *Providence und zurück* (1988). Tukan-Pr. 1966, Ernst-Hoferichter-Pr. 1975.
Winterfeste, aus: Seehamer Tagebuch, List Verlag 1962

Ingrid Noll. 1935 in Shanghai geboren, seit 1949 in Deutschland, Studium Germanistik und Kunstgeschichte, lebt in Weinheim. Berühmt geworden durch humorvolle Psychokrimis, u.a.: *Der Hahn ist tot* (1993), *Die Häupter meiner Lieben* (1993), *Die Apothekerin* (1994, verfilmt von Rainer Kaufmann 1997), *Kalt ist der Abendhauch* (1996), *Röslein rot* (1998).
Mariae Stallwirtschaft, aus: Schrille Nacht, heillose Nacht, Ullstein Verlag 1997

Günther Ohnemus. 1946 in Passau geboren, Verleger, Übersetzer (Marburger Lit.-Pr. 1994; Alfred-Kerr-Pr. 1998), Autor. Lebt in München. Erzählungen: *Zähneputzen in Helsinki* (1982), *Die letzten großen Ferien* (1993), *Siebenundsechzig Ansichten einer Frau* (1995), *Der Tiger auf deiner Schulter* (1998). Tukanpr. 1999.
Pfannkuchen, aus: Zähneputzen in Helsinki, Rechte bei S. Fischer Verlag

Albert Ostermaier. 1967 geboren, lebt in München. Lyrik (*Herz Vers Sagen,* 1995, *fremdkörper hautnah*, 1997, *Heartcore*, 1999), Prosa (*Scherbenmorgen*, 1990), Theater (*Zwischen zwei Feuern*, 1993; *Zuckersüß und leichenbitter,* 1997*; Death Valley Junction,* 2000). Literaturstip. der LHS München, Lyrikpr. des PEN-Lichtenstein 1995, Ernst-Hoferichter-Pr. 2000.
Süßer nie. für GTA, Erstveröffentlichung

Fabienne Pakleppa. 1950 in Lausanne geboren, seit 1972 in Deutschland, wohnt in München. Übersetzerin, Lektorin, Publizistin. Mutter-

sprachliche Französin, schreibt in deutsch Erzählungen und Romane, u.a. *Die Himmelsjäger* (1993), *Die Birke* (1999), *Mein unverschämter Liebhaber* (2000). Literaturstip. LHS München 1991, Gratwanderpr. 1997.
Brav gewesen?, Rechte bei der Autorin

Maria Peschek. 1953 bei Landshut geboren, lebt in Bayern. Schauspielerin, seit 1986 Kabarettistin mit eigenen Texten von politisch-sozialkritischer Brisanz und kulinarischer Sprachkraft. Tritt seit 1986 in Soloprogrammen auf. Bekannt auch durch Film, Fernsehen und eine wöchentliche Glosse im BR. Ernst-Hoferichter-Pr. 1999.
Die Berufung, aus: Ja wo samma denn, Petra Bülow Verlag, Rechte bei der Autorin

Brigitta Rambeck. 1942 in Pernitz geboren, seit Kindheit in München. Literaturwissenschaftlerin, Publizistin, Malerin. Bücher u.a.: *Henri Bosco, Dichter, Erzähler, Philosoph und Christ* (1973), *Schwabing, ein abenteuerlicher Weltteil* (1980), *Meisterschule Hinterglasmalerei* (1993), *Mein Weihnachten* (Anthol. 2000)
C+M+B, Sternsinger im bayerischen Alpenvorland, Erstveröffentlichung.
Kapitelvignetten aus einem Adventskalender in Hinterglastechnik
Naht-Spur, Foto-Metamorphose
Silvester an der Schwabinger Sylvesterkirche, Öl auf Leinwand 1978

Anatol Regnier. 1945 in St. Heinrich geboren. Dozent für klass. Gitarre in München, 10 Jahre als Musiker in Australien, verheiratet bis zu ihrem Tod mit der israelischen Sängerin Nehama Hendel. 1997: *Damals in Bolechów – eine jüdische Odyssee (1997).* Lebt als freier Schriftsteller, Rezitator, Chansonsänger in München.
Der Mann im Lodenmantel, Erstveröffentlichung

Herbert Riehl-Heyse. 1940 in Altötting geboren, studierter Jurist. Seit 1968 Journalist, leitender Redakteur der SZ in München. Bücher: *CSU – die Partei, die das schöne Bayern erfunden hat* (1979), *Bestellte Wahrheiten* (1989), *Götterdämmerung…* (1995), *Ach, du mein Vaterland* (1998). Theodor-Wolff-Pr., Kisch-Pr., Publizistikpr. der LHS München u.a.
Das Hetzen von Stille zu Stille, Rechte beim Autor

Hardy Scharf. 1939 in Petersweiler geboren, lebt als Studiendirektor, Autor satirischer Texte und Kabarettist in München. Schreibt für Zeitungen, Rundfunk und Fernsehen. Fachberater für Dramatisches Gestalten. Bücher: *Spötterspeise und Konfekt* (1979), *Sei lachsam* (1984), *Nie wieder Stau (2000).*
Himmlische Stiche; Stade Zeit, Rechte beim Autor

Asta Scheib. 1939 in Bergneustadt geboren, lebt in München. Zunächst Redakteurin, Journalistin, dann freischaffende Autorin. Romane, Biographien, Kurzgeschichten, u.a.: *Angst vor der Angst* (1974 verfilmt von

Rainer Werner Fassbinder), Romanbiographien, z.b. *Beschütz mein Herz vor Liebe* (1992), *Eine Zierde in ihrem Hause* (1998). *Sei froh, daß du lebst* (Autobiogr., 2001). Ernst-Hoferichter-Pr. 1993. Bundesverdienstkreuz 1998, Bayer. Verdienstorden 2000.
Frohe Weihnachten, Erstveröffentlichung

Michael Schnitzler. (1782-1961). *Glückliches neues Jahr 1840*. Federzeichnung, München 1939, aus: Münchner Museums Memo 1993, Dr. C. Wolf und Sohn, München 1993

Ingo Schulze. 1962 in Dresden geboren, Altphilologe, Dramaturg, Redakteur, jetzt freischaffender Autor in Berlin. *33 Augenblicke des Glücks* (1995), *Simple Storys* (1998). Alfred-Döblin-Förderpr. (1995), Ernst-Willner-Pr. im Bachmann Lit.-Wettbewerb (1995), Aspekte-Lit.-Pr. 1995, Joh.-Bobrowski-Med. 1998.
Als die Kommunisten, aus: 33 Augenblicke des Glücks, Berlin Verlag 1995

Albert Sigl. 1953 in Landshut geboren, lebt in Erding. Schreibt Erzählungen, Romane, Gedichte sowie Beiträge für den BR. *Kopfham* (1982, 1985 als Hörspiel), *Die gute Haut(1985)*, Erzählungen in Anthologien (u.a. *Heimat is des nimma*, 1994*)*.
Weihnachten im eigenen Heim, Rechte beim Autor

Michael Skasa. 1942 in Köln geboren, lebt seit 1943 in Grafing bzw. München. Theaterkritiker, Hörfunkpublizist, bekannt durch seine literarisch-weltanschauliche »Sonntagsbeilage« und Hörfunkporträts im BR sowie durch Publikationen in SZ, Theater heute, Zeit und Spiegel. Ernst- Hoferichter-Pr. 1988, TZ-Rosenstrauß 1991, Schwabinger Kunstpr. 1994.
Viel Vergnügen im Advent, Rechte beim Autor

Michael Sowa. 1945 in Berlin geboren. Studium der Kunstpädagogik, lebt in Berlin, seit 1975 freier Maler und Illustrator. Werke u.a.: *Esterhazy* (Hans Magnus Enzensberger, Irene Dische, 1993), *Der kleine König Dezember* (Axel Hacke, 1993), *Hackes Tierleben* (1995). Olaf-Gulbransson-Pr. 1995.
Illustration aus: *Lametta Lasziv*, Joseph von Westphalen, Haffmans Verlag 1996

Tomi Ungerer. 1931 in Straßburg geboren. Erste Zeichnungen für den »Simplicissimus«. 1956 Übersiedlung nach New York. Zeichner, Maler, Illustrator und Werbegrafiker. Rund 50 Kinderbücher, viele mit eigenem Text. Über 50 Auszeichnungen, darunter »The Society of Illustrators Gold Medal«. Lebt in Irland.
Titelbild aus: *Weihnachten einmal anders*, Tomi Ungerer/Gérard Cardonne, Salem Edition-MSM Marketing GMBH 1999

Keto von Waberer. 1942 in Augsburg geboren, studierte Kunst und Architektur, lebte in Mexico und den USA, seit Ende der 70er Jahre in München als Journalistin, Übersetzerin, Autorin. Drehbücher, Erzäh-

lungen, Romane, u.a.: *Der Mann aus dem See* (1983), *Blaue Wasser für eine Schlacht* (1987), *Fischwinter* (1996). Förderstip. der Stadt München 1983, Schwabinger Kunstpr. 1988, Ernst-Hoferichter-Pr. 1996.
Sprengsatz zum Weihnachtsfest, aus: Vom Glück, eine Leberwurst zu lieben, Kiepenheuer und Witsch, Köln 1996

Martin Walser. 1927 in Wasserburg/Bodensee geboren, lebt in Überlingen. Alle literarischen Gattungen. *Ehen in Philippsburg* (1957), *Ein fliehendes Pferd* (1978), *Die Brandung* (1985), *Ohne einander* (1993), *Ein springender Brunnen* (1998). Zahlreiche Preise, vom Hermann-Hesse-Pr. (1957) über den Georg-Büchner-Pr. (1981) zum Friedenspr. des Dt. Buchhandels (1998).
Überredung zum Feiertag, Rechte beim Autor

Gunna Wendt. 1953 bei Hannover geboren, freie Publizistin und Ausstellungsmacherin in München. Literarische und biographische Veröffentlichungen (u.a. *Liesl Karlstadt*, 1998, *Helmut Qualtinger*, 1999); Libretti (zuletzt: «Aiaia« für den Opernwettbewerb Zürich/München, 2001); Hörspiele sowie Sendungen zur zeitgenöss. Literatur. Hörfunkpr. der BLM 1989.
Abrechnung, Rechte bei der Autorin

Else Wenz-Vietor. Bekannte Jugendbuchillustratorin, u.a.: *Im Blumenhimmel* (1929), *Schule im Walde* (1931).
Der Weihnachtsbaum im Lichterschein, aus: Weihnachten, Gerhard Stalling Verlag, Oldenburg 1932, mit Versen von Hertha von der Knesebeck

Joseph von Westphalen. Geboren 1945 in Schwandorf, Dr. phil., lebt in München. Romane, Essays, Erzählungen, u.a.: *Warum ich Monarchist geworden bin* (1985), *Von deutscher Bulimie* (1993), *Die Geschäfte der Liebe* (1995), *Im diplomatischen Dienst* (1991), *Warum mir das Jahr 2000 am Arsch vorbeigeht* (1999). CDs: Wie man mit Jazz die Herzen der Frauen gewinnt (1999, Forts. 2000). Ernst-Hoferichter-Pr. 1992.
Der seltsame Juwelier, aus: Lametta Lasziv, Haffmanns Verlag 1996

Hanne Wickop. 1939 in Hamburg geboren. Seit 1964 in München. Schauspielerin, Puppenspielerin. Malt seit 1979, schreibt seit 1989. Erzähltrilogie: *Hitze* (1997), *Sturz* (1998), *Durst* (1999). Preise u.a.: Lyrischer Okt. Bayreuth 1989, Literaturstip. der LHS München 1993, »Eugen Viehof-Ehrengabe« Deutsche Schillerstiftung, 1999.
Der Festschmaus, Erstveröffentlichung

Walter Zauner. 1945 in Lindau geboren, seit Kindheit in München. Seit 1980 als Autor, Komponist, Regisseur und Darsteller in verschiedenen Kabarett-Formationen tätig (Revuekabarett BLACKOUT, Münchner ASCHENTONNENQUARTETT, BEIER-BAUER-ZAUNER, BEIER-ZAUNER). Beiträge für Funk, Fernsehen, Printmedien.
Der Christkindlmarktexperte, Erstveröffentlichung. *Fredis 4. Advent,* Erstveröffentlichung.

Silvester an der Schwabinger Sylvester-Kirche, Öl auf
Leinwand, 1978, Brigitta Rambeck